高等职业院校数智商贸专业群新形态系列教材

消费者行为分析

XIAOFEIZHE XINGWEI FENXI

主　编　王　曦　秦　冲　何娅红
副主编　陈慧君　黄　锦　申　琦
　　　　李英宣　陈容霞　汪润球
参编者　侯　迪　戴贵云　谢倩倩

华中科技大学出版社
http://press.hust.edu.cn
中国·武汉

内容提要

本教材的编写围绕国家发展和改革委员会提出的促进消费增长的目标展开，按照高职教育职业性、实践性、开放性的要求，坚持“任务驱动、项目引领、学生主体、理实一体”的编写原则，将消费者行为分析的内容有机结合起来，体现了“工学结合”、融“教、学、做为一体”、“以学生为主体”的高职教育理念。本教材按照“课前—课中—课后”的顺序，从消费者行为分析的岗位要求入手，紧密结合数字营销岗位人才需求，融入思政元素。学生在任务驱动下进行自主学习，教师的主要任务是指导学生完成具体任务，讲解与任务有关的知识与方法，引导学生主动学习知识、获得技能。

图书在版编目（CIP）数据

消费者行为分析 / 王曦, 秦冲, 何娅红主编 . -- 武汉 : 华中科技大学出版社, 2024. 9. -- (高等职业院校数智商贸专业群新形态系列教材). -- ISBN 978-7-5680-6097-4

Ⅰ. F713.55

中国国家版本馆 CIP 数据核字第 2024ZD8161 号

消费者行为分析　　王 曦　秦 冲　何娅红　主编

Xiaofeizhe Xingwei Fenxi

策划编辑：陈培斌　周晓方　宋　焱

责任编辑：江旭玉

封面设计：孢　子

责任校对：张汇娟

责任监印：周治超

出版发行：华中科技大学出版社（中国·武汉）　　电话：（027）81321913

武汉市东湖新技术开发区华工科技园　　邮编：430223

录　　排：华中科技大学出版社美编室

印　　刷：武汉开心印印刷有限公司

开　　本：787mm×1092mm　1/16

印　　张：13.5

字　　数：326千字

版　　次：2024年9月第1版第1次印刷

定　　价：49.80元

○●○●

前　言

在我国，消费日益成为拉动经济增长的基础性力量。2023年，国家发展和改革委员会出台《关于恢复和扩大消费的措施》，从六个方面提出了20条提振消费的具体举措，要求把恢复和扩大消费摆在优先位置，创新消费场景，充分挖掘超大规模市场优势，畅通经济循环，释放消费潜力，更好地满足人民群众对高品质生活的需要。国民经济和社会发展计划的主要任务之一是着力扩大国内需求，进一步发挥消费的基础作用，促进消费稳步增长，改善居民消费能力和预期，提升居民消费意愿。稳定汽车、家居等大宗消费。鼓励汽车、家电等传统消费品以旧换新，推动耐用消费品以旧换新。促进服务消费提质扩量，推动餐饮高质量发展，支持扩大家政消费。大力发展数字消费、绿色消费、健康消费，打造消费新场景，积极培育智能家居、文娱旅游、体育赛事、国货“潮品”等新的消费增长点。深化国际消费中心城市培育建设，支持海南国际旅游消费中心建设，布局发展区域消费中心和地方特色消费中心，发展智慧商圈。推动县域集贸（农贸）市场等消费场所改造升级。

消费者行为分析是市场营销的重要一环。简单来说，消费者行为分析就是对消费者的购买习惯、需求、态度和行为进行深入研究。消费者行为分析是一个复杂而有趣的领域，要求我们深入了解消费者的内心世界，把握消费者的需求和动机，以便更好地满足消费者的需求，实现企业的营销目标。

本教材的编写围绕国家发展和改革委员会提出的促进消费增长的目标展开，按照高职教育职业性、实践性、开放性的要求，坚持“任务驱动、项目引领、学生主体、理实一体”的编写原则，在整体编排、设计上以工作过程为导向，以项目和工作任务为载体；将消费者行为分析的不同内容有机结合起来，较好地解决了目前一些高职高专教材中存在的理论与实践相脱离的问题，体现了“工学结合”、融“教、学、做为一体”、“以学生为主体”的高职教育理念。按照“课前—课中—课后”的顺序，从消费者行为分析的岗位要求入手，紧密结合数字营销岗位人才需求，融入思政元素。主要内容涉及十个项目：消费者行为认知，消费者需要与购买动机，消费者的心理活动过程，消费者的个性，消费群体与消费者心理及行为，外部环境与消费者心理及行为，产品策略与消费者心理及行为，产品价格与消费者心理及行为，商业广告、营销沟通与消费者心理及行为，消费者购买决策和购后行为。学生在任务驱动下进行自主学习，教师的主要任务是指导学生完成具体任务，讲解与任务有关的知识与方法，引导学生主动学习知识、获得技能。

本教材在编写方面有如下特色。

一是内容新颖，通俗易懂。本教材借鉴和吸收了国内外关于消费者行为的最新研究成果，并深入浅出、通俗易懂地阐述了消费者行为的概念、类型，消费者的购买过程，以及影响消费者行为的各种因素。

二是布局紧凑，案例丰富。本教材选取当前热门的消费者行为案例进行分析，关注当前的消费热点，如Z世代的消费特点和行为。

三是基于数字营销类岗位对人才的需求，将知识、能力和素养融为一体，涉及职业道德、职业素养、课程思政等内容，具备立德树人的教育功能。教材中的一些内容以弘扬中华民族传统美德为基调，如实训资料《今年你为父母下了几单？——青年数字孝老现状分析》，对大学生进行爱老敬老的传统美德教育，在潜移默化中对学生进行道德熏陶。

四是为“岗课赛证”四元融通服务，培养高素质技能型人才，促进职业教育高质量发展。“岗”面向企业的市场营销类相关岗位，“课”对应市场营销专业课程体系，“赛”对接全国职业院校技能大赛高职组市场营销赛项，“证”关联教育部“1+X”数字营销技术应用职业技能等级证书。

五是资源丰富，为教学提供方便。本教材提供理论课件、案例内容、课程标准、教案、授课计划、阅读材料等教学资源。教学资源在平台上发布，教师和学生注册后可以免费查阅。

本教材由武汉职业技术学院王曦、秦冲老师，武汉交通职业学院何娅红老师担任主编，由具有丰富专业知识的“双师型”教师和具有实践经验的企业专家共同编写完成。武汉职业技术学院的王曦、武汉城市职业学院的陈慧君编写项目一；武汉职业技术学院的王曦、襄阳职业技术学院的陈容霞编写项目二；武汉职业技术学院的王曦，武汉第一商业学校的黄锦、汪润球编写项目三；武汉职业技术学院的秦冲、申琦编写项目四；武汉职业技术学院的秦冲编写项目五和项目六；武汉交通职业学院的何娅红编写项目七；武汉职业技术学院的王曦、长江职业学院的李英宣编写项目八；武汉交通职业学院的何娅红编写项目九；武汉职业技术学院的秦冲编写项目十。中教畅享科技股份有限公司的侯迪、武汉一鼎堂软件科技有限公司的戴贵云、湖北省珍岛数字智能科技有限公司的谢倩倩为本教材的编写提供了相关资料。

本教材是编写人员对一线教学经验和企业实践经验的积累与总结，但编者水平有限，其中难免存在疏漏和不妥之处，恳请广大读者提出宝贵意见和建议，以便修订时完善。

目 录

○●○●

项目一 消费者行为认知

学习目标

1. 知识目标

（1）掌握消费者和消费者行为的概念；

（2）掌握消费者行为特征；

（3）了解研究消费者行为的意义；

（4）掌握消费者行为分析的方法。

2. 能力目标

（1）能够理解消费者和消费者行为的概念；

（2）能够理解消费者行为的特征；

（3）能够收集用户数据，构建用户画像；

（4）能够理解研究消费者行为的意义；

（5）能够掌握消费者行为分析的方法。

3. 素养目标

（1）对消费者行为有正确的认知，能通过分析消费者行为来进行精准营销；

（2）能够养成自我学习的习惯，具备自我学习的能力；

（3）能够通过团队协作、团队互助完成实训任务；

（4）具备数据思维和发现问题的能力。

项目重点和难点

在从消费升级到消费分级的过程中，消费者的需求不断细化并发展。伴随着科技进步，消费需求也发生了变迁，这驱动着消费市场向多元化、品质化、便捷化的方向变革。

本项目的重点在于理解数字营销场景下的消费者和消费者行为概念，理解消费者行为特征。本项目的难点是收集用户数据，构建用户画像，掌握消费者行为分析的方法。

内容架构

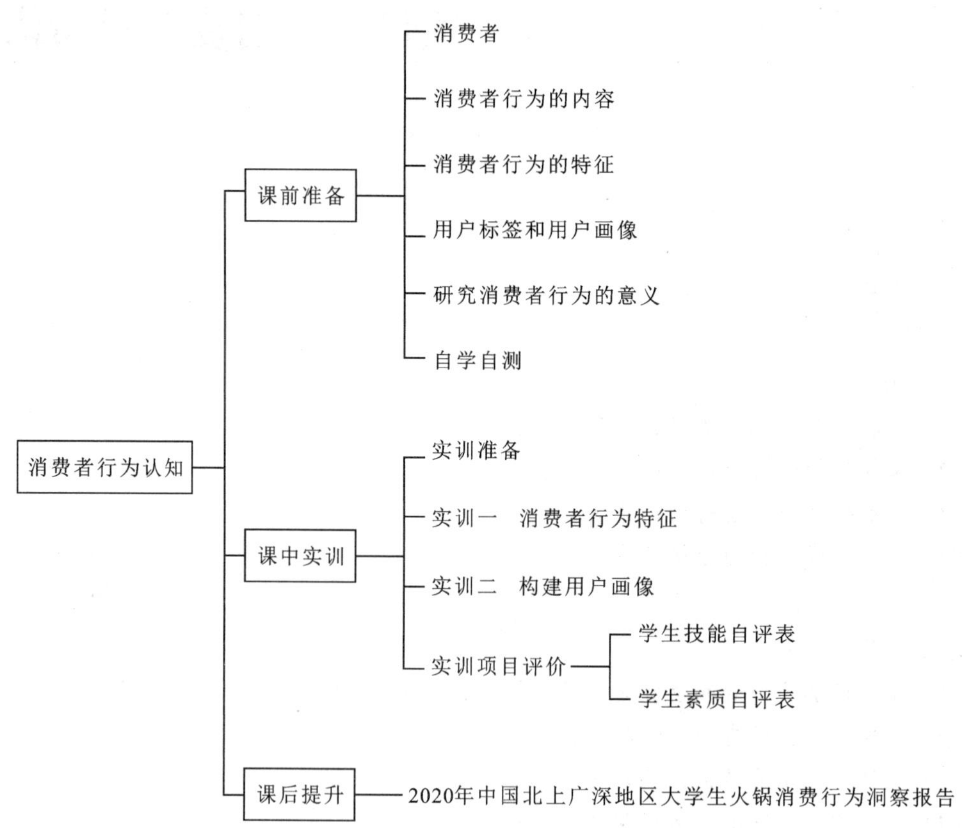

导入情境

在我国，消费日益成为拉动经济增长的基础性力量。2023年，《关于恢复和扩大消费的措施》从稳定大宗消费、扩大服务消费、促进农村消费、拓展新型消费、完善消费设施、优化消费环境等几个方面提出20条针对性举措，包括优化汽车购买使用管理、扩大新能源汽车消费、支持刚性和改善性住房需求、提升家装家居和电子产品消费、扩大餐饮服务消费、丰富文旅消费、促进文娱体育会展消费、提升健康服务消费、开展绿色产品下乡、完善农村电子商务和快递物流配送体系等。例如，在促进汽车消费方面，国家发展和改革委员会与有关部门和单位研究制定了《关于促进汽车消费的若干措施》，提出优化汽车限购管理政策，支持老旧汽车更新消费，加快培育二手车市场，加强新能源汽车配套设施建设，着力提升农村电网承载能力，降低新能源汽车购置使用成本，推动公共领域增加新能源汽车采购数量，加强汽车消费金融服务，鼓励汽车企业开发经济实用车型，持续缓解停车难停车乱问题等十条促汽车消费措施。

网络时代，大众生活和消费向线上转移，数字营销在数字经济与实体经济的融合发展中发挥着重要作用。互联网在消费者端的普及，为通过互联网触达消费者的数字营销提供了基础。中国互联网络信息中心发布的《第53次中国互联网络发展状况统计报告》显示，2023年，我国互联网应用持续发展，新型消费潜力迸发，数字经济持续发展，助推我国经济回升向好。一是文娱旅游消费加速回暖。以沉浸式旅游、文化旅游等为特点的文娱旅游正成为各地积极培育的消费增长点。截至2023年12月，在线旅行预订的用户规模达5.09亿人，较2022年12月增长8629万人，增长率约为20.4%。二是国货“潮品”引领消费新风尚。国货“潮品”持续成为居民网购消费的重要组成部分。2023年下半年，在网上购买过国货“潮品”的用户占比达58.3%；购买过全新品类、品牌首发等产品的用户占比达19.7%。①

课前准备

一、消费者

互联网的普及促使数字信息成为重要的生产要素，数字经济日益成为经济发展的新模式。数字经济是以数字化的知识信息作为关键要素，以现代信息网络作为重要载体，以信息技术的有效使用作为重要推动力的一种新的经济形态。数字经济环境下的营销已经发生了重大变革，数字营销是目标营销、直接营销、分散营销、客户导向营销、双向互动营销、远程或全球营销、虚拟营销、无纸化交易和客户参与营销的综合。

传统的营销以消费者需求为导向，或者以市场为导向，与此不同的是，数字营销以产品和客户关系的构建为导向。客户作为营销理论的一个重要概念，于20世纪初出现。菲利普·科特勒（Philip Kotler）被誉为“现代营销学之父”，他将“客户”定义为具有特定需要或欲望，并且愿意通过交换来满足这种需要或欲望的人。与“客户”概念比较接近的是“用户”。用户是指使用某个产品或服务的人，只要是正在使用或者用过某个产品或服务的人，都属于用户。

数字营销对象中的消费者是指近期有潜在购买欲望和冲动的人。广义的消费者是所有人，因为人人都有消费的需要，因此人人都可以成为消费者。狭义的消费者是指近期有购买需要但是还没有购买的人。在传统企业和互联网行业，客户、用户和消费者之间的关系如图1-1所示。

① 资料来源：《第53次中国互联网络发展状况统计报告》（https://www.163.com/dy/article/IURKHF2B05346KF7.html）。

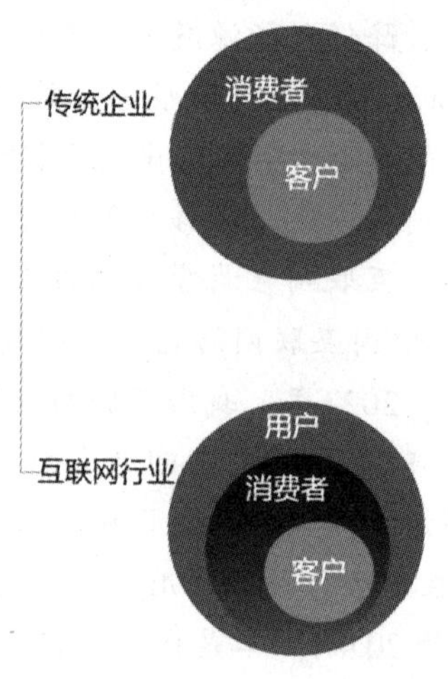

图1-1　客户、用户和消费者之间的关系

二、消费者行为的内容

在日常生活中，我们每个人都是消费者，衣食住行，无一不需要消费。什么是消费者行为？关于消费者行为的界定是我们分析消费者心理和行为的基础，也是制订恰当的营销策略的关键步骤。若要完整理解这一概念，我们不仅要将目光聚焦在消费者做出购买行为时的动作和心理，而且应该了解其获得产品或服务前的选择过程和心理活动，以及获取产品后的使用和处置。

早在20世纪80年代，著名经济学家恩格尔（Ernst Engel）就将消费者行为划分为三类，分别是购前行为、购中行为和购后行为，并给出如下定义：消费者行为指的是为获取、使用、处置产品或服务而采取的各种行动，以及这些行动的决策过程。

综上所述，进行消费者行为分析的重点在于回答以下问题：消费者购买什么？他们为什么购买？他们什么时候购买？他们在哪里购买？他们购买的频率有多高？他们如何使用产品或服务？这些都是消费者购买行为模型（见图1-2）的重要内容。所有的这些活动，都可以归纳为获取产品的活动、消费产品的活动和处置产品的活动。

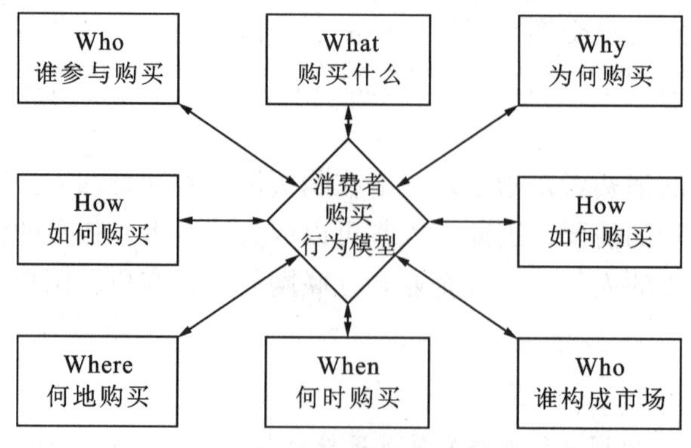

图1-2　消费者购买行为模型

（一）获取产品的活动

消费者行为包含获取产品的活动。当消费者做出购买决定时，有确定和不确定之分。按照这一标准，可以将消费者划分为全确定型、半确定型以及不确定型三类。全确定型消费者在做出购买行为时，心中已经有了明确的购买时间、购买地点和购买目标，因而他们购买产品时的效率非常高，很少迟疑。半确定型消费者在做出购买行为时，有一定的购买目标，但还不够明确，需要得到他人的指导和帮助。不确定型消费者做出购买行为时，没有任何目标，对于何时、何地、以何种方式购买何种产品这些问题都无明确答案，因而耗时较多。

（二）消费产品的活动

消费者行为包含消费产品的活动，主要表现形式为消费者在何地、何时和何种情况下如何消费产品。不同消费者在不同消费场景的情感反应不同，有的温顺，有的反抗，因此市场营销人员需要基于不同消费者类型制订不同的营销策略。基于消费者在消费产品时发生的情感反应，我们可以将消费者划分为沉实型消费者、温顺型消费者、反抗型消费者、健谈型消费者和激动型消费者。沉实型消费者多寡言少语，面无表情，市场营销人员难以琢磨这类消费者的心思，也难以辨析这类消费者对产品或服务的态度；温顺型消费者性格温和，能够接受他人的推荐和劝说，会悉心听取他人的意见；和温顺型消费者恰恰相反，反抗型消费者对他人的介绍和推荐持排斥态度，市场营销人员很难以向这类消费者推荐产品或服务；健谈型消费者大多性格开朗，乐于与他人交换意见，愿意与他人交流；激动型消费者情绪波动较大，对产品和服务的要求极高。

（三）处置产品的活动

消费者行为还包含处置产品的活动，即购后行为，它是消费者购买行为的一种，是消费者购买决策过程的一个阶段。消费者在这个阶段会根据自身在购买和使用产品过程中所获得的效用来决定下一步的行动。我们可以简要地将购后行为分为宏观购后行为和微观购后行为。宏观购后行为是指消费者在购买产品后可能发生的包括行动、态度、评价在内的行为，具体体现为购后满足、购后行动、购后评价等。微观购后行为是消费者购买产品后的实际行动，具体体现为重复购买、正向推荐、交叉使用，以及消费者抱怨、消费者退出和品牌转换等。

三、消费者行为的特征

在数字营销迅速发展和普及的背景下，企业只有迅速适应线上营销模式，才能促进自身的持续发展。为此，企业应当积极地利用大数据技术实时分析广大消费者的消费诉求，并积极地进行产品推广。只有通过这种方式，企业才能满足数字营销环境下消费者的消费需求，也只有通过这种方式，企业才有可能在数字营销环境中实现自身的发展和进步。

在数字营销环境下，网络用户是主要的消费群体，消费者的购买力和购买行为直接影响着网络营销的发展方向。数字营销环境下的消费者行为具有以下特征。

（一）个性化的消费需求

进入数字营销时代，企业的生产方式迎来了变革。在此背景下，消费者的消费需求呈现出了个性化发展的趋势。在数字营销时代，市场上消费品的种类得到了很大程度的丰富，并且消费者可以在全球范围内选择产品，在众多选择中，消费者形成了自己独特的消费准则。每个消费者的消费心理都有不同之处。在某种程度上，我们甚至可以说，每一个消费者都成了一个细分消费市场，如何满足他们个性化的消费需求成为企业的必修课。

知识链接 1-1
消费趋势洞察报告

（二）消费者需求的差异性

进入数字营销时代，不同消费者的消费需求呈现出了个性化的发展趋势，同一个消费者甚至可能因为所处环境的不同而出现不同的消费需求。在同一需求层次上，不同消费者的消费需求也有明显的个性化特点。这主要是因为在数字营销时代的消费者来自不同的区域，有着不同的文化和生活习惯，因此在消费时会有明显的个性化表现。因此，从事网络营销的企业要想在销售中取得良好的成绩，就需要充分考虑消费者的个性化消费需求，并根据消费者的消费需求制订适宜的营销策略。在网络直播迅速发展的大环境下，品牌需要着力提高自身的美誉度，可以通过直接进驻直播平台，来吸引更多消费者做出购买行为。

（三）消费的主动性增强

在数字营销时代，社会分工呈现出了精细化和专业化的特点，这也使消费者在消费过程中可能面临更多的风险。因此，消费者在进行消费之前，尤其是在进行高档消费之前，往往会积极主动地了解产品的特点，并积极地寻找类似的产品进行比较和分析。由于缺乏专业的知识，许多消费者可能无法充分了解不同产品的优缺点，以至于无法做出合理的消费选择。但消费者在经过充分比较和分析之后，往往能够有效减少购买决策中的失误。消费者在比较和分析的过程中，消费的主动性增强，更容易做出明智的消费行为。

（四）消费者与企业的互动性增强

在传统的营销模式中，企业通常会利用传统媒体（如电视、广播、报纸等）进行广告宣传，以吸引消费者的注意力。同时，企业会派遣销售人员为消费者推荐产品，通过面对面的沟通，企业可以提升品牌知名度，促使消费者做出购买行为。在数字营销时代，消费者的消费行为更加理性，消费者的个性化特征更加明显，企业面临的竞争更加激烈。此时，企业需要充分与消费者互动，在互动过程中挖掘潜在的消费需求，广泛开展市场调研活动，创造新的增长点，树立良好的品牌形象，抢占市场份额。从某种意义上讲，企业市场营销活动的本质就是消费者需求管理。那些能取得优异市场业绩的企业往往都是消费者需求洞察的高手，这些企业能发掘和抓住消费者的核心需求，并把这些需求转化为消费者喜欢的产品。

（五）追求方便的消费过程

随着人们消费观念的不断发展，很多消费者开始关注消费的过程。在网络购物迅速发展的环境下，很多消费者开始尝试网络购物，并且获得了良好的购物体验。对于很多消费者来说，时间是非常宝贵的，因此消费的便捷性成为他们衡量消费体验的重要尺度。方便快捷的消费过程能帮助他们有效节省时间，减少不必要的摩擦，能有效提升消费的愉悦感和幸福感。

（六）消费过程更加理性

在网络购物情境中，消费者在购物过程中面临无数选择，为了选择物美价廉的产品，消费者往往会利用互联网收集与产品相关的信息，并将同类产品进行反复比较，以决定是否购买。对于企业的采购人员来说，他们也会充分考虑产品的折扣程度、质量等因素，并在综合分析的基础上做出购买选择。这些都从侧面反映出消费者消费的理性化趋势不断增强。

（七）价格仍是影响消费心理的重要因素

在居民收入稳步提升的背景下，产品价格已经不是影响消费决策的决定性因素，但却是影响消费决策的重要因素。在市场经济环境下，价格往往是企业和消费者之间的交流媒介，通过价格的设定和变动，企业可以引导消费者做出购买行为。消费者则可以通过价格来判断产品的价值和质量，决定是否购买。因此，价格与消费心理可以说是相互影响、相互作用的。价格能对消费者的购买决策产生重要影响。价格往往是消费者在选购产品时的一个参考标准。对价格敏感的消费者会根据价格的高低来决定是否购买。如果价格低于他们的心理预期值，他们往往会更愿意购买。

四、用户标签和用户画像

（一）用户标签

用户标签指的是对某一类特定用户群体或对象的某项特征进行的抽象分类和概括，其值（标签值）具备可分类性。例如，对于人，可通过“男”“女”这类特征进行抽象概括，统称为“性别”，此时“性别”就是一个标签。

1. 标签值

标签值指的是标签实例，即某一标签所包含的具体内容，其特点是符合相互独立、完全穷尽原则。例如，对于标签“性别”，其标签值可以为“男”“女”和“未知”；对于标签“年龄”，其标签值可以为“0—18岁”“19—35岁”“36—60岁”“61—100岁”等。

2. 标签类别

我们可以将标签分为两类：基础标签和知识标签。基础标签是用来描述客户特征及行为的客观存在，不需要经过深入的转换和分析就能直接得到的标签，这些标签往往是人在使用产品时直接反映出来的，或者是人本身所具有的显性属性的表现。例如，消费者的年龄、性别、居住地都是基础标签，是客观存在的信息。知识标签是描述某种场景的标签。例如消费者的购买力是知识标签，因为存在主观变化性，有人认为月支付金额大于1000元为高购买力客户，也有人认为月支付金额必须大于5000元才是高购买力客户。

标签可以分为不同的类别和层级（见图1-3）。对标签进行分类和分层能方便人们进行标签管理，让散乱的标签形成体系。

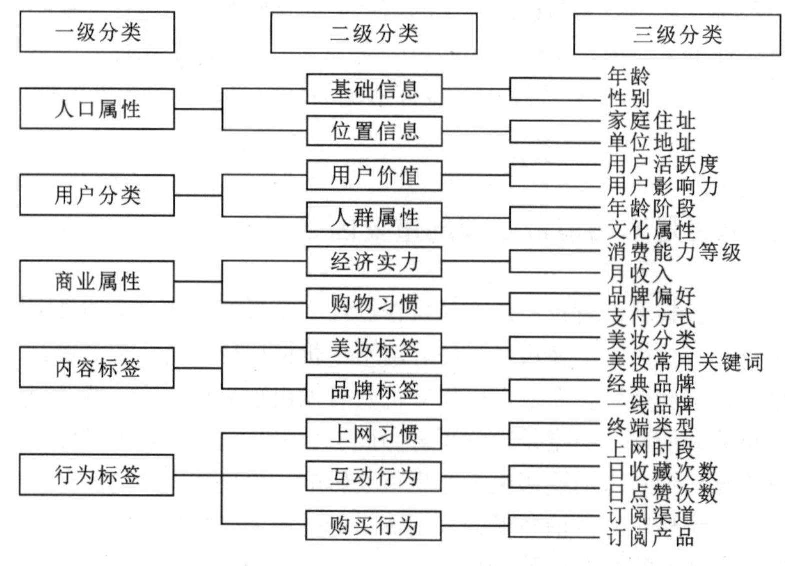

图1-3　标签类别和层级

（二）用户画像

用户画像是指根据用户的属性、偏好、生活习惯、行为特征等信息而抽象出来的标签化用户模型。通俗来说，用户画像就是为用户贴标签。通过贴标签，我们可以利用一些高度概括、容易理解的词汇来描述用户，理解用户行为，还可以方便地处理数据。例如，某电商平台上的青年用户画像由多个标签组合而成，包括年龄、性别、居住地、购物行为、兴趣爱好、支付偏好等（见图1-4）。该画像能够实现千人千面，对平台的每一个用户进行有效勾画，勾画的结果由多个标签值构成。

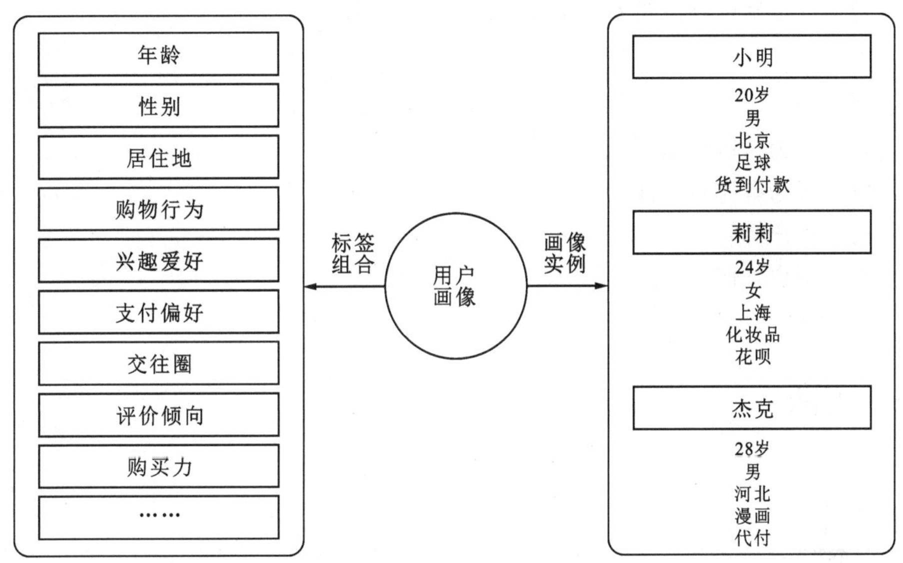

图1-4 某电商平台上的青年用户画像

五、研究消费者行为的意义

在数字营销环境下，研究消费者行为有助于企业完善营销服务理念，强化消费者的主体地位。企业的市场行为以消费者购买相关产品和服务为目标，因此消费者行为的产生并非企业的主观臆想，而是企业站在消费者的角度，认真剖析消费者的实际需求，不断优化营销服务理念，建立多层次、全方位的营销服务体系，真正做到以消费者为主体，最终吸引消费者做出购买行为。

研究消费者行为有助于企业了解消费者的心理和行为模式。这对于企业制订合适的市场营销策略、设计适宜的产品至关重要。通过研究消费者的心理和行为模式，企业可以更好地了解消费者的需求和购买动机，从而在市场竞争中掌握主动权。通过对消费者行为的细致分析，企业可以有效进行市场预测和市场定位，针对不同消费群体的特征制订合适的营销策略，抢占市场份额。

知识链接 1-2 摸清消费偏好，布局细分赛道

自学自测

一、判断题

1. 消费者行为学指的是为获取、使用、处置产品和服务所采取的各种行动以及这些行动的决策过程。

2. 基于消费者在消费产品时发生的情感反应，我们可以将消费者划分为沉实型消费者、温顺型消费者、反抗型消费者、健谈型消费者和激动型消费者。

3. 当消费者做出购买决定时，有确定和不确定之分。按照这一标准，可以将消费者划分为全确定型、半确定型以及不确定型三类。

二、简答题

1. 消费者行为具体包括哪几类活动？
2. 消费者行为有哪些特征？
3. 什么是用户标签？
4. 什么是用户画像？

课中实训

实训准备

一、实训目标

本次实训为消费者认知实训。通过一系列任务，学生能够熟练掌握消费者行为认知的概念，熟悉相关流程和方法。学生以小组为单位完成实训。

二、实训项目

根据实训资料《今年你为父母下了几单？——青年数字孝老现状分析》，分析消费者行为特征，构建用户画像。

三、实训步骤

（1）结合课前准备的内容，对消费者行为的相关知识有全面的认识。

（2）实训可采用“线上+线下”的综合学习方式，学生以小组为单位协同合作，运用网络调研和头脑风暴法，共同完成实训任务。

（3）将实训成果整理到表格中，或者将实训成果以思维导图的形式展现。

四、实训资料

今年你为父母下了几单？
——青年数字孝老现状分析

2021年公布的第七次全国人口普查（简称“七普”）数据显示，我国60岁及以上人口有2.6亿人，占总人口比重达18.70%。①我国已经进入老龄社会，让老年人老有所养、生活幸福、健康长寿是我们的共同愿望。这对消费提出了更高的要求。在家庭中，青年承担着养老职责；在社会中，青年群体是老龄事业和产业的中坚力量。在构建养老、孝老、敬老社会环境的背景下，洞察、把握和引导青年群体的孝老观念与行为具有重要意义。如今，互联网消费日益成为各年龄群体的主流消费趋势，尤其是青年群体。数据显示，青年为老年人网络消费的代付订单呈暴涨趋势，支付亲情账号绑定数量涨幅明显，短视频日益成为老年人与子女沟通的重要渠道。建设数字包容型的老龄社会是我们面临的严峻挑战。

阿里巴巴零售平台的相关数据显示，2020年，老年用品和服务订单超过5.1亿单。其中，近七成为“穿”，两成为“用”，一成以上为“吃”。总订单在五年内增长了61.1%。其中，增速最快的是“吃”，五年内增长了474.8%；增速第二的是“医”，助听器、轮椅、助行器等辅助类器具订单量上升，老年体检订单量也在攀升，这凸显了互联网消费渠道下的健康需求。②

阿里巴巴零售平台的相关数据也将青年人和老年人购买的老年用品进行了对比。在青年人为老年人购物的清单中，排名靠前的大多是满足基础性需要的棉衣、羽绒服、保暖衣套装等；但在老年人为自己购物的清单中，出现了连衣裙和假发这些满足更个性化需要的产品。这种错位提醒青年群体，要通过充分沟通了解老年人的需求。据此，相关学者提出了“青年数字孝老指数”这个概念，它指的是青年群体当年网购老年用品和服务订单量与青年群体当年用户数量的比例。

2016—2020年，80后数字孝老指数最高，几乎每人每年都会至少购买一单老年用品和服务。从变化趋势来看，90后和00后的数字孝老指数呈现出明显的增长趋势（见图1-5）。青年数字孝老指数呈现出明显的性别差异，女性远高于男性，且差距呈现出扩大趋势。

---

① 资料来源：《国务院第七次全国人口普查领导小组办公室负责人接受中新社专访》（https://www.stats.gov.cn/zt_18555/zdtjgz/zgrkpc/dqcrkpc/ggl/202302/t20230215_1904008.html）。

② 资料来源：《老龄化趋势下，如何抓住银发经济的发展机遇？》（https://new.qq.com/rain/a/20230505A03FP400）。

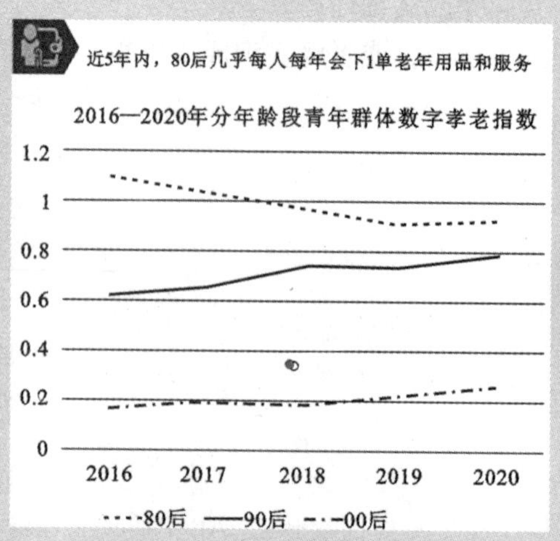

图1-5 青年数字孝老指数不同维度的数据分析

从地区分布来看，东部地区青年数字孝老指数最高。东北地区增长明显，并于2020年超过中部地区，跃居第二。西部地区青年数字孝老指数相对较低。

从订单来源来看，2020年，青年数字孝老指数最高的地区是福建省，在2018—2020年连续三年排名第一。北京市和辽宁省分别于2017年和2019年进入前10，排名逐步攀升。结合人口数据，我们认为，尽管两地青年数字孝老指数发展趋势一致，但背后的原因可能不尽相同。根据"七普"数据，辽宁省65岁及以上人口占比达到17.42%，位居全国第一，按照国际通行划分标准，辽宁省已经进入深度老龄化社会，并向超老龄化社会迈进。因此，辽宁省的青年数字孝老指数提高可能是因为人口老龄化的现实带来的老年消费需求增长。而北京市作为流动人口最活跃的特大城市之一，人口老龄化程度在全国处于居中水平，北京市青年数字孝老指数提高，这在很大程度上可能是因为青年游子为远在北京市之外的父母购买老年用品和服务。

阿里巴巴零售平台对2020年出现了跨城下单情况的335个订单进行了分析，发现青年数字孝老指数最活跃的地方集中在东部地区和沿海城市，大多是重要的人口流入地。根据"七普"数据，我国流动人口占常住人口比例最高的6个省、市、自治区依次是上海市、广东省、浙江省、北京市、福建省和江苏省。其中，上海市、北京市和江苏省都在青年下单规模最大的前十名中占据一席之地。从2017—2020年，北京市的青年数字孝老指数都排在前十位，并且排名逐步攀升（见表1-1）。

表1-1 青年数字孝老指数的地区排名

排名	时间				
	2016年	2017年	2018年	2019年	2020年
1	西藏自治区	安徽省	福建省	福建省	福建省
2	江苏省	上海市	安徽省	安徽省	安徽省
3	安徽省	福建省	上海市	上海市	上海市
4	福建省	江苏省	江苏省	江苏省	江苏省

续表

排名	时间				
	2016年	2017年	2018年	2019年	2020年
5	天津市	天津市	天津市	浙江省	浙江省
6	上海市	西藏自治区	浙江省	天津市	北京市
7	浙江省	浙江省	江西省	山东省	辽宁省
8	山东省	山东省	山东省	北京市	江西省
9	江西省	江西省	北京市	江西省	山东省
10	青海省	北京市	西藏自治区	辽宁省	天津市

在追踪老年用品和服务的流向时，我们发现，老年用品和服务主要从人口流入地回流到人口流出地，北京市青年最多的牵挂在河北省，就由北京市下单、异城收货的青年数字孝老订单来看，绝大部分的异城收货订单都流向了河北省。例如，在异城收货订单量排名前十的城市中，保定市、廊坊市、张家口市分别位列前三名；除了天津市排名第五，哈尔滨市排名第十，其他城市都位于河北省，因此我们可以说，生活在北京市的青年游子最多的牵挂是在河北省。

从异城收货的比例来看，中西部地区异城收货的比例是最高的。统计数据显示，2020年，异城收货比例排名前十的城市集中在甘肃省、四川省、青海省、河南省，其中有一半的城市位于甘肃省（见表1-2）。这可能与甘肃省近年来人口快速流出有很大关系，很多外出务工的青年游子通过网络实现数字孝老。

表1-2　2020年老年用品和服务异城收货比例排名前十的城市

排名	省份	城市
1	甘肃省	定西市
2	四川省	巴中市
3	青海省	海东市
4	甘肃省	白银市
5	甘肃省	天水市
6	甘肃省	武威市
7	四川省	达州市
8	甘肃省	平凉市
9	河南省	周口市
10	四川省	资阳市

资料来源：《青年数字孝老现状与趋势报告——基于互联网消费行为的分析》（https：//www. zhiyanbao. cn/index/partFile/1/aliresearch/2022-02/1_37940. pdf），有改动。

实训一　消费者行为特征

任务1　根据实训资料了解青年群体的网络消费特征

任务描述：

根据实训资料，分析并概括青年消费群体在数字孝老方面表现出的消费特征，并将表1-3填写完整。

表1-3　青年群体数字孝老消费特征

序号	特征描述
1	
2	
3	
4	
……	

任务2　设计调研问卷，深入理解青年群体的网络消费特征

任务描述：

根据实训资料，设计一份关于青年群体数字孝老的网络调研问卷，对周围的青年人进行调查研究。调研问卷的设计可参考表1-4中的内容。

表1-4　青年群体数字孝老消费调研问卷的设计

问卷内容	
问卷说明	您好！本问卷旨在了解您的消费情况……
问卷结构	单项选择题
	多项选择题
	简答题
	其他
结束语	非常感谢您参与本次问卷调研！在此，我们向您致以最诚挚的谢意。您的支持对我们来说意义重大……

实训二　构建用户画像

任务1　制作用户标签

任务描述：

整理问卷调研结果，汇总青年群体在数字孝老消费方面表现出来的特征，制作用户标签。可以从特征、行为和需求三个维度制作用户标签（见图1-6）。

特征		行为		需求	
人口统计	社会属性	使用行为	消费行为	偏好属性	潜在需求
姓名	婚姻状况	手机使用	信用卡额度	兴趣爱好	某种产品的潜在客户
性别	家庭人数	手机类型	月消费金额	网购偏好	流失偏好
年龄	子女数量	电脑使用	单笔最大消费	支付偏好	离网偏好
出生日期	父母数量	电脑类型	授信额度	价格偏好	VIP偏好
居住地	宠物数量	套餐使用	欠费情况	……	……
学历	公司名称	套餐剩余	消费频次		
……	工作地点	……	最后一次消费的日期		
	行业		信用等级		
	年收入		……		
	……				

图1-6　用户标签的维度

任务2　构建用户画像

任务描述：

结合问卷调研结果和用户标签的内容，构建数字孝老消费方面的青年群体用户画像，将表1-5填写完整。

表1-5　数字孝老消费方面的青年群体用户画像

用户画像标签	用户画像的内容
特征	
行为	
需求	

任务3　思考延伸

任务描述：

结合青年群体的网络消费特征、人口流动特征与我国人口老龄化的深度发展趋势，你认为网络会不会成为青年群体数字孝老的新渠道？它与传统孝老方式的关系是怎样的？我国青年群体数字孝老的现状及趋势是怎样的呢？

实训项目评价

学生技能自评表

序号	技能自评	达成	未达成
1	掌握消费者和消费者行为的概念		
2	熟悉消费者行为的特征		
3	了解研究消费者行为的意义		
4	掌握进行消费者行为分析的方法		
5	进行消费者行为特征调研		
6	构建用户画像		

学生素质自评表

序号	素质自评	具体指标	达成	未达成
1	自我学习能力	能够借助网络资源进行自主学习		
2	协作精神	能够与团队成员合作和讨论，共同完成实训任务		
3	创新意识	能够在消费者、消费者行为、用户画像构建等方面提出不同的方法		

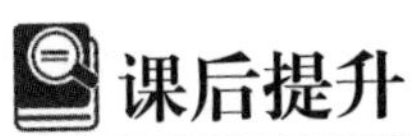

课后提升

2020 年中国北上广深地区
大学生火锅消费行为洞察报告

项目二　消费者需要与购买动机

学习目标

1. 知识目标

（1）了解消费者需要的含义、特征和类型；

（2）掌握马斯洛需要层次理论的内容；

（3）了解购买动机的相关理论；

（4）掌握动机的类型及引导方式。

2. 能力目标

（1）能够发现并正确认识消费者的需要和动机；

（2）能够运用马斯洛需要层次理论指导工作；

（3）能够对消费者动机进行有效引导。

3. 素养目标

（1）能够养成自我学习的习惯，培养自我学习的能力；

（2）能够通过团队协作、团队互助完成实训任务；

（3）能够具备数据思维和发现问题的能力；

（4）具有“以客户为本、一切为了客户”的意识。

项目重点和难点

本项目的重点在于理解消费者需要的定义、类型、内容、特征，理解动机的作用过程，影响动机的因素；本项目的难点是理解购买动机的类型、特征，挖掘消费者需要的方法，激发消费者购买动机的营销策略。

内容架构

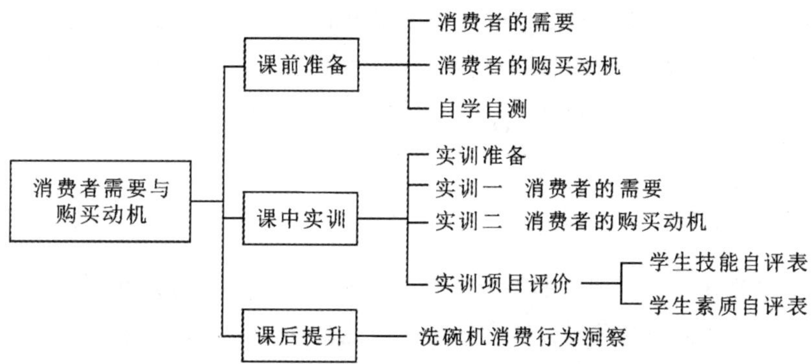

导入情境

人饿了就会想进食，渴了就想喝水，这是“需要”在起作用。然而，饿了是吃米饭、面条，还是吃面包、蛋糕，具体到选择哪个品牌、哪家店铺；渴了是喝白开水、矿泉水，还是喝果汁，具体到选择哪个品牌、哪家店铺……这些都是动机在起作用。动机是决定行为的内在动力，它既可能源自被唤醒的需要，也可能单纯由外在诱因所驱动，或是内外因素共同作用的结果。

动机具有不可观察性、多重性和复杂性。通常情况下，某一购买行为由多种动机引起，其中一种动机起支配作用，占据主导地位，其他动机起辅助作用。市场营销人员必须在调查、研究和销售的过程中，认清消费者购买行为发生的主导性动机，才能有针对性地开展营销活动。

课前准备

一、消费者的需要

（一）需要的含义

需要是一种生理和心理上的缺乏状态，这种缺乏引导人们向一定方向努力，去实施相应的行为，以消除缺乏的感觉。

消费者需要是指消费者在消费过程中生理和心理上的匮乏状态，即消费者感到自己缺少些什么，并想获得满足的状态。它是推动消费者进行各种消费行为的最基本的内在原因，是消费行为发生前的一种心理倾向。只有当消费者的缺乏感觉达到了迫切程度时，需要才会被激发，并促使消费者做出消费行为。

（二）需要的分类及相关理论

人的需要多种多样，复杂多变，形成一个多方面、多层次、多功能的体系。为了理解与把握需要，我们需要从不同的角度对需要进行分类。由于需要的种类很多，在这里，我们主要介绍三种比较有影响力的分类方法：马克思对需要的分类、需要的二分法，以及马斯洛需要层次理论对需要做出的分类。

1. 马克思对需要的分类

马克思在相关著作中，把人的需要分为三大类，即生存需要、生活需要、发展需要。因为人们存在这三种类型的需要，社会生产也因此被划分为三类，即生存资料的生产、生活资料的生产、发展资料的生产。

（1）生存需要

生存需要是指作为一个具有生产能力的人要生存下去，必须有最基本的生存条件，比如一定的食物条件、一定的穿着条件、一定的居住条件等。这些条件都是人生存的最基本要求。人生存的基本条件会随着人类社会文明程度的提高而提高。

（2）生活需要

生活需要是指人们进行正常的社会交往、生活娱乐等方面的需要。生存仅仅是人最基本的要求，人不仅要活着，而且要活得有价值，活得有意义。所以，在最基本的生存需要得到满足后，人会产生更高层次的物质和精神方面的需要。

（3）发展需要

每一个人都有尽量发挥自己的种种能力，实现自己的价值，实现理想的要求，这些就是发展需要。当然，发展需要一般必须以前两种需要作为基础，没有足够的生存条件和一定的生活保障，发展需要往往就是空谈。在人们的物质生活和精神生活越来越丰富的社会背景下，相对于前两种需要而言，发展需要显得更为重要。

2. 需要的二分法

需要的二分法有两个分类标准：一是依照需要的形式，把人的需要简单地分为物质需要和精神需要两大类；二是依照需要产生的原因，把需要分为先天需要和后天需要两大类。

（1）依照需要的形式进行分类

物质需要是指人对具体有形的物质的需要，主要表现为生理方面的需要，因此物质需要也被称为生理需要。

精神需要是指人在心理和精神活动方面的需要，如人的自尊、发挥自己的潜能、精神上的娱乐等需要。与物质需要相比，精神需要是较高层次的需要。

（2）依照需要产生的原因进行分类

先天需要是指人通过先天的遗传所得到的需要，也称为本能的需要，如饿了就要吃饭，冷了就要穿衣，困了就要睡眠的需要等，这些都是人通过先天遗传获得的需要。先天需要具有普遍性，每一个人都具备这一类需要，并且不同国家、不同民族、不同地区的人，其先天需要可以说是基本相同的。先天需要得到满足是人的生理机能维持正常状态的前提。在先天需要得到相对满足的基础上，人才能有足够的体力和精力去进行其他的活动，并满足更高层次的需要。先天需要获得满足对于维持人的正常生理活动，以及人正常生活具有非常重要的意义。

后天需要是指人在出生之后，在社会环境的影响下，所形成的带有人类社会特点的那一部分需要，如社会交往的需要，对荣誉的需要，自我尊重、自我表现的需要，追求理想的需要，完善自我、道德修养的需要等，这一类型的需要都是人在后天形成的需要。

后天需要与先天需要的不同之处主要在于，后天需要是人在所处的社会环境中，通过自身的学习、模仿等方式形成的。虽然每一个生活在人类社会中的人都会有后天需要，但是每一个人的需要水平和需要内容却不尽相同。对于不同消费者而言，他们具有不同的个性，在生理、心理、所处的环境、受过的教育等方面也有差异，这些导致消费者产生不同的需要，满足这些需要的产品和服务也有差别。与先天需要相比，后天需要往往表现为需要的更高层次，不仅仅停留在生理的需要上面，而是更注重精神上的满足。

先天需要与后天需要，是一种为方便研究需要而进行的分类。在现实生活中，先天需要与后天需要往往是交叉在一起的，人们一般很难在它们之间划出明确的界限。例如，在现实生活中，穿衣具有保暖和遮体的功能，然而现在人们在穿衣方面不仅追求体现自身的审美，而且追求体现自身的身份、社会地位和精神状态，因此我们很难说穿衣到底是先天需要还是后天需要。再如，人们吃饭也不仅仅是为了消除身体的饥饿感，有时吃饭是一种交际手段，还带有显示社会身份，甚至体现自尊和实现自身价值的目的。在中国的中医理论中，吃饭与用药也是结合在一起的，现代人吃饭不仅对口味方面有要求，而且注重营养，吃饭体现出了人对健康的需要。

3. 马斯洛需要层次理论对需要做出的分类

(1) 马斯洛需要层次理论的内容

1954年，美国心理学家马斯洛（Abraham Harold Maslow）出版了他的代表作《动机与人格》，提出了需要层次理论。马斯洛认为，人有各种各样的需要。他把人的需要分为五个层次：第一个层次的需要是生理需要；第二个层次的需要是安全需要；第三个层次的需要是归属和爱的需要；第四个层次的需要是尊重需要；第五个层次的需要是自我实现需要（见图2-1）。只有低层次的需要得到满足后，高层次的需要才会出现。这和中国古代哲学观点有类似之处，春秋时期的政治家管仲说过，“仓廪实而知礼节，衣食足而知荣辱”，意思是人们只有在粮仓充足的前提下才能懂礼仪，只有丰衣足食，才会知晓荣誉和耻辱，这里就提到了需要的不同层次。

在马斯洛需要层次理论中，低层次的需要应该首先得到满足，然后高层次的需要才可能出现。如果某一层次的需要得不到满足，则这种需要会强烈地驱使人们做出各种行为去满足这种需要，在此需要未被满足之前，这种驱动力会迫使该需要占据优势需要状态，一旦该需要得到满足，则此需要退出优势需要状态，也不具有促使人们去满足该需要的作用，高一层次的需要将取代它，成为优势需要。

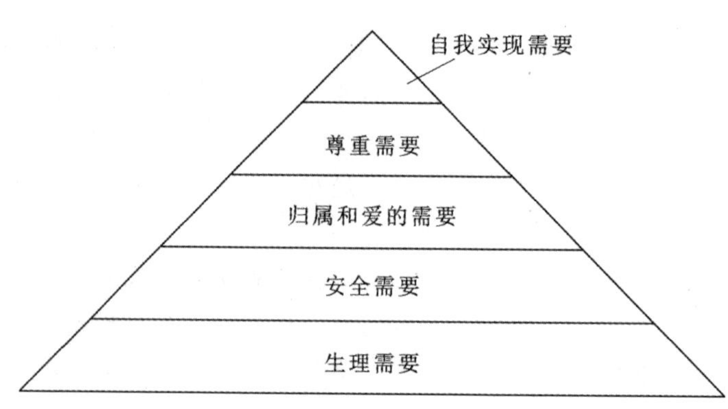

图2-1　马斯洛需要层次理论

优势需要决定人们的行为。在同一时间、地点、条件下，人们存在多种需要，其中有一种占优势地位的需要决定着人们的行为。任何一种需要并不会因为高层次的需要获得满足而自行消失，只是对行为的影响减轻了而已。

（2）马斯洛需要层次理论解析

生理需要是指维持人们生理平衡的需要，如人对水、空气、食物的需要，以及人对于温暖的需要等。简单地说，生理需要就是指人们日常生活中穿衣、吃饭、解决温饱问题等类型的需要。生理需要是驱使人们做出各种行为的强大动力，在生理需要得到一定程度的满足之后，人们才会产生高一层次的需要。在市场经济条件下，生理需要驱使消费者购买食物、饮料与普通衣物。

安全需要表现为人们要求稳定、安全、受到保护、有秩序、能免除恐惧和焦虑等。为满足安全需要，人们会关注安全生产，也会未雨绸缪，购买一些保险产品。

归属和爱的需要表现为人们希望能够爱人与被爱，能被团体接纳。在人的生理需要和安全需要得到一定程度的满足时，人们强烈地希望与人交往，希望生活中有一些相处融洽的人，需要得到亲人的关怀与爱护，需要在某个团体中找到归属感。如果这种需要得不到满足，人们就会强烈地感到孤独，感到被孤立。在这种需要的驱使下，人们会主动地与人交往，寻找自己爱的人和爱自己的人。人们在生活中结交朋友、追求爱情和友情、参加团体活动，或者与亲朋好友聚餐、馈赠礼物等行为都是归属和爱的需要的具体表现。

尊重需要是指人们需要朋友、亲人以及社会中的其他人承认自己，尊重自己，对自己有良好的评价。人们需要自尊、自重，需要他人承认自己的实力、成就，渴望获得荣誉和威信，展现个人的独立性，并展现自己在各方面的能力。例如，飘柔洗发露的广告语“飘柔，就是这么自信!”直观地刻画了人们使用飘柔产品之后感到自信的精神状态，其满足的正是人们的尊重需要。

自我实现需要是人们最高层次的需要，是人们把各种潜能发挥出来，从而实现理想的一种需要。自我实现需要表现为人们努力获得事业成功，在技术上精益求精。在自我实现需要的驱使下，人们会尽最大的努力发掘自己的潜力，实现人生目标，追求自身价值。例如，人们参加公益活动，在奉献中收获爱和希望，正是自我实现需要的体现。再如，运动品牌李宁的广告词是“一切皆有可能”，它向人们传达的理念是，只有努力展现自己的魅力，人才能实现自己的人生价值。

(3) 马斯洛需要层次理论的不足之处

马斯洛需要层次理论逻辑清晰，观念简单，容易理解，并且它确实反映了不少人的心理与行为模式，例如，一般人在最基本的温饱都面临问题的状况下，通常是不会购买珠宝等昂贵产品的。该理论也因此被广泛接受。

但是，马斯洛需要层次理论仍然存在不足，主要表现在两个方面。一方面，马斯洛把生理需要、安全需要、归属和爱的需要、尊重需要都称为基本需要，并认为这些需要是人与生俱来的，需要的发展是一种自然而然的过程，严重低估了环境和教育对需要发展的影响；另一方面，马斯洛强调个体需要优先满足低级需要，忽视了高级需要对低级需要的调节作用，连他自己也承认，他并不完全了解殉道者、英雄、爱国者、无私的人。

在市场经济条件下，同一产品或服务有时候可以同时满足人的多种需要。例如，消费者评价一款皮包时，认为它拿在手上使人感觉温暖（生理需要），使人不会弄丢现金和银行卡（安全需要），适合在社交场合使用（归属和爱的需要），能彰显自己的个性和时尚品位（尊重需要），能让人充满自信和活力（自我实现需要）。

总之，虽然马斯洛需要层次理论存在一些不足，但它能提醒市场营销人员的一点是：消费者在不同的人生阶段，处在不同的消费环境、文化氛围里，会有不同优先顺序的需求；市场营销人员应该充分接触和了解不同的消费群体，才能把握他们的不同需要，制订适宜的市场营销策略。

二、消费者的购买动机

（一）动机

动机是促使人们朝目标前进的内在力量。

当人们产生某种需要，而又未能获得满足时，人们在心理上便产生了一种不安和紧张的情绪，这种情绪成为一种内在的驱动力，促使个体采取某种行动。心理学家把这种现象称为动机。动机的作用机制如图2-2所示。

需要——动机——行为——目标————行为结束

激发　驱动　达到　满足需要

图2-2　动机的作用机制

（二）动机与需要的关系

1. 需要是动机产生的基础

动机的产生源于需要。人为了维持生存，需要稳定的环境，保持正常的体温，维持细胞内水与盐分的适当平衡。当这种平衡被破坏时，机体就会产生紧张感。

2. 只有需要达到一定强度，动机才会产生

需要分为显性的需要和隐性的需要。需要本身并不一定会引导个体做出行动，需要只有处于激发、唤醒状态，才能驱使个体采取行动，而需要的唤醒既可能源自外部刺激，也可能源自内部刺激。只要外界环境中存在着能满足人们需要的对象，人们活动的动机才可能出现。但是，并非任何需要都能转化为动机。只有需要达到一定的强度后，需要才会转化为相应的动机。

例如，人们需要饮食、衣物来维持生存，当人们感到饥饿、口渴、寒冷时，需要就会被唤醒，人们就会进食、喝水、增加衣物。

3. 需要为行为指明了目标，动机规定实现目标的方法或途径

简单理解，需要是“我饿了，我需要食物”，动机则是“吃什么”。

人有需要，是因为人感受到自己在生理和心理上处于匮乏状态，此时人并没有明确的愿望；动机则明确地指向了某种特定产品或服务。比如，在饥饿产生的时候，消除饥饿是需要，是目标，消除饥饿的食品，如米饭、馒头、面条、蔬菜、肉类等都是实现目标的不同方法或途径，此时人选择哪种食品并不能由需要得到解释。在满足需要的多种方法或途径中，人如何选择可由动机来加以解释。

4. 外部刺激也能引起动机

在某些情况下，即使缺乏内在需要，单凭外部刺激，也能引起动机，并导致人做出某种行为。例如，一般情况下，人们为消除饥饿而进食，但是毫无饥饿感的人面对餐桌上美味的菜肴时，也有可能抵挡不住诱惑，产生品尝菜肴的动机。这就解释了这种情况：人们在并不饥饿的条件下，看到小贩卖的樱桃饱满圆润，色泽鲜艳，还是会买一些尝尝；人们并不缺衣服，但是看到商家促销力度大，衣服时尚、质感好，还是会购买。市场营销人员要激发、唤醒消费者的需要，刺激消费者产生购买动机，做出购买行为。

（三）消费者的购买动机含义及分类

消费者的购买动机是直接驱使消费者实施某种购买活动的内部动力，反映了消费者在心理、精神和感情上的需要，实际上是消费者为满足需要而做出购买行为的推动者。

消费者的购买动机与消费心理息息相关。常见的购买动机有以下几种。

1. 求实惠的动机

消费者在购买生活必需品时，首先要求产品必须具备实际的使用价值，讲究实惠和实用。他们强调产品的效用和质量，讲求朴实大方，经久耐用，要求使用和操作快捷便利，不太追求时尚和潮流。

2. 求新、求异动机

这指的是消费者以追求新颖、刺激、赶时髦为主要目的的购买动机。这是由消费者强烈的好奇心和求新欲望引发的动机，表现为他们在选购产品时，特别注重产品的流行性，关注其是否是新产品、新款式、新花色等。这一点一般在年轻人身上表现得尤为突出，他们在购买产品时受广告宣传、社会环境和潮流导向的影响较大。市场营销人员可以利用消费者的好奇心来吸引他们对某种产品产生兴趣。具有这种购买动机的消费者一般来说观念更新较快，容易接受新思想、新观念，生活也较为富足，追求新的消费方式。

3. 求美动机

爱美之心，人皆有之。消费者在讲究实用、精打细算的同时，也会特别注重产品本身的造型美、色彩美，注重产品的外形和设计。持有求美动机的消费者在购买产品时受产品的造型、色彩、款式和艺术欣赏价值的影响较大。他们强调使用产品的感受，对产品本身的实用性要求不高。这样的消费者往往文化素质较高，个性较明显。

4. 求名动机

在持有求名动机的消费者的眼中，所购买的产品是他们身份和社会地位的体现。名牌产品、高档产品能彰显他们的身份和社会地位。这类消费者对品牌特别重视，喜欢购买名牌产品，在购买时，他们很容易受到广告、品牌知名度的影响。一般而言，收入水平较高的年轻人常常具有这种购买动机。

5. 求廉动机

购买物美价廉的产品是消费者最基本的心理需要。此类消费者非常愿意花心思掌握产品的价格变动信息，而对产品的质量、花色、款式、品牌和包装等相对并不十分在意。

求廉是以注重产品价格低廉，希望付出较少的货币而获得较多的物质利益为主要特征的购买动机。价格敏感是这类消费者的最大特点。在购买时，这类消费者不大看重产品的外观、包装等，而是受处理价、优惠价、大特价、清仓价等促销信息的影响较大。一般而言，这类消费者收入较低或者经济负担较重，但也有例外情况。近年来，还出现了一种趋势，就是在目标市场营销中，持有求廉动机的消费者对于较高档次的消费品有需求。比如某品牌时装专卖店的目标消费者是高收入人群，这类消费者对时装的质地、款式很有研究，对服务、购物环境等有较高要求，持有求廉动机的消费者日常不会光顾该店。但在换季时，店铺开展清仓处理活动，吸引了很多消费者去抢购，此时，店铺激发的就是这类消费者的求廉动机。

6. 求便动机

求便是一种以方便购买、使用、维护为主的购买动机。在购买价值不高的日用品时，消费者常常具有这种购买动机。对于这类日用品，消费者经常购买，经常使用，购买时也不太会认真挑选，讲求便利是其主要特征。此外，他们对服务也有一定的要求。

7. 模仿或从众动机

消费者为保持与其他人步调一致而购买某些产品，被称为模仿或从众动机，该动机通常是在相关群体和社会风气的影响下产生的，消费者会跟随他人购买特定品牌、特定款式的产品，很多时候根本没有考虑自身的实际需要，因此这种购买行为也有一定的盲目性和不成熟性。很多消费者以追求自己喜爱的、崇拜的偶像为目标，效仿他们购买某些产品，效仿他们的消费方式。在大众传媒的引导下，一些年轻消费者的模仿或从众动机特别强烈。商家在广告宣传中将名人作为代言人，就是意图激发消费者的模仿或从众动机。

8. 癖好

癖好是消费者为满足个人特殊爱好而做出购买行为的动机，这类消费者通过购买和消费自己偏爱的产品来获得心理满足。对特定产品偏爱的形成，大多与消费者的业余爱好、专业特长和个性密切相关，并且伴有浓厚的感情色彩。例如，有人喜欢花草，有人喜欢古董，有人喜欢字画，有人喜欢运动，这些都会在他们的消费行为中有所体现。

9. 自我表现动机

有时，消费者买一件产品，看重的并不完全是它的使用价值，而是希望以此来显示自己的财富或社会地位，或引起别人的关注。此时，这类消费者的自我表现动机比较明显。

近年来，炫耀性消费作为一种社会现象，引发了很多人的关注。一些人通过购买昂贵的艺术品来展示自己的经济实力，或者在餐食上铺张浪费来彰显自己的“大度”等，这其实是非常不可取的。炫耀性消费浪费了社会资源，使社会财富的效用没有得到很好的利用和体现，助长了攀比、浪费的不正之风，不利于社会的和谐发展。

10. 攀比动机

攀比是一种以争强好胜或为了与他人比较并胜过他人为目的的购买动机。消费者购买某种产品主要不是为了满足实际需要，而是为了显示自己比别人强。持有这一购买动机的消费者往往缺乏理智的思考和分析，购买行为具有偶然性、冲动性。在购买时，这类消费者主要受广告宣传、他人的购买行为的影响。

11. 减少风险和追求健康舒适的动机

为了减少消费过程中的各种风险，一些消费者会想方设法避免精力损失、时间损失和声誉损失，通常会购买自己熟悉的品牌的产品，到信誉好的商家购买产品，使用免费样品，购买有退款保证的产品等。

（四）动机的产生

当个体的需要达到一定强度，并且有诱因存在时，个体就会产生动机。关于动机的产生，有学者认为，动机的产生受内在条件和外在条件的共同作用。此时，内在条件和外在条件会表现为“推”和“拉”两种情况。

1. 驱力理论

驱力理论认为，当个体的需要得不到满足时，个体内部就会产生内驱力，内驱力作为内在条件，刺激个体产生动机。此时，内在条件具有“推”的作用。

一些学者认为，动机是个体在生理上本能地为降低紧张程度、减少不愉快而引起的。本能是天生的。所以当个体饥饿时，自然就会想吃食物，口渴时，自然就想喝水，否则个体就会感到紧张、不适等。换句话说，饥饿或口渴时，个体会产生一种内驱力，这种内驱力促使个体寻找食物或水源。当个体发动内驱力、达成目标（如吃饱喝足）之后，紧张程度就会降低，并逐渐恢复到平衡的状态。从这里的分析中我们可以看出，驱力理论主要建立在生理学研究的基础上。

应用驱力理论，我们可以理解消费者为何购买食品、饮料、衣服等，因为这些产品与人类对温饱的基本要求有关。但是，驱力理论很难解释以下问题：为什么有的游客在旅游景区购买纪念品，回家后却连看也不看一眼？为什么饲养宠物小狗的人会采购很多宠物饰品，如不同颜色和款式的领结？

2. 期望理论

当外在条件起决定作用的时候，即“拉”的作用非常明显时，个体也会产生动机。这就是期望理论。该理论认为，只有当个体预期到某一行为能为自己带来有吸引力的结果时，个体才会采取特定的行动。目前，多数人采纳期望理论的观点，从认知而非生理学的角度来解释动机的产生机制。简单地说，期望理论认为动机是正向诱因引起的。

有些游客在旅游景区购买纪念品，可能是因为他们觉得在往后的日子里，只要他们看到这些纪念品，就能回忆起游览景区时的快乐体验；消费者为宠物小狗购买领结，可能是因为作为主人，他们想把自己对美的感悟传递给小狗，以此表达自己对小狗的爱。

期望理论认为，每个人对结果的期望各有偏好；另外，结果的价值越大，结果可实现的几率越大，内在动机就越强。

（五）消费者的购买动机与营销策略

1. 发现消费者的购买动机

在某种程度上，我们可以说，消费者并不是在购买产品，而是在满足自己的需要或解决问题。市场营销人员必须发现产品所能满足的消费者需要，通过适宜的营销策略激发消费者的购买动机。

消费者意识到并承认的动机是显性动机。例如，消费者到一家服装店，准备购买衣服，此时买衣服就是显性动机。但消费者的购买动机还具有内隐性。消费者未意识到或不愿承认的动机，就被称为隐性动机。到服装店买衣服的消费者，隐性动机可能是通过穿某品牌的衣服展现自己的个性和时尚品位。

2. 基于多种动机的营销策略

消费者某一行为的产生往往不是单一动机的作用，而是受到多重动机的驱使。各种动机在强度上有差别，在特定情况下，某一个或某几个动机占主导地位。

一旦找到影响目标市场的动机组合，企业就要围绕相应的动机制订营销策略。在现实生活中，消费者的购买行为往往是在多种动机的共同驱使下做出的，是有意识的动机和无意识的动机总和的结果。动机总和一般分为以下两种情况：一种情况是几种动机共同作用于购买行为，多种动机累加，使购买动机得到强化，推动消费者产生更为强大的购买需要，从而更容易做出购买行为；另一种情况是，在多种动机中，有的动机促进购买行为，有的动机阻碍购买行为，即存在方向相反、相互抵触的动机，这时动机总和不是所有动机的累加，而是相互抵消，但只要相抵后不为零，就说明动机还是有的。如果促进购买行为的因素之和大于阻碍购买行为的因素之和，就会推动购买行为的发生；如果促进购买行为的因素之和小于阻碍购买行为的因素之和，就会阻碍购买行为的发生；如果动机总和处于平衡状态，消费者可能徘徊于买与不买之间，这时就需要外界的助力，市场营销人员要想方设法地刺激消费者的购买动机，削弱各种阻碍购买行为的力量，使消费者向产生购买行为的方向倾斜。

如果存在的多种购买动机都很重要，产品就必须具备不止一种功能，那么广告也必须向消费者传递多重利益。通常，显性动机是消费者觉察的或者愿意讨论的，广告可以直接迎合消费者追求的产品质量、产品功能等显性动机。隐性动机一般是消费者不愿承认的，需要市场营销人员采用间接的沟通方式，产品广告最好采用双重诉求方式，直接诉求侧重于产品品质，间接诉求则集中于消费者所追求的地位、理念和个性等。

3. 基于动机冲突的营销策略

动机是有正向、负向之分的。正向动机会让我们接近或接纳某些人或事物，以得到正面结果，这种行为被称为趋近。相反，负向动机促使我们逃离某些人或事物，以免除负面结果，这种行为被称为逃避。当多种动机在同一时刻出现，不同动机的强度不同时，动机冲突就会产生。动机冲突主要有以下三种表现形式。

（1）双趋型动机冲突

双趋型动机冲突也被称为“利—利”冲突。简单理解，就是“鱼与熊掌不可兼得”，消费者必须做出选择。当消费者在两种以上的产品中选择某一产品而被迫舍弃其他产品时，就会更多地看到所选产品的缺点和未选产品的优点，从而产生失落感。一般情况下，消费者会通过多种方法进行心理调节，减轻失落感。如果这种失落感得不到缓解，甚至变得越来越严重，消费者的情绪就可能受到影响。

为了解决双趋型动机冲突，市场营销人员可以增强产品的吸引力或提供多种利益组合。例如，可以在广告宣传中强化某一产品突出的价值与利益，引导消费者快速做出购买决策。

（2）趋避型动机冲突

趋避型动机冲突也被称为“利—害”冲突。消费者渴望得到的产品可能产生负面后果，即消费者对于产品具有既期待又害怕的心态。

比如，有的消费者在炎热的夏季想吃冰激凌，但担心对健康不利；想买新能源汽车，但居住地附近的充电设施太少，担心充电不方便。至于消费者最后做出了什么选择，主要取决于正向动机和负向动机的相对强度。

对于趋避型动机冲突，企业的策略是改善产品，强化利益，减少和避免缺陷，以吸引消费者购买。比如，冰激凌品牌可以创新工艺，使用优质原料，生产低糖、低热量的冰激凌；新能源汽车品牌可以结合用户数据布局充电设施，为更多消费者提供便利。

（3）双避型动机冲突

双避型动机冲突也被称为“害—害”冲突。简单理解，就是消费者必须在希望回避的两种事物间选择一个，此时消费者通常进退两难，也就是我们通常说的“前怕狼，后怕虎”。这是一种既趋向又回避的心理状态，比较复杂。此时，引起动机的事物既有吸引力，又令人有所顾忌。

自学自测

一、判断题

1. 消费者信贷是一种滞后的消费方式，消费者凭信用先取得产品使用权，然后按期归还贷款以购买产品。

2. 消费者需要是指消费者在消费过程中生理和心理上的匮乏状态，即消费者感到自己缺少些什么，并想获得满足的状态。

3. 依照需要产生的原因，可以把需要分为先天需要和后天需要两大类。

4. 消费者的动机可以分为显性动机和隐性动机。

5. 在与消费者沟通的过程中，商家有可能发现消费者有多种需要，不同需要之间处于针锋相对的状态。

二、简答题

1. 消费者需要的主要特征有哪些？

2. 简要介绍马斯洛需要层次理论的主要内容。

3. 消费者有哪些具体的购买动机？

4. 引导消费者产生购买动机的方式有哪些？

课中实训

实训准备

一、实训目标

本次实训旨在帮助学生理解消费者需要的含义、特征，熟练掌握马斯洛需要层次理论的内容，了解购买动机的相关理论，掌握动机的类型及引导方式。学生以小组为单位完成实训。

二、实训项目

根据实训资料《元气森林“牵手”迪士尼》，分析消费者需要和消费者购买动机。

三、实训步骤

（1）结合课前准备的内容，整合消费者需要和动机相关知识。

（2）实训可采用“线上＋线下”的综合学习方式，学生以小组为单位协同合作，运用网络调研和头脑风暴法，共同完成实训任务。

（3）将实训成果整理到表格中，或者将实训成果以思维导图的形式展现。

四、实训资料

元气森林“牵手”迪士尼

跨界营销能将不同审美和生活态度相互融合，让品牌形象更为立体，带来独具一格的纵深感，因而得到各类品牌的钟情。如国货品牌英雄墨水就与QQ星进行跨界合作，推出了英雄墨水形态的QQ星产品礼盒，其中的许诺神器“墨水奶”获得了广大网友的关注，展现了品牌个性化、趣味性的营销方法，迎合了消费者热爱追求时尚和潮流的消费理念。

2021年，元气森林携手迪士尼超级IP的合作给不少消费者留下了深刻的印象。从产品的设计到品牌定位的高度契合，再到推广活动的战略布局，元气森林都做出了很好的营销示范。

一、玩法创新，创造令人耳目一新的营销体验

此次与迪士尼合作的产品，元气森林选择了旗下年轻人喜欢的低糖、低脂肪的乳茶（见图2-3），提供了浓香原味、茉香奶绿和咖啡拿铁等口味的乳茶供消费者选择。

图2-3 与迪士尼联名的元气森林乳茶

1. 高颜值设计＋高辨识度IP，打造别样营销体验

有研究表明，那些具有设计感和特定美学元素的产品，能够刺激消费者的欲望，吸引消费者的目光，并为消费者带来愉悦感。在产品的设计上，元气森林选择了迪士尼旗下IP米奇、公主，把消费者熟悉的米奇、白雪公主、贝儿公主等“搬”到了乳茶的包装上，为消费者带来充满童趣的视觉体验。

2. 盲盒＋故事，延长营销的生命力

一直以来，营销行业有一个共识，那就是营销原创的速度在大多数时候赶不上消费者新鲜感冷却的速度。为了保持品牌特有的新鲜感，元气森林选择了IP赋能的模式，与迪士尼合作推出盲盒，随机在米奇家族系列中的6款玩偶中挑选一款，将其放入乳茶箱中。这样一来，消费者在拆乳茶箱的时候，就能获得一种惊喜感。

同时，在盲盒玩法中，主打场景以亲情、友情、爱情为主题的瓶身彩蛋呈现方式，能够维系消费者对品牌的新鲜感，也使消费者对品牌的好奇心有增无减。

倡导健康生活方式的元气森林乳茶，有了迪士尼IP纯洁、鲜活、童趣的故事内核，使品牌与消费者产生了更强烈的精神联系，让营销更有温度。

元气森林再现迪士尼经典人物的玩法在唤醒一代人集体记忆之余，品牌的营销诉求也在潜移默化中提高了辨识度，从而扩大了品牌营销的覆盖面，延长了营销的生命力。

二、强强联合，打造品牌独特的竞争力

迪士尼选择与元气森林合作，主要是高品质、目标用户一致以及联合后产生的市场反应能够强化迪士尼自身积极正面的品牌形象，提升品牌在年轻消费者心目中的影响力。

1. 凭借健康的产品属性，满足年轻消费者的需求

迪士尼在流量上有着天然的优势，可对于一进入市场就受到消费者热烈欢迎的元气森林来说，流量并非跨界合作的唯一诉求，与超强IP联合能够让营销更有温度和深度，增强品牌的影响力。

以95后、00后为代表的Z世代，他们对外观高级、设计精美的健康产品有着天然的好感。元气森林本身是聚焦当代年轻消费者需求而诞生的产品，迪士尼动画人物的融入赋予了产品更加鲜活与立体的形象。元气森林乳茶低糖、低脂肪的属性有着得天独厚的优势，加上迪士尼元素包装的加持，品牌成功抓住了Z世代的心，建立起品牌在消费者心中的健康符号。

2. 有效触达年轻消费者，实现营销转化

对为服务年轻消费者而生的元气森林，历经百年沉淀、拥有大量年轻受众的迪士尼品牌来说，他们的受众高度一致，而95后、00后作为未来的消费主力军，更是品牌想要笼络的目标人群，他们追求个性释放，对健康、养生有着自己的理解和主张。

Z世代在消费中，一个明显的特征是他们愿意为“爱”付费，而迪士尼旗下那些陪伴95后、00后成长的IP，能为他们创造强烈的认同感和归属感。通过IP聚焦消费者的情感需求，能为营销转化提供更多可能。

三、线上、线下联动，进一步提升推广活动的声量

为了进一步扩大影响力，实现有效触达更多消费者的目标，元气森林与迪士尼在线上探索“盲盒＋抽奖”的玩法，同时在线下门店为消费者打造沉浸式体验，从而实现精准获客。

1. 线上：“盲盒＋抽奖”

在线上，元气森林设置了抽奖赢盲盒的方式，并结合微博话题持续为活动蓄热。此次活动超高的流量与用户参与，离不开KOL[①]的推波助澜。不少KOL根据小红书、抖音、微博等主流社交平台的展现，自发地参与相关的话题（见图2-4），也吸引了众多年轻消费者的关注。

① KOL是“key opinion leader”的缩写，中文翻译为“关键意见领袖”。KOL是在特定领域或行业内具有丰富经验和专业知识的个人或个体，他们的观点和建议对于其他人来说具有重要的影响力。KOL通常在社交媒体平台上分享他们的见解、经验和观点，以便为其关注者提供有价值的信息。

图2-4　KOL参与相关的话题

2. 线下：迪士尼门店互动

除了线上的“盲盒＋抽奖”玩法，合作款乳茶也登陆了上海陆家嘴迪士尼旗舰店。作为一款登陆迪士尼旗舰店的饮品，元气森林与生俱来的活力为迪士尼增添了色彩，也为消费者提供了与品牌进一步互动的窗口，有利于帮助产品实现商业转化。

除此之外，很多连锁超市中也出现了元气森林与迪士尼联名款乳茶（见图2-5），元气、好运恰好契合中国人对生活的美好期待，不少消费者纷纷购买联名款礼盒。

图2-5　连锁超市中的元气森林与迪士尼联名款乳茶

资料来源：《神仙联谊！元气森林凭什么“牵手”迪士尼?》(https://www.163.com/dy/article/G322JJ790511DQRH.html)，有改动。

实训一　消费者的需要

任务1　了解消费者的需要

任务描述：

为了销售一张桌子，市场营销人员需要对不同的消费者采用不同的话术，以满足消费者的需要。结合表2-1中的内容，将消费者需要的类型补充完整。

表2-1　消费者的需要

序号	市场营销人员对不同的消费者采用的话术	消费者需要的类型
1	“当您摸一下手工磨平的桌面时，你就会感受到这张桌子的独特之处。想象一下，当您品尝这张桌子上的美味佳肴时，会有多么快乐啊！”	
2	“我们的桌子是全实木打造的，做工无可挑剔，我们能保证它经久耐用。”	
3	“您可以想象一下，每次您和爱人在这张精美的木桌边用餐和交谈时，您和爱人会拥有多么强烈的幸福感啊！木制品可以使房间显得温暖，您不这样认为吗？”	
4	“这张桌子质量非常好，达到了出口标准，每当您看到它时，您会产生一种自豪感。”	
5	“当您拥有这样一张桌子时，其他桌子您看都不想看一眼。这张桌子的制作工艺非常讲究，即使使用十年，您仍然会对它情有独钟。”	
6	“制作桌子的木材都是精挑细选出来的，利用特殊的工艺烘干，这能确保桌子在使用中不会变形。”	
7	“这张纹理素雅的桌子能装饰您家的餐厅，衬托您和家人的高雅品位。”	

任务2　根据实训资料，进一步理解消费者的需要

任务描述：

在实训资料中，元气森林的目标消费者是谁？它之所以走红，主要是因为其满足了消费者的哪些需要？请分析和理解消费者的需要，完成消费者需要的分类，将表2-2填写完整。

表 2-2　实训资料中的消费者需要

序号	消费者需要	消费者需要的类型
1		
2		
3		

实训二　消费者的购买动机

任务 1　了解消费者的购买动机

任务描述：

请你根据实训资料，完成针对消费者购买动机的分析，将表 2-3 填写完整。

表 2-3　实训资料中的消费者购买动机

序号	消费者购买动机
1	
2	
3	

任务 2　根据生活中的消费者动机实例，进一步理解消费者动机

任务描述：

分析你在实际生活中收集的消费者购买动机案例，将表 2-4 填写完整。

表 2-4　实际生活中的消费者购买动机案例

序号	消费者购买动机案例
1	
2	
3	

实训项目评价

学生技能自评表

序号	技能自评	达成	未达成
1	掌握消费者需要的概念		
2	熟悉消费者需要的分类和相关理论		
3	了解研究消费者动机的意义		
4	掌握消费者动机的表现		
5	分析有关消费者需要的实例		
6	分析有关消费者动机的实例		

学生素质自评表

序号	素质自评	具体指标	达成	未达成
1	自我学习能力	能够借助网络资源进行自主学习		
2	协作精神	能够与团队成员合作和讨论，共同完成实训任务		
3	创新意识	能够理解消费者需要和消费者动机，提出分析方法		

课后提升

洗碗机消费行为洞察

项目三　消费者的心理活动过程

学习目标

1. 知识目标

（1）掌握消费者知觉的概念和特征；
（2）掌握消费者学习的构成；
（3）了解消费者记忆的过程和种类；
（4）掌握消费者态度的含义。

2. 能力目标

（1）能够理解消费者知觉对消费者行为的影响；
（2）能够理解消费者学习的类型；
（3）能够理解消费者记忆对消费者行为的影响；
（4）能够掌握消费者态度对消费者行为的影响。

3. 素养目标

（1）具备分析消费者心理活动的能力，提高营销意识、服务意识、客户意识；
（2）能够养成自我学习的习惯和能力；
（3）具有较强的执行能力和任务时间节点意识；
（4）培养数据思维，具备发现问题的能力。

项目重点和难点

消费者的行为不仅会受到需要和动机的影响，而且会受到消费者的知觉、学习、记忆、态度等的影响。本项目的重点在于理解数字营销环境下的消费者的知觉、学习、记忆和态度的概念，理解消费者行为的特征；本项目的难点是通过理解消费者的知觉、学习、记忆和态度，掌握消费者行为分析的方法。

内容架构

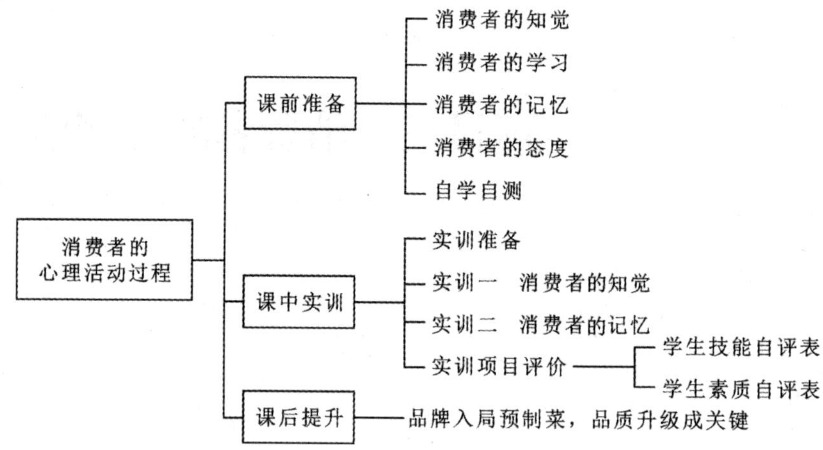

导入情境

2024年1月，国务院新闻办公室举行新闻发布会，国家发展和改革委员会相关负责人对宏观经济形势和政策进行了解读，指出要巩固和增强经济回升向好态势，必须坚定实施扩大内需战略，进一步释放消费潜力，扩大有效投资。

相关负责人指出，关键任务是激发有潜能的消费，下大力气改善居民收入预期、提高消费能力、增强消费意愿。首先，要促进居民多渠道增收。更加突出就业优先导向，确保重点群体就业稳定，积极拓宽居民增收渠道，扩大中等收入群体规模，强化农民增收举措。其次，要创新商品和服务供给。大力发展数字消费、绿色消费、健康消费，积极培育智能家居、文娱旅游、体育赛事、国货“潮品”等新的消费增长点，促进新能源汽车、电子产品等大宗消费，同时以提高技术、能耗、排放等标准为牵引，推动消费品以旧换新。最后，要提高消费质量。持续推动开展家用电器、儿童用品、纺织服装以及新兴消费品等产品质量分级，加强文旅、体育、养老、家政等服务消费领域标准研制，提升文化、旅游、体育等消费基础设施，改善消费软环境，让消费者放心、安心、舒心地消费。

在我国，随着市场营销理论和实践的发展，人们对消费者的消费过程理解更加透彻。市场营销人员从过去只关注消费者的购买行为，发展到现在的关注整个消费过程，即消费者在消费前、消费中和消费后的心理活动过程。其中，在消费前这一阶段，比较重要的知识点包括消费者知觉、消费者学习、消费者记忆和消费者态度。

课前准备

一、消费者的知觉

（一）感觉

感觉是人脑对直接作用于感觉器官的客观事物的个别属性的反映。感觉是感受器接受刺激所产生的表示身体内外经验的神经冲动过程。

人对客观世界的认识是从感觉开始的。例如，面对一个红苹果，我们用眼睛看，知道它的颜色是红色，形状是圆形；用嘴咬，知道它的味道是甜的。这里的红、圆、甜就是苹果这一客观事物的个别属性。红是苹果表面反射一定波长频率的光波或电磁波作用于眼睛引起的，圆是苹果的外部轮廓作用于眼睛引起的，甜是苹果内部的某些化学物质作用于舌头引起的。我们的头脑接收和加工这些属性，进而认识这些属性，这就是感觉。

（二）知觉

知觉是一系列组织并解释外界客体和事件的产生的感觉信息的加工过程。人对客观事物的个别属性的认识是感觉，对同一事物的各种感觉的结合就形成了人对这一事物的整体认识，也就是对这一事物的知觉。知觉是直接作用于感觉器官的客观事物在人脑中的反映。

（三）感觉与知觉

知觉是各种感觉的结合，它来自感觉，但不同于感觉。感觉只反映事物的个别属性，知觉却使人认识事物的整体；感觉是单一感觉器官活动的结果，知觉则是各种感觉协同活动的结果；感觉不依赖于个人的知识和经验，知觉则受个人知识和经验的影响。对于同一事物，不同的人对它的感觉是类似的，但对它的知觉会有差别，人的知识经验越丰富，对事物的知觉就越完善，越全面。例如，人观察显微镜下的血样，只要人不是色盲，就能看出它是红色的；但检验科医生还能看出里面的红细胞、白细胞，没有医学知识的人则看不出来。

感觉和知觉是不同的心理过程。感觉反映的是事物的个别属性，知觉反映的是事物的整体属性，即事物的各种不同属性、各个部分及其相互之间的关系；感觉仅依赖个别感觉器官的活动，而知觉依赖多种感觉器官的联合活动。可见，知觉比感觉复杂。

感觉和知觉也有相同的一面。它们都是对直接作用于感觉器官的事物的反映，如果事物不再直接作用于我们的感觉器官，我们对该事物的感觉和知觉也将停止。感觉和知觉都是人类认识世界的初级形式，反映的是事物的外部特征和外部联系。如果想要揭示事物的本质特征，光靠感觉和知觉是不行的，还必须在感觉、知觉的基础上进行更复杂的心理活动，如记忆、想象、思维等。知觉是在感觉的基础上产生的，没有感觉，也就没有知觉。我们感觉到的事物的个别属性越多、越丰富，对事物的知觉也就越准确、越完整，但知觉并不是感觉的简单相加，因为在知觉的过程中，还有人的主观经验在起作用，人要借助已有的经验去解释所获得的当前事物的感觉信息，从而对当前事物做出理解。

（四）知觉的特征

知觉有以下几个特征：整体性、恒常性、意义性、选择性。

1. 整体性

知觉的对象都是由不同属性的许多部分组成的，人们在知觉它时，却能依据以往的经验将不同部分组合为一个整体。知觉的这一特性就是知觉的整体性（或完整性）。例如，一棵绿树上开有红花，绿叶是一部分刺激，红花也是一部分刺激，我们将红花绿叶组合起来，在心理上得到的美感知觉，超过了红与绿两种物理属性之和。

2. 恒常性

在不同角度、不同距离、不同明暗度的情境之下，我们观察某一个熟知的事物时，虽然该事物的物理特征（大小、形状、亮度、颜色等）因受环境影响而有所改变，但我们对事物特征所获得的知觉经验，却倾向于保持其原貌。像这种外在刺激因环境影响使其特征改变，但在知觉经验上却维持不变的心理倾向，就是知觉的恒常性。

在视知觉中，知觉的恒常性表现得非常明显。例如，我们从不同距离看同一只小狗，由于距离的改变，投射到视网膜上的视像大小有差别，但我们总是认为小狗的大小没有改变，仍然依其实际大小来知觉它。又如，一张红纸平放在地上，一半有阳光照射，另一半没有阳光照射，颜色的明度、饱和度大不相同，但我们仍知觉其为一张完整的红纸。正是由于知觉具有恒常性，我们才能客观地、稳定地认识事物，从而更好地适应环境。

3. 意义性

知觉具有意义性，既理解性。人在感知某一事物时，总是依据既往的经验力图解释它究竟是什么，这就是知觉的意义性。人的知觉过程是积极主动的过程，知觉的意义性正是这种积极主动的表现。人们的知识和经验不同，需要不同，期望不同，对同一知觉对象的理解也不同。例如，面对一份检验报告，病人除了知觉一系列的符号和数字之外，并不能清楚地知悉这些符号和数字代表的意义；而医生看到它，不仅知道这些符号和数字的意义，而且可以对病情做出判断。因此，知觉与记忆和经验有深刻的联系。当我们知觉事物时，我们对事物的理解是通过知觉过程中的思维活动完成的，而思维与语言有密切关系，因此语言的指导能使人对知觉对象的理解更迅速、更完整。

4. 选择性

客观事物是多种多样的。在特定时间内，人只能感受少量或少数刺激，而对其他事物只能做出模糊的反映。被选为知觉内容的事物被称为对象，其他衬托对象的事物被称为背景。某事物一旦被选为知觉对象，就好像立即从背景中突显出来，被认识得更鲜明、更清晰。一般情况下，面积小的比面积大的事物更容易被选为知觉对象，被包围的比包围的事物更容易被选为知觉对象，垂直或水平的比倾斜的事物更容易被选为知觉对象，暖色的比冷色的事物更容易被选为知觉对象，同周围明晰度差别大的事物更容易被选为知觉对象。即使是面对同一知觉刺激，如观察者采取的角度或选取的焦点不同，亦可产生截然不同的知觉经验。影响知觉选择性的因素有刺激的变化、对比度、位置、运动、大小、强度、反复程度等，此外，知觉的选择性还受经验、情绪、动机、兴趣、需要等主观因素影响。

《黎明与黄昏》是木雕艺术家埃舍尔（M. C. Escher）于1938年创作的一幅著名的木刻画（见图3-1）。假如我们先从画面的左侧看，我们会觉得这是一群黑色的鸟离巢的黎明景象；假如我们先从画面的右侧看，我们就会觉得这是一群白色的鸟归林的黄昏景象；假如我们从图面中间看起，我们就会获得既有黑色的鸟又有白色的鸟，或者鸟儿忽而黑色忽而白色的知觉经验。

图3-1　《黎明与黄昏》

（五）关于知觉的经典理论

1. 格式塔理论

格式塔作为心理学术语，具有两种含义：一是指事物的一般属性，即形式；二是指事物的个别实体，即分离的整体，形式仅为其属性之一。也就是说，假使有一种经验的现象，它的每一成分都牵连到其他成分；每一成分之所以有其特性，是因为它和其他成分之间具有关系，这种现象就是格式塔。总之，格式塔不是孤立不变的现象，而是指通体相关的完整的现象。完整的现象具有它本身完整的特性，它既不能被割裂为简单的元素，同时它的特性又不包含于任何元素之内。

格式塔心理学提出了如下两个知觉原则。

一是知觉的主动性。知觉者并不是像一台相机那样被动地记录刺激的全部细节。相反，知觉是主动的过程，它对刺激进行加工处理，去掉刺激的某些细节，保留其基本特征，并用概念的形式把刺激经验组织起来，使客观刺激在知觉中变成具有完整结构的形象。

二是知觉的组织性。在时刻变化、丰富多彩的世界中，知觉者受通道的限制，不可能输入每一时刻作用于感官的所有信息。因此，人们只能对刺激的基本特征进行反应，把外界许多孤立的刺激组织成一个有意义的整体。

2. 知觉的推断理论

直觉心理学中一个很有影响力的理论是关于知觉基本性质的推断理论。知觉的推断理论的基本假设是：知觉经验是一个混合物，其中一部分来自当前的感觉，但大部分是从大脑储存的信息中提取的。人们根据自己在生活中获得的经验对作用于感官的刺激做出物理性质的推断。

3. 知觉的刺激物说

与知觉的推断理论相反，知觉的刺激物说主张知觉只具有直接性质，否认已有知识和经验的作用；认为自然界中的刺激是完整的，可以提供非常丰富的信息，人完全可以利用这些信息，直接产生与作用于感官的刺激相对应的知觉经验，根本不需要在过去经验的基础上形成假设并进行考证。

（六）知觉对消费者行为的影响

在市场营销中，知觉比现实更重要，这是因为知觉会影响消费者的实际行为。例如，一位能说会道的销售员，有的人可能认为他是咄咄逼人的、不真诚的，有的人可能认为这位销售员是聪明的、乐于助人的。每个人对销售员都有不同的反应。人们之所以对于同一对象产生不同的知觉，是由于知觉的三个过程在发挥作用，这三个过程是选择性注意、选择性扭曲和选择性保留。

1. 选择性注意

消费者每天可能会接触到数以千计的广告或品牌信息。因为消费者不可能注意到所有信息，所以消费者会过滤掉大多数刺激物，这个过程被称为选择性注意（selective attention）。选择性注意意味着市场营销人员必须努力吸引消费者的注意力。真正的挑战在于确定消费者会注意到哪些刺激物。

消费者更有可能注意到那些与他们当前的需要相关的刺激物。例如，一个想要购买智能手机的消费者会注意到智能手机广告，而不太可能注意到名表广告。

消费者还有可能注意到那些符合他们预期的刺激物。例如，在一家数码商店里，消费者更有可能注意到手机而不是台式计算机，因为他并不会期待这家商店会出售台式计算机。

消费者还会注意到那些显著偏离其正常大小的刺激物。例如，消费者有可能注意到一则产品打三折的促销广告，而不是打五折的促销广告。

2. 选择性扭曲

选择性扭曲（selective distortion）是指人们按照符合既有概念的方式来解释信息的倾向。消费者通常会扭曲信息，以使其与先前的品牌和产品的信念和期望保持一致。有学者曾进行过这样一个测试：一组消费者在不了解品牌的情况下品尝产品，而另一组消费者在品尝过程中了解品牌，尽管这两组消费者品尝的是完全相同的产品，但他们给出了完全不同的意见。

当消费者对于相同产品的有品牌版本和无品牌版本给出不同的意见时，一定是他们的品牌和产品信念在某种程度上改变了他们对产品的知觉，该信念是通过消费者过去的经验和消费偏好，以及品牌促销等方式产生作用的。

3. 选择性保留

大多数情况下，消费者都不会记得他们接触过的所有品牌信息，但是消费者的确保留了那些他们持有支持态度的品牌信息。简单地说，选择性保留（selective retention）就是消费者倾向于记住喜欢的产品的优点而忘记它的竞争产品的优点。选择性保留为强大的品牌带来了优势。市场营销人员需要不断重复信息，以确保他们的品牌不被消费者忽视。

二、消费者的学习

在心理学中，广义的学习是指人与动物在生活过程中凭借经验产生的行为或行为潜能的相对持久的变化。次广义的学习指人类的学习。狭义的学习专指学生的学习。根据不同的标准，我们可以将学习分为不同的类别，目前比较有影响力的分类方法有加涅（Robert M. Gagnè）的学习层次分类[①]、学习结果分类[②]，以及我国心理学家冯忠良的分类[③]等。

消费者从事购买活动的过程就是学习的过程，是消费者不断积累知识、丰富经验的过程，是一个由不知道到知道、由知之不多到知之较多的过程。

消费者的学习是指消费者在购买和使用产品的活动中，不断地获取知识、经验与技

① 美国心理学家加涅在20世纪60年代根据学习水平的高低和复杂程度的不同，提出了学习层次分类的概念。他认为学习有八个层次，由低到高依次为：信号学习、刺激—反应学习、连锁学习、言语联想学习、辨别学习、概念学习、规则学习，以及解决问题或高级规则学习。

② 加涅认为，学习导致不同性质和不同组织的倾向的形成。他用能力来称呼这些习得的倾向。据此，他把学习结果分成五类，分别是言语信息、智慧技能、认知策略、动作技能和态度。五种习得能力的划分基于加涅的八类学习层次系统，能反映人类学习的特点。

③ 我国学者冯忠良按学习内容，把学习分为三类：知识的学习、技能的学习和行为规范的学习。

能，通过积累经验、掌握知识，不断地提高自身能力，完善自身的购买行为的过程。

（一）消费者学习的构成要素

消费者学习的构成要素有动机、暗示、反应、强化和重复。

1. 动机

动机用来激励学习。例如，为了在考试中取得好成绩，很多学生都会在考试前用心复习；为了提升孩子的艺术修养，很多家长会选择让孩子学习乐器。

2. 暗示

暗示能为动机的指向提供线索。例如，在大型超市的入口，商家会重点陈列应季产品，比如端午节前陈列粽子，中秋节前陈列月饼等，这能为消费者的购物提供指引。

3. 反应

反应是根据刺激和暗示采取的行动，如消费者路过商店时，被门口张贴的打折促销海报吸引，进而选择走进商店挑选自己需要的产品。

4. 强化

强化是能够增加某种反应在未来重复发生的可能性的任何事物。强化有正强化和负强化之分。如果消费者做出行为和反应后能得到愉快的刺激，即愉快的结果，那么，以后这种行为和反应出现的频率就可能增加，这被称为正强化。负强化是通过厌恶刺激的排除来增加行为和反应在将来发生的概率，即通过减少或取消厌恶刺激来增加某行为在以后发生的概率。

5. 重复

重复既能提升学习强度，又能加快学习速度。例如，一些商家选择在媒体投放广告，消费者每天都能接触到这些广告，耳濡目染，在自己有需要时，消费者就会立即想到该品牌。

（二）消费者学习的类型

消费者通过学习可以改变相应的消费行为，这些消费行为反过来也会影响市场。比如，对于自己原来不熟悉、不认识的产品，消费者通过学习，可以逐渐地熟悉、认识该产品；对于原来不知道的企业，消费者在学习之后，对该企业的生产经营情况就会有所了解。这样一来，在做出购买决策时，消费者能够产生的联想就更多，决策与思考的速度也更快。消费者学习具体可以分为以下几种类型。

1. 模仿式学习

消费者的模仿式学习即消费者通过获取信息、观摩、效仿的方法进行学习，其结果是消费者摒弃旧的消费方式，适应新的需求水平。

2. 反应式学习

消费者的反应式学习即消费者在不断受到外界信息或事物的刺激后，会做出相应的反应，例如在广告的影响下做出购买行为。

3. 认知式学习

消费者的认知式学习即消费者通过对前人经验的总结与学习，辅之以复杂的思维过程，获得分析与解决问题的能力。消费者用自己的学识和辨别能力，应对自己在购买活动中面临的问题。

（三）消费者学习与企业营销策略

通过学习，消费者可以改变自己的购买态度和行为方式。消费者态度和行为方式的改变对于企业来说具有重大意义。企业的营销策略应该强化消费者对企业和产品的良好印象，提高产品质量和适用性，防止或减少学习的不良后果。

1. 树立良好的企业形象，提高产品质量

对于特定的生产企业来说，可以从两个方面做出努力：一是树立良好的企业形象；二是提高产品质量，增加产品的美誉度。这两者是相互依赖的关系：一方面，企业的良好形象可以提高产品的知名度和销售业绩，使消费者产生爱屋及乌的演绎性联想；另一方面，美誉度高的产品可以帮助企业树立良好的形象，使消费者产生由点带面的归纳性联想。

总的来说，企业要通过产品来赢得市场和消费者，就要注意提升产品的质量，强化消费者的认知和学习行为，促使消费者保持积极的消费态度，并产生重复消费行为。

2. 改变单一的广告宣传策略，采取多种方式，加强主动宣传的力度

企业都十分重视广告的作用，广告是企业的一种主动宣传方式。依靠单一的广告宣传方式，消费者学习的知识可能会缺乏深度和系统性，影响消费者的学习效果。企业要加大宣传的力度，对消费者施加更加积极的影响，努力强化消费者对自己产品的学习程度。例如，企业的市场营销人员可以在线下卖场与消费者互动，通过线上直播、微信群等与消费者互动交流，有计划、有组织地推介产品，这些都是主动促进消费者学习的措施。

三、消费者的记忆

（一）记忆的概念

记忆是大脑对客观事物的信息进行编码、储存和提取的认知过程。记忆也指存储信息的结构及其内容。记忆作为一种基本的心理过程，包括识记、保持、回忆和再认等环节。记忆与心理活动密切联系，是人们学习、工作和生活的基本机能。把抽象无序转变为形象有序的过程是记忆的关键。

（二）记忆的分类

1. 按内容分类的记忆

根据记忆的不同内容，我们可以把记忆分为形象记忆、情绪记忆、逻辑记忆和动作记忆四类。

（1）形象记忆

以感知过的事物形象为内容的记忆被称为形象记忆。这些具体形象可以是视觉的形象，也可以是听觉的、嗅觉的、触觉的或味觉的形象，如消费者对看过的一则短视频广告、听过的一首歌曲的记忆就是形象记忆。这类记忆的显著特点是保存了事物的感性特征，具有典型的直观性。

（2）情绪记忆

以过去体验过的情绪或情感为内容的记忆被称为情绪记忆，如高中毕业生对接到大学录取通知书的愉快心情的记忆等。人们在认识事物或与人交往的过程中，总会带有一定的情绪色彩或情感内容，这些情绪或情感也作为记忆的内容而被存储到大脑中，成为人的心理内容的一部分。情绪记忆往往是一次形成并能长时间被人铭记的，对人的行为具有较大的影响作用。情绪记忆有时比其他形式的记忆更持久，即使人们可能早已忘记引起某种情绪体验的事实，但情绪体验仍然保持着。

（3）逻辑记忆

逻辑记忆是以思想、概念或命题等形式为内容的记忆，如人们对数学定理、公式、哲学命题等内容的记忆。这类记忆是以抽象逻辑思维为基础的，具有概括性、理解性和逻辑性等特点。

（4）动作记忆

动作记忆是以人们过去的操作性行为为内容的记忆。凡是人们头脑里保留的做过的动作及动作模式，都属于动作记忆，如上体育课时的体操动作，上实验课时的操作过程等，它们都会在人的头脑中留下一定的痕迹。这类记忆对于人们动作的连贯性、精确性等具有重要意义，是动作技能形成的基础。

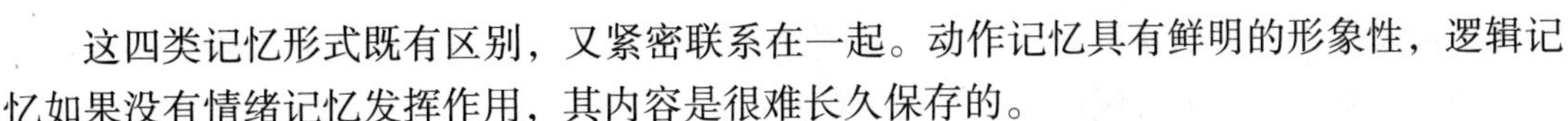

这四类记忆形式既有区别，又紧密联系在一起。动作记忆具有鲜明的形象性，逻辑记忆如果没有情绪记忆发挥作用，其内容是很难长久保存的。

2. 按时间分类的记忆

（1）瞬时记忆

瞬时记忆又叫感觉记忆。当作用于人们的刺激停止后，刺激信息在感觉通道内只能短暂地保存。刺激信息的保存时间很短，一般在0.25—2秒之间。瞬时记忆的内容只有经过注意才能被人意识到，进入人的短时记忆。

（2）短时记忆

短时记忆是保持时间大约在1分钟之内的记忆。据L. R.彼得逊（L. R. Peterson）和M. J.彼得逊（M. J. Peterson）的实验研究，在没有复述的情况下，18秒后记忆的正确率就下降到10%左右；如不经复述，大约在1分钟之内就会衰退或消失。有人认为，短时记忆也是工作记忆，是一种为当前动作而服务的记忆，即人在工作状态下所需记忆内容的短暂提取与保留。

（3）长时记忆

长时记忆指信息经过充分的、有一定深度的加工后，在头脑中长时间保留下来的记忆。从时间上看，凡是在头脑中保留时间超过1分钟的记忆都是长时记忆。长时记忆的容量很大，所存储的信息也都经过意义编码。我们平时常说的记忆力的好坏，主要指长时记忆的容量大小。

瞬时记忆、短时记忆、长时记忆之间的关系如图3-2所示，这也被称为记忆的三级信息加工模式。

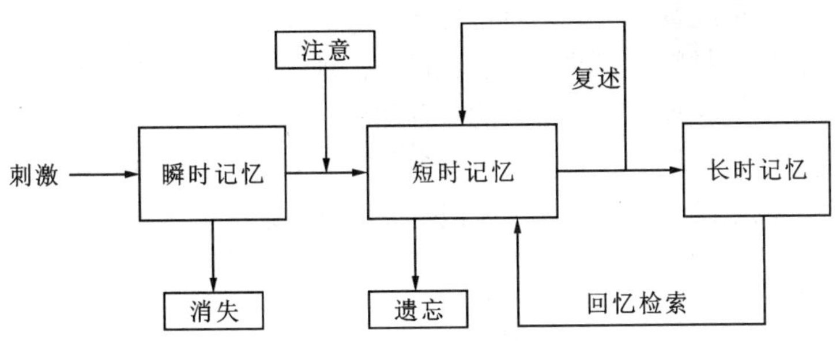

图3-2　瞬时记忆、短时记忆、长时记忆之间的关系

（三）消费者记忆的过程

消费者对过去经验的反映，是要经历一定过程的。心理学研究表明，记忆的基本过程是由识记、保持、回忆和再认四个环节组成的。消费者记忆的信息来源主要有四个：第一个是人际交往的信息来源，比如从与家人、邻居、同事的交往中获得信息；第二个是商业性信息来源，比如从广告、市场营销人员的介绍、产品包装、产品说明书中得到信息，这一信息来源可以由企业控制；第三个是公共信息来源，比如消费者从电视、广播、杂志等

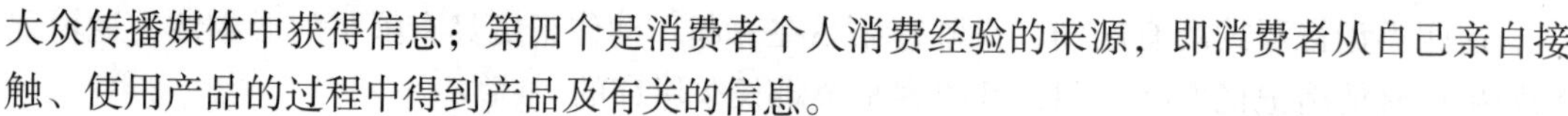

大众传播媒体中获得信息；第四个是消费者个人消费经验的来源，即消费者从自己亲自接触、使用产品的过程中得到产品及有关的信息。

1. 识记

识记是记忆过程的开端，是对事物的识别和记忆并形成一定印象的过程。根据消费者在识记时是否有明确目的，我们可以将识记分为无意识记和有意识记。根据消费者识记时对材料是否理解，我们可以将识记分为机械识记和意义识记。

（1）无意识记和有意识记

无意识记是指事先没有明确目的，并且也没有经过特殊努力的识记。因此，无意识记具有很大的选择性。在日常生活中，对消费者而言具有重要意义，比如适合个人需要、兴趣、偏好，能激起情绪或情感反应的消费信息，能给消费者留下深刻的印象，往往容易被无意识记。

有意识记指的是有明确目的并经过特殊努力的识记。有意识记是一种复杂的智力活动和意志活动，要求有积极的思维参与和意志努力。消费者掌握系统的消费知识和经验，主要依靠有意记忆。

（2）机械识记和意义识记

机械识记是指在材料本身无内在联系或人不理解材料意义的情况下，按照材料的顺序，通过机械重复的方式而进行的识记，如人对无意义的音节、地名、人名、历史年代等的识记。这种识记具有被动性，但它能够防止人对记忆材料的歪曲。实际上，纯粹的机械识记是很少的，人们在识记过程中，总是尽可能地赋予材料意义。按照信息加工理论的观点，个人对任何输入的信息都要尽可能地按自己的经验体系或心理格局来进行编码，如记电话号码，人并不是单纯重复记忆，而是会利用谐音或找规律等方式使之意义化。

意义识记是在理解材料内容的基础上，通过梳理材料的内在联系而进行的识记。在意义识记中，理解是关键。理解是对材料的一种加工，它根据人的已有知识和经验，通过分析、比较、综合来反映材料的内涵以及材料各部分之间的关系。由于意义识记需要消耗较多的心理能量，与机械识记相比，意义识记是一种更复杂的心理过程。

2. 保持

保持指使过去经历过的事物记忆在头脑中得到巩固的过程。但是，巩固的过程并不是对过去经验的机械重复，而是对识记的材料做进一步加工、储存的过程。随着时间的推移和后来经验的影响，保持的记忆在数量和质量上会发生某些变化。一般来说，随着时间的推移，保持量呈减少的趋势，也就是说，人对其经历过的事物总是要忘掉一些。此外，储存材料的内容、概括性、完整性等，也会发生不同程度的改变。

3. 回忆

回忆又称重现，是使不在眼前的、过去经历过的事物表象在人的头脑中重新显现出来的过程。

根据回忆是否有明确目的或任务，我们可以把回忆分为无意回忆和有意回忆。无意回忆是事先没有明确目的或任务，也无需特殊努力的回忆。有意回忆则是有明确目的或任务、需要特殊努力的回忆。

消费者对消费信息的回忆有直接性和间接性之分。直接性就是由当前的对象唤起旧经验。所谓间接性，即需要通过一系列的中介性联想才能唤起人对过去经验的回忆。这种情况叫作追忆。运用追忆的心理技巧，如提供中介性联想，利用再认来追忆，或暂时中断追忆等，有助于帮助消费者迅速回忆起过去的经验。

4. 再认

再认是指当过去经历过的事物重新出现时，人能够识别出来。一般来说，再认比重现简单、容易，能重现的事物通常都能再认。

识记、保持、回忆、再认这四个环节相互联系，相互制约，共同构成了消费者完整统一的记忆过程。没有识记，就谈不上对消费对象内容的保持；没有识记和保持，消费者就不可能对接触过的消费对象进行回忆或再认。因此，识记和保持是回忆和再认的前提，而回忆和再认则是识记与保持的结果及表现。同时，回忆和再认还能进一步加强消费者对消费对象的识记和保持。消费者在进行产品选择和做出购买行为时，就是通过识记、保持、回忆和再认来反映过去的经历和经验。

（四）消费者的遗忘

遗忘是指人对识记过的材料不能回忆和再认，或者回忆和再认有错误的现象。按照信息加工的观点，遗忘过程在记忆的不同阶段都存在。遗忘基本上是一种正常、合理的心理现象，这是因为人对于感知过的事物没有全部记忆的必要，或者识记材料的重要性具有时效性。

遗忘虽是一种复杂的心理现象，但其发生、发展也是有一定规律的。德国心理学家艾宾浩斯（Hermann Ebbinghaus）最早进行了这方面的研究。他将无意义音节作为实验材料，将自己作为实验对象，他在识记材料后，每隔一段时间重新学习，以重学时所节省的时间和学习次数为指标，绘制了遗忘曲线，这就是著名的艾宾浩斯遗忘曲线（见图3-3）。艾宾浩斯遗忘曲线所反映的是遗忘变量和时间变量之间的关系。该曲线表明了遗忘的规律：遗忘的进程是不均衡的，在识记之后最初一段时间里，遗忘量比较大，以后遗忘量逐渐减少，即遗忘的速度是先快后慢的。

消费者的遗忘是有规律的。在消费者识记后，保持在消费者头脑中的材料会随时间的推移而递减，这种递减在识记后的短时间内特别迅速，即遗忘较多。有人曾经进行过一项试验，发现某广告最后一次重复之后，只相隔4个小时，消费者记住它的概率就下降了50%。此后，随着时间的推移，遗忘速度减缓，保持稳定下降的趋势。

艾宾浩斯遗忘曲线是描述遗忘规律的重要理论。它表明，人们在学习新信息后，遗忘的速度最初很快，然后逐渐减缓。这意味着如果商家不采取措施来强化消费者的记忆，消费者很容易在短时间内忘记企业希望他们记住的信息。例如，一家企业推出了一款新产品，并进行了大规模的广告宣传。在初始阶段，消费者可能对该产品有很强烈的兴趣并记住了相关信息。然而，随着时间的推移，如果消费者对该产品没有进一步的接触，他们对该产品的记忆可能会逐渐减弱。

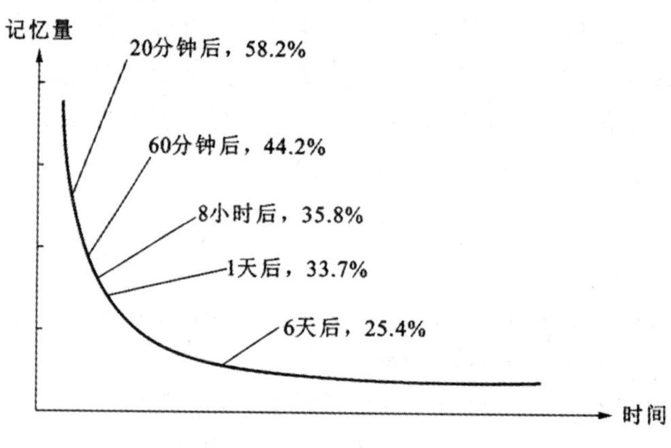

图3-3　艾宾浩斯遗忘曲线

四、消费者的态度

（一）消费者态度的含义

消费者的态度是指消费者对客体、属性和利益的情感反应，即消费者对某件产品、品牌或商家，经由学习而产生喜欢或不喜欢的反应倾向。

人们几乎对所有事物都持有态度，这种态度不是与生俱来的，而是后天习得的。比如，人们对某人形成好感，可能是由于他或她在外貌上有吸引力，也可能是由于其言谈举止非常得体，知识渊博，或人格高尚。不管出自何种缘由，这种好感都是人通过接触、观察、了解逐步形成的，而不是天生固有的。态度一经形成，具有相对持久和稳定的特点，并逐步成为个性的一部分，使人在反应模式上表现出一定的规则和习惯。在这一点上，态度和情绪有很大的区别，后者常常具有情境性，伴随某种情境的消失，情绪也会随之减弱或消失。正因为态度所呈现出的持久性、稳定性和一致性，人改变态度具有较大的困难。

（二）态度对消费者行为的影响

态度是由情感、认知、行为三部分构成的。

1. 情感

情感是指消费者个体对一定对象的情感体验，包括对人或物的评价、爱好和情绪反应。一些消费者对外界客观事物进行评价的尺度以情感强度为中心，情感好或强烈时，消费者对其的评价、态度就可能好，反之就可能差。例如，远离家乡的消费者看见来自家乡

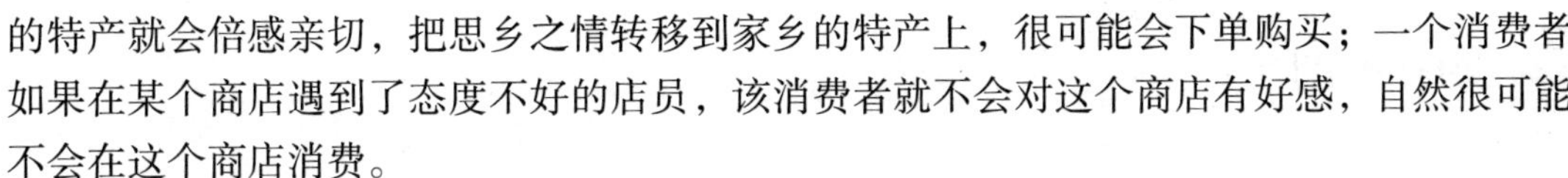

的特产就会倍感亲切，把思乡之情转移到家乡的特产上，很可能会下单购买；一个消费者如果在某个商店遇到了态度不好的店员，该消费者就不会对这个商店有好感，自然很可能不会在这个商店消费。

2. 认知

认知是指消费者对一定对象含有评价意义的理解。例如，一款才上市的婴儿纸尿裤做产品推广，推出了试用装，有的妈妈在宝宝使用了之后，认识到这款纸尿裤透气性、吸水性非常好，就会与其他妈妈分享自己的试用体验，间接为产品做了宣传。这就是认识影响态度的一个例子。

3. 行为

行为是指消费者对一定消费品的反应倾向，既表现为消费者的购买行为，又表现为消费者的语言评价。例如，消费者喜爱一款护肤产品，就会向他人表达自己对该产品的肯定态度，一旦这款护肤产品用完了，消费者还会重复购买。再如，消费者一旦厌恶某些产品，不仅不会去购买，还会在生活中向朋友、亲戚表达自己的这种感受，这是对企业产品的一种反向宣传，企业应该加以注意。

消费者对各种消费品的态度并不是与生俱来的，而是通过学习，即感知、认识、实际使用消费品，加上本人的文化素养、知识水平、生活经验的变化而形成的。态度一旦形成，就会具有相对稳定性，改变起来不是太容易。

自学自测

一、判断题

1. 情感是指消费者个体对一定对象的情感体验，包括对人或物的评价、爱好和情绪反应。

2. 遗忘是一种复杂的心理现象，其发生、发展是没有规律的。

3. 短时记忆指信息经过充分的、有一定深度的加工后，在头脑中长时间保留下来的记忆。

二、简答题

1. 消费者知觉的特征有哪些？

2. 消费者学习的构成要素有哪些？

3. 什么是消费者记忆？

4. 态度对消费者行为有哪些影响？

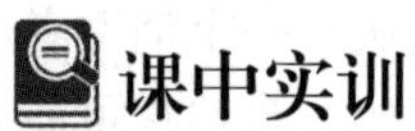

课中实训

实训准备

一、实训目标

本次实训聚焦消费者的心理活动过程，通过一系列与消费者知觉、消费者记忆有关的任务，引导学生理解消费者知觉、消费者记忆对消费者行为的影响。学生以小组为单位完成实训。

二、实训项目

根据实训资料，学习和掌握消费者知觉、学习、记忆和态度的有关知识。

三、实训步骤

(1) 结合课前准备的内容，整理与消费者的心理活动过程有关的知识。

(2) 实训可采用“线上+线下”的综合学习方式，学生以小组为单位协同合作，运用网络调研和头脑风暴法，共同完成实训任务。

(3) 将实训成果整理到表格中，或者将实训成果以思维导图的形式展现。

四、实训资料

实训资料1

刻花玻璃高脚酒具的销售

一家百货商店采购了一款刻花玻璃高脚酒具。这款酒具样式新颖独特，造型美观，质量上乘。但不知是什么原因，酒具上架后一直销量不佳，平均每天只能卖出两三套。后来，一位销售人员灵机一动，在样品酒具的每个酒杯里都斟满了红色的液体，酒具摆在玻璃柜里，酒杯里的液体宛如名贵的葡萄酒，使人感到酒香四溢，购买欲望油然而生。酒具每天的销售量能达到三四十套。实际上，酒杯里装的不是葡萄酒，而是清水中混入了三滴红墨水。

资料来源：《知觉在市场营销中的应用案例合集》(https://wenku.baidu.com/aggs/d9163c2e453610661ed9f430.html?_wkts_=1723079490758)，有改动。

实训资料2

乐凯撒：全国首发榴梿味报纸

乐凯撒是一家起源于深圳的餐饮品牌，主要产品为比萨、意大利面等。在很多消费者心目中，乐凯撒最具代表性的产品是榴梿比萨。乐凯撒承诺榴梿比萨不掺果泥，只用果肉，选用新鲜的原材料，纯手工拍制，为消费者创造全新的用餐体验。2017年6月23号，乐凯撒联合《深圳晚报》，推出了全国第一份榴梿味报纸（见图3-4）。该报纸真的带榴梿气味。其他品牌的各种创意活动多停留在文字、图片、视频阶段，乐凯撒则进阶到“视觉＋嗅觉”阶段，借助报纸激发消费者的多重感官体验。

图3-4　乐凯撒联合《深圳晚报》推出的榴梿味报纸

作为榴梿比萨品类的首创者，乐凯撒显然知道不断强化榴梿比萨有多么重要。榴梿比萨可以说就是乐凯撒的“核心符号”，企业抓住这个具有鲜明特征的符号，然后进行脑洞大开的创意营销，获得了事半功倍的效果。

资料来源：《〈深圳晚报〉第一份榴梿味报纸出炉，还要唱衰创意营销?》(https://www.163.com/dy/article/DC1S2QJD0521R6FB.html，有改动。

实训一 消费者的知觉

任务 了解消费者知觉的特征

任务描述：

在实训资料1中，为了促进刻花玻璃高脚酒具的销售，销售人员运用了消费者知觉的整体性特征，借助创意激发了消费者的购买欲，请你具体展开分析。

实训二 消费者的记忆

任务1 理解记忆的分类

任务描述：

在实训资料2中，乐凯撒聚焦消费者的形象记忆，联合《深圳晚报》推出了全国第一份榴梿味报纸，借助创意激发了消费者的购买欲，请你具体展开分析。

任务2 巩固记忆分类的相关知识

任务描述：

根据记忆的不同内容，我们可以把记忆分为形象记忆、情绪记忆、逻辑记忆和动作记忆四类。请你结合实际生活情况，分别举例说明，将表3-1填写完整。

表3-1 关于消费者记忆的生活实例及说明

记忆的种类	生活实例及说明
形象记忆	
情绪记忆	
逻辑记忆	
动作记忆	

实训项目评价

学生技能自评表

序号	技能自评	达成	未达成
1	掌握消费者知觉的概念		
2	掌握消费者学习的概念		
3	了解消费者记忆		
4	掌握分析消费者态度的方法		

学生素质自评表

序号	素质自评	具体指标	达成	未达成
1	自我学习能力	能够借助网络资源进行自主学习		
2	协作精神	能够与团队成员合作和讨论，共同完成实训任务		
3	创新意识	能够在消费者知觉、消费者学习、消费者记忆和消费者态度四个方面提出其他的分析方法		

课后提升

品牌入局预制菜，
品质升级成关键

项目四　消费者的个性

学习目标

1. 知识目标

(1) 了解消费者的气质、性格以及个性对消费行为的影响;

(2) 掌握分析消费能力以及认识消费能力差异表现的方法;

(3) 了解消费者自我概念形成的影响因素以及自我概念的构成;

(4) 掌握影响消费者态度的营销策略。

2. 能力目标

(1) 能够分析不同气质类型的消费者的购买决策和购买行为;

(2) 能够运用语义差异量表测试消费者的自我概念;

(3) 能够根据消费者不同的生活方式进行市场细分。

3. 素养目标

(1) 具备数据思维和发现问题的能力;

(2) 诚实守信，具有较强的执行能力和时间节点意识;

(3) 具备对产品负责、对客户负责、对企业负责的态度;

(4) 善于沟通，具备团队意识。

项目重点和难点

由于每一个消费者的先天素质和后天环境都不同，心理活动在每个消费者身上产生和发展时总带有个性特征，消费者的个性特征体现在气质、性格和能力三个方面。消费者的自我概念是消费者对自身的情感和看法，隐藏在其内心深处。消费者的生活方式是消费者的自我概念的外在表现，是关于消费者个体如何生活的问题。在多数情况下，生活方式在很大程度上受到消费者价值观、人生观和世界观的影响。本项目的重点在于对待不同个性消费者的营销策略以及开展生活方式营销的方法与技巧；本项目的难点在于掌握改变消费者态度的营销策略。

内容架构

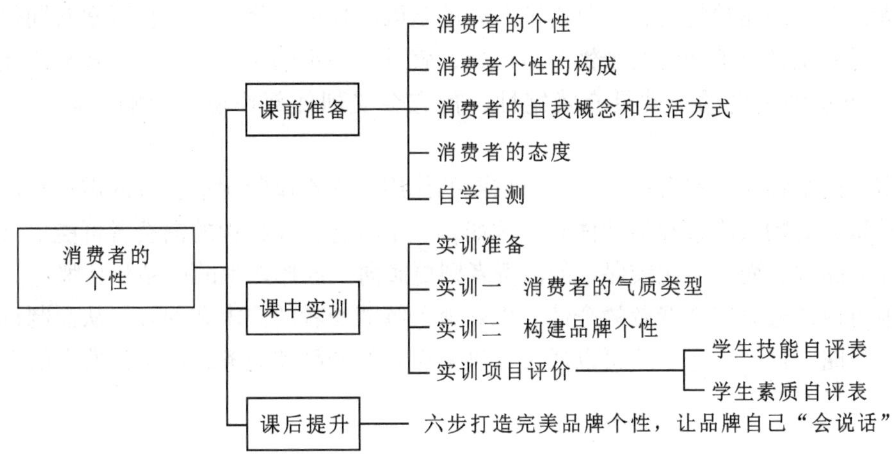

导入情境

每到年底，各类年度报告在朋友圈中屡见不鲜，涉及音乐、电商、支付、出行、外卖等多个领域。这些年度报告以精良的制作形式呈现，融合图片和音乐，帮人们回顾在过去一年里的点滴，进而成为许多人在年底进行年度回顾的一项重要仪式。

年度报告之所以受到人们的青睐，并被人们自发传播，其核心在于它满足了消费者深层次的感性需求——个性化。正如网易云音乐推出2021年度歌单时所传达的那样：“你的每一个瞬间，每一种情绪，原来音乐都记得。”这款互联网产品成功地触及了每一个消费者，将独特性发挥得淋漓尽致。

尽管由于技术限制，普通消费品无法像互联网产品那样实现“千人千面，一客一策”，但越来越多的品牌正在朝着个性化的方向努力。这些品牌从产品、营销、用户运营等各个方面着手，不断拉近自己与每一位消费者之间的距离。

一、消费者的个性

消费者的个性是指消费者在购买行为和消费习惯上表现出来的相对稳定的心理特征和行为特征。这些特征通常受到个人的气质、性格、能力、自我概念等因素的影响，并且可以在不同的情境下表现出一致性和稳定性。消费者的个性具有以下特点。一是独特性。每个消费者的个性都是独特的，它是由消费者的基因、环境、经历等多种因素共同作用而形成的。二是稳定性。消费者的个性一旦形成，就具有一定的稳定性，不会轻易改变。三是可塑性。虽然消费者的个性具有稳定性，但它会受到外部环境的影响，具有一定的可塑性。

消费者的个性在消费者行为中具有重要的作用。它不仅影响消费者的需求和偏好，而且影响消费者的购买决策和消费体验。例如，一个具有冒险精神的消费者可能更喜欢尝试新的产品和品牌，而一个比较保守的消费者则更倾向于选择熟悉的产品和品牌。

企业可以通过研究消费者的个性，更好地了解消费者的需求和偏好，从而制订更加精准的营销策略。同时，企业还可以通过提供个性化的产品和服务，满足消费者的个性化需求，提高市场竞争力。

二、消费者个性的构成

消费者的个性主要由个性倾向性和个性心理特征两部分组成。

个性倾向性是指个人在与客观现实交互作用的过程中，对事物所持有的看法、态度和倾向，具体包括需要、动机、兴趣、爱好、态度、理想、信念、价值观等。个性倾向性体现了人对社会环境的态度和行为的积极特征。

个性心理特征是气质、性格、能力等心理机能的独特结合。其中，气质显示个体心理活动的动力特征；性格反映个体对现实环境的态度方面的特征；能力体现个体完成某种活动的潜在可能性。接下来，笔者将对个性心理特征进行简要介绍。

（一）气质

人们在日常生活中所说的气质常指一个人的风格、风度或从事某种职业的人群所具有的非凡特点。心理学中的气质概念是指一个人在心理活动和行为方式上表现出来的强度、速度、稳定性和灵活性等动态方面的心理特点。气质是心理活动的动力特征，而不涉及个人的精神生活方面的内容。气质主要包括三个方面的内容：一是心理过程的速度和稳定性（如知觉快慢、思维是否灵活、注意事物的时间长短）；二是心理过程的指向性（是倾向于外部事物，从外界获得新的印象，还是倾向于内部事物，经常体验自己的情绪，分析自己的思想）；三是心理过程的强度（如情绪的强弱、意志努力程度）。气质特性的不同组合就构成了不同的气质类型。

气质受神经系统特性的影响，更多地由个体先天特性决定，气质使个体的行为具有个人独特的色彩，但气质并没有好坏之分。婴儿出生时，就表现了明显的气质差别，如有的爱哭爱闹，四肢活动较多；有的比较安静，较少啼哭。这些差异说明人的气质特征主要是由于神经系统的先天特征造成的。

1. 气质的类型

关于人的气质类型学说，有不同的流派，心理学家历来对于气质这种心理特征有较大的研究兴趣，从古希腊的学者到今天的心理学家都提出过多种理论，也有相应的分类。下面笔者重点介绍对消费者的消费行为影响较大的两种学说。

（1）希波克拉底的体液学说

早在公元前5世纪，古希腊著名医生希波克拉底就通过观察发现人有不同的气质。他认为，人体内有四种体液：血液、黄胆汁、黏液和黑胆汁。人的气质取决于四种体液均衡的程度。希波克拉底根据哪一种体液在人体内占优势，把气质分为四种基本类型：在体液的混合比例中，血液占优势的人属于多血质，黄胆汁占优势的人属于胆汁质，黏液占优势的人属于黏液质，黑胆汁占优势的人属于抑郁质（见表4-1）。不同气质类型的人具有不同的行为表现。

表4-1 希波克拉底的体液学说

气质类型	占优势的体液	行为表现
多血质	血液	活泼、好动、敏感，反应迅速，喜欢与人交往，注意力容易转移，兴趣广泛但不持久，情绪变化快
胆汁质	黄胆汁	直率、热情，精力旺盛，易冲动，心境变化剧烈，脾气暴躁
黏液质	黏液	安静、稳重，反应慢，沉默寡言，善于克制忍耐，情绪不易外露，注意力稳定且难于转移，惰性较强
抑郁质	黑胆汁	孤僻，行动迟缓，情绪体验深刻，善于细心觉察别人不易觉察的事物和人际关系，敏感，多疑

其实，希波克拉特根据人的体液所占的成分来划分人的气质类型是缺乏科学根据的，但通过日常观察所概括出的四种气质类型及其特征都有一定的典型性。在日常生活中，我们确实能找到这四种气质类型的典型代表，因此该学说有它的实践意义，并沿用到现在。

（2）巴甫洛夫的高级神经活动类型说

随着科学的发展，特别是生理学研究的发展，人们逐渐认识到，气质固然与内分泌有关，但主要还是取决于人的高级神经活动类型。巴甫洛夫（Ivan Pavlov）用条件反射方法研究发现，高级神经活动有两种基本过程：兴奋与抑制。神经活动具有强度、平衡性和灵活性三种基本特性。神经活动三种基本特性的不同组合形成了高级神经活动的不同类型：兴奋型、活泼型、安静型和抑制型。四种神经活动类型与希波克拉底的四种气质类型正好一一对应，巴甫洛夫的高级神经活动类型说就为气质分类提供了较为科学的依据。活泼型对应的是多血质，兴奋型对应的是胆汁质，安静型对应的是黏液质，抑制型对应的是抑郁质。

多血质与黏液质是最常见的气质类型，多数人都有这两种气质类型的表现。而胆汁质与抑郁质是少数人的气质类型，但这两种气质类型的情绪和行为表现却很明显，很容易识别。在现实生活中，由于消费者受环境因素的影响，属于典型气质类型的人很少，多数人属于混合型的气质类型。

2. 消费者的气质表现

在消费行为中，消费者的气质特点会使消费者形成独特的行为方式和表达方式。

（1）以多血质为主的消费者

多血质的消费者善于交际，有较强的灵活性，能从较多的渠道得到产品信息。这类消费者对购物环境甚至陌生人都有较强的适应能力，因而在购物时观察敏锐，反应敏捷，易于与市场营销人员进行沟通。但有时其兴趣与目标往往因为可选择的产品过多而容易转移，或一时不能做出取舍，行为中常带有浓厚的感情色彩，兴趣常发生变化，体现出想象型和不定型的购物行为特点。

针对多血质的消费者，市场营销人员在提供服务时要热情周到，积极热情地与他们交谈，尽可能为其提供多种信息，为消费者当好参谋，获得消费者的信任与好感，从而促进购买行为的顺利完成。

（2）以胆汁质为主的消费者

这类消费者行为主动性强，兴奋程度高，喜欢凭个人主观意志和兴趣办事，容易受产品广告宣传、产品外观、品牌、社会时尚等影响。胆汁质的消费者在购物中喜欢标新立异，追求新款、奇特、具有刺激性的流行产品。他们一旦感到需要，就很快产生购买动机并干脆利落地迅速成交，但又往往不善于比较，缺乏深思熟虑。如果遇到市场营销人员怠慢，他们可能会产生烦躁的情绪和激烈的反应，体现出冲动型的购物行为特点。

面对胆汁质的消费者，市场营销人员要特别注意自己的言行举止。在提供服务时，要头脑冷静，充满自信和热情，动作快速准确，语言简洁明了，态度和蔼可亲，使消费者感到他们在全心全意地为自己服务。

（3）以黏液质为主的消费者

黏液质的消费者在购物中比较谨慎、细致、认真，大多比较冷静，不易受广告宣传、商标、包装等干扰，很少受他人的影响，喜欢通过自己的观察、比较做出购买决定。对于自己熟悉的产品，他们会积极购买，对新产品往往持审慎态度，体现出理智型的购物行为特点。

针对黏液质为主的消费者，市场营销人员在提供服务时要注意掌握“火候”，如不要过早地接触消费者，过于热情会影响消费者的情绪，也不要过早阐述自己的意见，应尽可

能让消费者自己了解产品，多给消费者比较和选择的机会，尊重消费者，把最后的决定权留给消费者。

（4）以抑郁质为主的消费者

抑郁质的消费者在购物中往往考虑得比较周到，对周围的事物很敏感，能够观察别人不易察觉的细枝末节。其购物行为拘谨，一方面表现出缺乏购物主动性，另一方面对他人的介绍不感兴趣或不信任，体现出谨慎型、敏感型的购物行为特点。

针对抑郁质消费者，市场营销人员在提供服务时要有足够的耐心，体现出细致、体贴、周到的特点，要熟知产品的性能、特点，及时正确地回答消费者提出的各种问题，增强他们购物的信心，从而促使其做出购买行为。

气质是消费者的个性特征之一，对消费者的购买行为有重要影响。不同气质类型消费者的特征如表4–2所示。

表4–2　不同气质类型消费者的特征

气质类型	情感活动强度	情感发生速度	情感表现	情感平衡度	活动灵活度	情感行为特征	高级神经类型
多血质	强烈	迅速	明显	平衡	高	不稳定	活泼型
胆汁质	强烈	迅速	明显	不平衡	一般	易怒	兴奋型
黏液质	强烈	迟缓	不明显	平衡	低	冷酷	安静型
抑郁质	微弱	迟缓	不明显	一般	低	悲观	抑郁型

（二）性格

性格是指人对现实的稳定态度和相应行为方式中所表现出来的个性心理特征。一个人对现实的态度，决定了他习惯化的行为方式。如果一个人对某些客观事物的态度和反应在生活中成为经验且得到巩固，这就会成为其在特定场合中习惯的行为方式，由此构成其性格特征。如果由于某种原因，在特殊的情境中，人对个别事物偶然地产生了某种态度和行动，我们就不能说这是他的性格特征。只有这种态度和行为方式稳定地、经常地表现在典型的情境中，才能成为人的性格特征。

性格是人的个性中最主要的心理特征，在个性中具有核心意义。性格是一个人本质属性独特的、稳定的结合，比气质更能反映一个人的心理面貌。人和人之间的差别首先表现在性格上。人有什么样的性格，就会有什么样的认识与态度，就会有什么样的情绪与情感，就会有什么样的需要、动机与兴趣，就会有什么样的行动和结果。社会因素在性格的形成和发展中起着决定性的作用。

1. 性格的分类

我们可以根据不同的标准对消费者的性格进行分类。

第一，根据消费者心理活动过程的特点，可以将性格分为理智型、情绪型和意志型。理智型消费者往往经过周密思考，反复权衡各种利弊因素后才做出购买决定，对商家开展的各种促销活动有自己的理智分析，即使面对十分热销的产品，也不会盲目购买；情绪型消费者与冲动型消费者类似，容易受外界诱因的影响，容易进行冲动性购买，购买产品一般是在喜欢、赞美等各种感情支配下进行的，对产品及购买现场的气氛大多感觉良好，愿意体验购买产品的正面情绪；意志型消费者购买目的明确，识别产品积极主动，购买决策迅速果断，不易受广告和他人的影响，能够克服各种干扰因素完成购买行为。

第二，根据个体心理活动的倾向性，可以将性格分为外向型和内向型。外向型与内向型消费者重要的差别是：外向型消费者做出判断是依靠他人的标准，内向型消费者做出判断是依靠自己内在的价值或标准。外向型消费者的性格特点是心理活动倾向于外部，选购产品时较为热情，善于交际，能很快适应各种购物环境，也比较容易和服务人员交流信息，在购买活动中容易受周围环境的影响，并通过购买活动来获得某种心理上的满足。内向型消费者的性格特点是稳重、谨慎、安静，喜欢自己观察、体验、分析、判断，不轻信他人，有较强的归属感，将购物场所视为公共区域，希望将自己与他人隔离开来，尽管沟通和交流都不主动、不充分，但他们往往有自己的见解和主张。

第三，根据个体独立性的程度，可以将性格分为顺从型和独立型。顺从型消费者缺乏个人主见和独立决策的能力，易受外界因素的影响，消费态度比较随和，消费观念属于大众型，容易随时尚的变化而变化，易受周围人的影响，也较易接受广告与其他促销手段的宣传，容易接受商家的诱导和推荐。独立型消费者有个人信念，判断坚定，行动果断，在购买活动中处于主动地位，积极提出问题、思考问题，谨慎行事，不盲从，但难免带有一定的主观性和片面性。

第四，根据消费态度，可以将性格分为节俭型、自由型、保守型、顺应型。节俭型消费者的消费态度是勤俭节约、讲究实用，选择产品的标准是实用，注重产品质量，对产品的价格较为敏感，对产品的外观、造型、色彩等不太在意；自由型消费者的消费态度比较随和，生活方式自由，想象力丰富，选购产品的标准常常改变；保守型消费者的消费态度表现为比较严谨，习惯于传统的消费方式，对新产品、新观念接受较慢，并且常带有怀疑或抵制的态度，喜欢选购有多次使用经验的产品；顺应型消费者的消费态度比较容易改变，消费观念容易受到周围人的影响，也容易在广告与其他促销手段的影响下做出购买决策。

2. 气质和性格的区别与联系

气质和性格既有区别又有联系。一方面，二者存在的客观基础条件不同。气质是个人心理活动的稳定的动力特征，它主要体现为神经类型的自然表现，性格是气质的后天发展和改造，更多地受到社会生活环境的影响和制约。另一方面，二者的稳定性存在差异。气质的稳定性比较明显，在相当长的时间内，甚至在人的一生中，气质都不会改变；性格也有相对稳定性，但可能由于生活中的突发事件、重大挫折而变化。

气质和性格存在着互相渗透、互相制约的联系。首先，气质可以按照自己的动力方式，为性格“染”上独特的色彩。在购买活动中，同是具有认真的性格，多血质的消费者

挑选产品时动作干脆利落，情感外露；黏液质的消费者挑选产品时通常沉默不语，动作缓慢。所以，不同气质类型的人，可以形成同样的性格特征；而相同气质类型的人，又可以性格各异。其次，气质影响性格特征形成和发展的速度。例如，多血质的人更可能形成活泼型的性格，胆汁质的人更可能形成力量型的性格，黏液质的人更可能形成和平型的性格，抑郁质的人更可能形成完美型的性格。最后，性格一经形成，就可以在一定程度上掩盖或改造气质。

（三）能力

在心理学中，能力是指直接影响活动效率，决定活动能否顺利完成的个性心理特征。能力在活动中得到表现、形成和完善，也在人从事某项活动时被发现。能力与完成一定的活动相联系，人们也经常在某种活动过程中考察一个人的能力。例如，对于同样的识记材料，有的人记得快，有的人记得慢；有的人善于想象，有的人善于思考，这是人在能力方面表现出来的差异。能力表现在人所从事的活动中，并在活动中得到发展。影响个体能力形成与发展的因素主要包括遗传因素、环境因素、实践因素和心理因素。

按照能力的倾向性，我们可以把能力分为一般能力和特殊能力。一般能力是指从事一切活动必须具备的一些基本能力的总和，例如观察力、思考力、记忆力、注意力、判断力、想象力等，一般能力也叫智力。一般能力适用于广泛的活动范围，自然也包括市场营销活动。特殊能力是指在某种专业活动中所表现出的能力，是顺利完成某种专业活动的心理条件。例如，节奏感是音乐领域的特殊能力要求，准确的色彩鉴别力是画家的特殊能力要求。

按照能力的创造性程度，我们可以把能力分为再造性能力和创造性能力。再造性能力是指能顺利地掌握前人积累的知识和技能，并善于按照规则进行活动的能力。具有再造性能力的人能运用所学知识，并善于在遵守规则的前提下进行活动。创造性能力则是指根据既定的目标，创造出有社会价值的、新的独特事物的能力。具有创造性能力的人善于创新，富有创造性。

1. 消费能力的组成

消费能力是指消费者为了尽量达到满意以及完美的消费效果而形成的一种能力。可以从以下三个方面来讨论消费能力的组成：一是基本消费能力，二是特殊消费能力，三是消费利益保护能力。

（1）基本消费能力

消费者的基本消费能力表现为消费者对产品的感知、记忆、辨别能力，对信息进行综合分析、比较评价的能力，在购买过程中的选择、决策能力等。这些基本消费能力是消费者开展消费活动的必备条件。基本消费能力的强弱直接会导致消费行为方式和效果的差异。具体来说，基本消费能力包含以下内容。

一是对产品的感知、辨别能力。感知、辨别能力是指个体消费者对产品外部特征和外部联系加以直接反映的能力。比如，在手感方面，有的消费者手感细腻，摸一摸衣服的面料，就能判断这件衣服面料的质量，在市场上的价格大致是多少；而对于有的消费者而言，要凭手感来判断衣服面料的质量简直太难了。消费者对产品的感知、辨别能力对最终的消费体验构成直接的影响，感知、辨别能力强能提高消费者的期望水平，在一定意义上能提高消费者对产品的挑剔程度。

二是分析、评价产品的能力。分析、评价产品的能力主要反映为消费者对接收到的各种产品信息进行整理加工、分析综合、比较评价，进而对产品的优劣、好坏做出准确判断的能力。分析、评价产品的能力反映在消费者收集产品信息、分析产品信息的来源、评价他人的消费行为、评价购物环境等方面。分析、评价产品的能力是消费能力中比较复杂的一种能力，既包括获得信息、分析信息，也包括消费者以自己的标准来判断信息。

三是选购产品时的决策和购买能力。这指的是消费者在充分选择、比较产品的基础上，及时、果断地做出购买决定的能力，主要反映在消费者选择产品时能否正确地做出决策，买到令自己满意的产品。消费者对产品的卷入深度、对产品的认知程度、使用产品的经验，以及使用产品的习惯，是影响决策能力的首要因素。消费者对于产品的卷入越深，表明其对产品的认识越多，对产品越熟悉，一般购买决策的过程也越快。消费者本人使用该产品的经验丰富一些，会在很大程度上加快消费者的购买决策速度，提高消费者购买决策的能力。消费者的性格特点、气质类型和思维特点，是影响决策能力的重要因素。有的消费者对新款产品充满好奇，在简单的思虑过后就会做出购买决定，决策能力很强；有的消费者犹豫不决，难以做出决策。

（2）特殊消费能力

消费者的特殊消费能力通常表现为以专业知识为基础的消费能力，包括鉴赏力和消费者的使用能力。其中，鉴赏力指消费者对产品的评价能力和审美能力。消费者的使用能力是指消费者正确使用和简单维修产品的能力。消费者的特殊消费能力有助于消费者更合理、更充分地使用产品。

消费者的特殊消费能力一般表现在两个方面：①在日用品消费方面，比如人人都有穿衣吃饭的消费需求，而有些消费者善于对衣服进行搭配，甚至自己购买布料，动手裁剪，制作出自己喜欢的服装，并从制作的过程中获得快乐；②在专业型产品的消费方面，有的产品需要消费者具有专长，如使用高档相机时，消费者需要具备一定的摄影技巧。不管是在日用品消费方面，还是在专业型产品的消费方面，消费者自身所具备的知识和经验与特殊消费能力的形成都有极大的相关性。

（3）消费权益保护能力

消费权益保护能力，取决于消费者本人对于正当的消费权益的正确认识。具体表现为消费者对于消费者权益的认识程度，是否掌握有关法律知识，以及消费者对于维护自身权益的评价标准（例如，当买回了一件瑕疵品时，有的消费者会自认倒霉，但有的消费者则会积极维护自身权益，积极和商家协调换货）。

消费权益保护能力取决于消费者是否能够运用各种有效的法律手段来维护自己的正当权益，以及在运用法律手段方面，能否正确地采取措施，比如保护好现场、保存好各种资料、采用正确的投诉渠道等。

2. 消费能力的类型

消费能力特性与消费行为直接相关。消费者的消费能力差异必然使他们在购买和使用产品的过程中表现出不同的行为特点。我们可以将消费者的消费能力分为以下四种类型。

（1）老练型

这类消费者通常具有较全面的能力构成，属于知识型的消费者。他们对产品非常了解，并且有丰富的消费经验，对产品的性能、价格、质量、生产情况等方面的信息非常熟悉，内行程度甚至超过了产品的市场营销人员，有可能是特定种类产品的专家。老练型的消费者在购物时，非常注重产品的质量，包括产品的内在质量和外观质量，注重从总体上综合性地评价产品的各项性能。他们注重自己对产品性能的感受，比较理智地接受广告宣传或市场营销人员的推荐，在购买现场往往表现得比较自信、坚定，自主性较强，在购买过程中自我保护能力也比较强。这类消费者被称为专家购买型消费者。

（2）熟练型

这类消费者对于特定的产品种类具有比较丰富的消费经验，对于产品的价格、质量、性能等比较熟悉，但是如果真的让他们鉴定产品某一方面的特点时，他们偶尔也会出现“吃不准”的情况，感到自己还没有十足的把握。熟练型的消费者购买产品时一般不需要别人的建议，但在某些情况下，他们也会因为自己“吃不准”而可能请别人给出建议。他们一般不反对市场营销人员和广告宣传的推荐，会主动分析产品信息，并不完全听信商家的介绍。生活中，熟练型消费者的人数远远多于老练型消费者的人数。

（3）略知型

这类消费者略微具备一些关于产品的知识，或仅仅掌握少量的产品信息，自己没有消费经验或消费经验较少，主要通过其他人的介绍、广告宣传等途径来了解产品，但了解的程度不深，甚至存在听说过该产品但是从来没有见过、用过的情况。这类消费者在购买之前，一般大脑中只有一个比较笼统的目标，缺乏对产品的具体要求，因而很难对产品的内在质量、性能、适用条件等提出明确的意见，同时也难以就同类产品之间的差异进行准确比较。限于能力水平，这类消费者在购买过程中，往往更乐于听取市场营销人员的介绍和商家的现场宣传，经常主动向市场营销人员或其他消费者咨询，以求更全面地收集信息。由于知识不足，他们会表现得缺乏自信，没有独立的见解，需要在广泛征询他人意见的基础上做出决策，因而容易受外界环境的影响，消费购买过程中自我保护的能力相对较弱。大多数消费者的消费能力处于这样的水平。

（4）生疏型

这类消费者在某类或某种产品的消费方面，不具备基本的消费技能，不了解基本的消费信息，属于无知型消费者。对于这类消费者，市场营销人员需要有足够的耐心，不要怕麻烦，主动认真、实事求是地介绍产品。新产品在进行广告宣传时要注意实事求是，以便消费者真正了解新产品的各项性能，缩短提高消费技能的时间。

消费者的能力差异都是相对的，一个消费者可能在某一方面或某一类产品的消费中表现为熟练型，而在另一类产品的消费中又表现为略知型。此外，随着生活经验的积累，以及消费者个人有意识地进行自我培养，消费者的能力水平也会不断提高。现实生活中，即使是同一类型的消费者，由于在性别、年龄、职业、经济条件、心理状态、空闲时间和所购买产品等方面存在差异，或者购买环境、购买方式、供求状况、市场营销人员的服务质量等不同，也会在消费行为上表现出差异。

通过了解和把握消费能力，企业可以采取有针对性的对策来影响消费心理和行为。如果面对的是老练型和熟练型的消费者，企业要多提供专业资料，避免高谈阔论；如果面对的是略知型的消费者，企业就要多做介绍，允许消费者进行比较和评价，提高消费者的理性认识水平；如果面对的是生疏型的消费者，企业就要诚实、耐心、全面地介绍产品，使消费者有学习的机会，提高消费者的理性认识水平。

三、消费者的自我概念和生活方式

在现实生活中，总是存在着这样的事实：某个特定的消费者不仅具有不同于其他消费者的行为，而且在不同的情境下可能会做出不同的行为。比如，一个人在工作中、在高档餐厅消费、与父母一起在家看电视、与朋友一起在户外活动中消磨时间的行为表现可能会大相径庭。原因是，在不同的情境下，人会有不同的“自我”，这些“自我”对人的行为提出了不同的要求，进行不同的指导。在消费情景中，消费者在表现这些“自我”时，就会对产品或服务提出不同的要求。

（一）自我概念的含义与组成

1. 自我概念的含义

自我概念也称自我形象，是指个人对自身的一切知觉、了解和感受的总和。换言之，自我概念即自己如何看待自己。自我概念回答的是“我是谁”和“我是什么样的人”这一类问题，它是个体自身体验和外部环境综合作用的结果。自我概念最重要的功能是保持内在一致性，即每个人都需要在行为上与其自我概念保持一致。这种与自我保持一致的行为，有助于维护消费者的自我概念，也使得其行为具有一定的预见性。人们一般认为，消费者会选择那些与其自我概念一致的产品、品牌或服务，避免选择与其自我概念相抵触的产品、品牌和服务。因此，研究消费者的自我概念对商家开展市场营销活动有着至关重要的意义。

2. 自我概念的组成

自我概念由四部分组成，即真实自我、理想自我、自我形象和镜中自我。

（1）真实自我

它是一个人实实在在的、完全客观的真实本质。消费者的购买行为往往不是消费者在透彻地、客观地、全面地认识了自己之后才发生的，很多购买行为是消费者在不知不觉中做出的，是消费者没有意识到的，是受潜意识支配的。

（2）理想自我

它指的是消费者希望自己成为什么样的人，而不是他实际上是一个什么样的人。这种自我和一个人所崇拜、所信仰的对象，所追求、所渴望的目标有很大关系。理想自我很难完全实现，因为人的追求与期望是无止境的。国外有研究反映，消费者追求理想自我的行为可以在他购买的威望类产品中表现出来，这里的威望类产品包括高档服装、珠宝首饰、豪华轿车、私家游艇等。

（3）自我形象

它是消费者对自己的看法与认识，也是真实自我与理想自我的混合物。消费者强调自我形象的重要途径之一就是消费。消费者购买某种产品，要么是想保持自己的某种形象或完善自己的形象，要么是想改变自己的形象。为保持自我形象，消费者十分喜欢购买能够塑造或反映良好的自我形象的产品，能进一步改善、提高自我形象的产品，或符合某些群体规范的产品，而不买可能破坏、损害良好的自我形象的产品，以及那些违背群体规范、不被群体接受的产品。当一个人不喜欢其现在的自我形象，希望更接近理想自我，认为其他人对自己印象不好或希望与某些人进行社会交往时，他就有可能采取行动，改变自我形象。

（4）镜中自我

它是消费者自己认为别人对自己的看法。这种自我同一个人对别人的看法有关。与西方国家的消费者相比，在一些中国消费者眼中，“面子”是很重要的。“面子”实际上是他人眼中的自我，以及在他人眼中保持自己所渴望的形象和地位。在消费活动中，中国消费者更容易将产品或品牌与“面子”联系起来。比如，很多中国消费者喜欢逢年过节向亲朋好友赠送礼物，以表达自己的美好祝愿，此时他们非常注重产品的声誉，将产品与镜中自我联系起来。

知识链接 4-1
揭秘自我概念：从认知到身份的深度探索

（二）自我概念的测量

测量自我概念的常用方法是语义差异法。由此衍生出的语义差异量表（见图4-1）既可以测量自我概念，又可以测量产品形象。该量表由15组两极形容词组成，每组形容词均被用来描述被评价对象。在该量表中，每组意义相反的两级形容词位于一条直线的两端，这条直线被分割为7条小短横线。这7条小短横线表示7个刻度标尺，位于中间的小短横线表示中立态度。赋值方法有两种，即将7条小短横线从一端到另一端分别赋值1—7，或分别赋值为−3、−2、−1、0、1、2、3。

被访者可以在量表上表明看法，反映两极形容词中的某一极在多大程度上刻画了被评价的个人、产品或品牌。例如，形容词的一极是“令人愉快的”，与之对应的另一极是“令人不快的”，被访者越是在靠近“令人愉快的”小短横线上做记号，表明被评价对象越令人愉快，反之，则令人不快；如果被访者在量表的中间位置做记号，则表明被评价对象既不会令人愉快，也不会令人不快。在市场营销实践中，商家应设法使产品代言人的形象、产品或品牌形象与目标受众的自我概念相匹配。为此，商家可以运用语义差异量表或在此基础上改进的量表来对消费者进行调查研究。

粗糙的	——	——	——	——	——	——	——	精细的
激动的	——	——	——	——	——	——	——	沉稳的
不舒服的	——	——	——	——	——	——	——	舒服的
主宰的	——	——	——	——	——	——	——	顺从的
节约的	——	——	——	——	——	——	——	奢侈的
令人愉快的	——	——	——	——	——	——	——	令人不快的
当代的	——	——	——	——	——	——	——	非当代的
有序的	——	——	——	——	——	——	——	无序的
理性的	——	——	——	——	——	——	——	情绪化的
年轻的	——	——	——	——	——	——	——	成熟的
正式的	——	——	——	——	——	——	——	非正式的
正统的	——	——	——	——	——	——	——	自由的
复杂的	——	——	——	——	——	——	——	简单的
暗淡的	——	——	——	——	——	——	——	绚丽的
谦虚的	——	——	——	——	——	——	——	自负的

图4-1　语义差异量表

（三）自我概念与市场营销策略

1. 运用自我概念为品牌定位

我们可以将品牌定位理解为在品牌形象与消费者的自我概念之间建立心理联系，并通过信息传递不断强化这种心理联系。自我概念的作用对我们的启示是：市场营销人员应该努力塑造产品形象，并使之与目标消费者的自我概念一致。虽然每个人的自我概念是独一无二的，但不同个体的自我概念存在共同或重叠的部分。比如，许多人将自己视为环境保护主义者，那些以关心环境保护为诉求的品牌和产品将更可能得到这类消费者的支持。

2. 运用自我概念进行新产品研发

就商家而言，关注消费者自我概念对于新产品研发具有重要的指导作用。新产品研发的主要依据，应当符合消费者某种特定的自我概念。也就是说，当现有产品不能与消费者的自我概念相匹配时，商家才有必要设计和生产新产品，而新产品不仅要在质量、外观、性能上有别于老产品，而且要具有独特的个性和社会象征意义，能够体现出尚没有特定产品与之相匹配的消费者的自我概念。

3. 运用自我概念进行产品销售

商家在市场营销活动中，了解消费者的自我概念，告诉他们哪些产品与其自我概念一致，哪些产品与其自我概念不一致，向消费者推荐最能反映其自我概念的产品，就可以有效地影响和引导消费者的购买行为，这是商家提升销售额的重要方式和成功要诀。

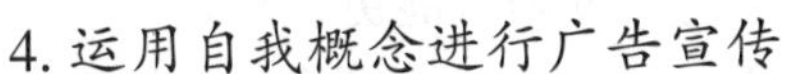

4. 运用自我概念进行广告宣传

由于消费者的自我概念与消费者行为之间具有联系，商家在制订广告策略时，可以使广告信息与广告说服对象的自我概念相吻合，以此来提升广告的说服效果。

（四）消费者的生活方式

消费者的生活方式关注的是消费者如何生活，它几乎影响消费者行为的所有方面。来自不同文化群体、不同社会阶层，甚至从事不同职业的人，可能会具有完全不同的生活方式。生活方式的研究为市场营销人员提供了一种了解消费者日常需求的途径，市场营销人员可以依据不同的生活方式将消费群体进行细分，通过产品定位来满足消费者对自己喜爱的生活方式的追求。

生活方式并不是一成不变的，除非是那些已经深深地根植于心中的价值观念或价值取向，人们的品位和偏好总是在不断变化。因此，消费者在某个时期认为合适的消费模式，几年后可能对其不再认同。

1. 生活方式对消费者行为的影响

生活方式不仅是一种消费模式，而且是消费者内心世界的一种表达。它涵盖了消费者在日常生活中的各种选择，包括娱乐方式、休闲活动、饮食习惯、社交圈子等。这些选择共同构成了消费者独特的生活方式和个性特征。

对于商家来说，了解消费者的生活方式至关重要。只有深入了解消费者的生活方式，商家才能准确地把握他们的需求和偏好，从而制订更加精准的营销策略。例如，针对注重健康生活的消费者，商家可以推出健康食品或健身器材等产品；而针对追求时尚潮流的消费者，则可以推出时尚服饰或潮流配饰等产品。

生活方式对消费者行为有多方面的影响。

第一，生活方式反映了消费者的价值观、信仰、兴趣爱好和个性特征，它们都会影响消费者的购买决策。例如，注重健康生活的消费者可能更倾向于购买有机食品和健身器材，而追求时尚潮流的消费者则可能更关注时尚服饰和潮流配饰。

第二，生活方式也会影响消费者的消费习惯和消费模式。例如，一些消费者可能更喜欢在实体店购物，而另一些消费者则可能更倾向于在线购物。此外，消费者的娱乐方式、休闲活动、社交圈子等也会影响他们的消费选择。例如，喜欢旅行的人可能会更倾向于购买与旅行相关的产品和服务。

第三，生活方式会影响消费者对产品或服务的需求和期望。例如，注重生活品质的消费者可能更关注产品的品质、性能和售后服务，而价格可能不是他们重点考虑的因素。因此，企业需要根据消费者的生活方式来制订相应的产品策略和服务策略，以满足他们的需求和期望。

第四，生活方式也会影响消费者的决策过程和购买行为。例如，一些消费者可能会进

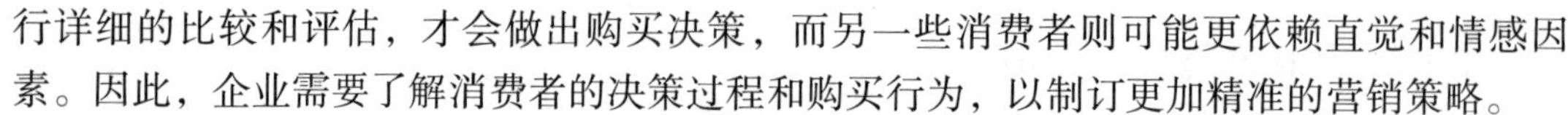

行详细的比较和评估，才会做出购买决策，而另一些消费者则可能更依赖直觉和情感因素。因此，企业需要了解消费者的决策过程和购买行为，以制订更加精准的营销策略。

2. 生活方式的测量

消费者的生活方式由消费者的心理决定，很多学者试图通过心理测试来区分不同的生活方式。目前，较为流行的生活方式的测量方法主要有两种：一是AIO方法，即活动、兴趣、意见测试法；二是VALS分析法，即价值观念和生活方式结构法。

（1）AIO方法

这一方法又被称为活动、兴趣、意见测试法，基本思想是通过问卷了解消费者的活动（activity）、兴趣（interest）和意见（opinion），并描述其生活方式。研究人员通常会设计一份问卷，要求被试者对问卷中的问题进行回答。这种问卷主要由三部分构成：第一部分是有关活动方面的问题，如消费者从事哪些活动，购买哪些产品，如何支配时间等；第二部分是有关兴趣的问题，如消费者有什么偏好，对哪些事物特别关心；第三部分是意见方面的问题，如消费者对世界和地方事务、人生、道德、经济发展等的看法和感受。

（2）VALS分析法

VALS（value and life style）分析法是由美国一家商业咨询公司在1978年对大约1600户美国家庭进行调查研究的基础上开发出来的。它先对消费者进行调查，通过调查确定消费者有哪些活动、利益和观点，然后在此基础上对消费者的生活方式进行分类。后来，人们对VALS分析法进行了修改，推出了VALS系统。VALS系统在两个层面将美国消费者分为八个细分市场：第一个层面是消费者资源的多寡；第二个层面是自我取向。消费者资源包括财务或物质资源、心理和体力方面的资源等。自我取向则被分为原则取向、地位或身份取向和行动取向三种类型。持原则取向的人主要依照信念和原则行事，而不是依照情感或获得认可的愿望做出选择。持地位或身份取向的人在很大程度上受他人言行、态度的影响。持行动取向的人热心社会活动，积极参加体能训练，喜欢冒险，追求多样化的生活。

这八个细分市场包括实现者、完成者、信奉者、成就者、奋争者、体验者、制造者和挣扎者。接下来，笔者将对这八个细分市场进行简要描述。

实现者是成功、活跃、老练、有强烈自尊感的领导式人物。他们关注自身成长，追求发展和探索，喜欢以各种方式实现自我，形象对他们很重要。他们喜欢接受新产品和新技术，怀疑广告，阅读广泛，较少看电视。实现者是成功的或潜在的商界领导人物，他们具有广泛的兴趣，关心社会事务，乐于接受变化，勇于面对挑战，他们所拥有的财物和所从事的娱乐活动折射出其对精美事物具有的审美情趣与素养。

完成者成熟、稳重，善于思考，讲求实际，对形象和尊严要求不高，喜欢参与公共活动，经常阅读。他们中的绝大多数人受过良好的教育，从事专业性工作；他们知晓国内外大事，乐于寻找机会拓宽其知识面，对职业、家庭和生活状态均感到满意，闲暇活动以家庭为中心。完成者对于权威机构和社会礼节持有适当的尊重态度，但乐于接受新思想和社会变化。他们按准则行事，沉着、自信、保守。购买产品时，他们追求功用、价值和耐用性。

信奉者信守传统的家庭、社会道德观念，做事循规蹈矩。他们喜欢熟悉的品牌和产品，青睐信誉好的品牌和产品，阅读兴趣广泛，爱看电视。

成就者通常事业有成，对工作和家庭非常投入，喜欢自己主宰生活，形象对他们而言很重要，他们喜欢购买能显示其成就的产品。

奋争者寻求从外部获得激励、赞赏，努力寻找生活中的安全位置；他们缺乏自信，经济和社会地位较低，关心别人的评说。奋争者将金钱视为成功的标准，常因经济拮据而抱怨命运的不公。他们易于厌倦和冲动，他们中的许多人追赶时尚，喜欢模仿社会资源更为丰富的人群；他们注重个人形象，收入水平较低。

体验者年轻、生机勃勃、冲动且具有反叛精神。他们寻求丰富多彩和刺激，崇尚潮流，敢于冒险。他们的价值观处于形成过程中，对新事物的热情来得快，消失得也快。他们对政治比较冷淡，也缺乏对社会的了解。由于涉世不深，他们在信念上也常处于摇摆不定的状态。这类消费者的购买行为属于冲动型，比较关注广告。

制造者不太关注奢侈品，只购买基本的生活用品，通过自己修理汽车、建造房屋等体验生活。制造者是务实、有建设性技能和崇尚自给自足价值观的群体，他们生活在传统家庭与工作氛围中，对其他事务不太关心。

挣扎者通常受教育程度低，缺乏生活技能，没有广泛的社会联系。他们常受制于人，常处于被动局面，他们必须为满足自己的迫切需要而奋争，很少表现出强烈的自我取向。他们最关心的是健康和安全，在消费上比较谨慎，对大多数产品和服务来说，他们代表了一个中等程度的市场，对喜爱的品牌比较忠诚。他们习惯使用购物券，相信广告，经常看电视。

3. 生活方式在市场营销中的应用

生活方式营销的目的就是让个体消费者能够以他们追求的方式享受人生并表明自己的社会身份，因此这一策略的关键就是关注消费者在其所期望的社会情境下对产品的使用。对市场营销人员来说，无论产品是出现在一轮高尔夫球局中、一次家庭野餐上，还是出现在一个挤满年轻人的户外音乐节上，将产品与社会情境相结合的目标是长期存在的。生活方式在市场营销中的具体应用体现在以下方面。

（1）描述目标市场

这种方法可以使营销超越简单的人口统计数据和产品使用描述的限制，把消费者的价值观、人口统计特征和生活的其他方面结合起来，更能显示真实的市场特征，可以使关于目标市场的描述更贴切、更生动、更丰满。

（2）创造关于市场的新看法

由于生活方式细分是对消费者的生活逼真的描述，市场营销人员可以对典型的消费者形象有更加深入的了解，获得对市场的新看法。

（3）对产品进行定位

产品的营销对象一般是那些对某种生活方式表现出强烈偏好的人，商家应该根据其目标消费者的生活方式来进行产品定位，这样才能更好地进行精准营销。

（4）更好地传播产品特征

生活方式细分可以为市场营销人员提供大量的深入的消费者信息，使他们能够更深入地了解消费者的需求，从而更好地传播产品特征，更有效地实现传播目标。

（5）开发并整合营销传播策略

因为生活方式细分对消费者生活的各个方面进行了系统的描述，所以市场营销人员在制订营销传播策略时，可以开发并整合多种营销传播策略，使营销环境、营销策略与消费者的生活方式和谐统一。

四、消费者的态度

（一）态度的含义与特征

1. 态度的含义

态度是人格的稳定表现，态度可以表现在人生态度、生活态度、消费态度等多个方面。消费态度是消费者在购买和使用产品或服务的过程中对产品或服务等表现出来的稳定的心理反应倾向。消费者对产品或品牌的态度会直接影响其购买决策，在使用产品或服务中获得的经验又反过来直接影响消费者的态度，从而影响消费者下一次的购买决策。

态度作为一种心理倾向，通常以语言形式的意见或非语言形式的动作、行为作为表现形态。我们可以将态度看作一种行为的准备或者行为的开端。因此，通过对意见、行动的了解、观察，我们可以推断人们对某一事物的态度。同样，通过消费者对某类产品或服务的意见、评价，以及消费者积极、消极乃至拒绝的行为方式，我们可以了解其对该类产品或服务的态度。例如，当我们观察到消费者积极了解某品牌液晶电视时，我们就基本可以推断该消费者对该品牌持肯定和赞赏的态度。

2. 态度的特征

态度作为消费者的一种复杂的、复合型的心理活动，具有以下特征。

（1）社会性特征

消费者对某类产品或服务的态度并非与生俱来，而是在长期的社会实践中通过不断学习、不断总结经验获得的，是逐步积累的。比如，我们对某一产品形成好感，可能是由于该产品的外观时尚，也可能是该产品的实际效用比较突出。无论是什么缘由，这种好感都是我们通过接触、观察、了解产品而逐步形成的。

（2）稳定性特征

态度的形成需要经历相当长的一段时间，某种态度一旦形成，就会保持相对稳定的状态，并逐步成为个体个性的一部分，使个体在反应模式上表现出一定的规则和习惯性，从而有助于某些购买决策的常规化、程序化。例如，消费者对某品牌非常偏爱，对某家老字号商店非常信任，这些都是态度的稳定性特征的表现。

（3）价值性特征

消费者态度总是涉及价值判断。价值即态度对象对于个体的意义，包括经济价值、社会价值、审美价值、政治价值和宗教价值。消费者对消费对象的态度取决于该事物具有何种价值以及这种价值的大小。对于价值大的消费对象，消费者会持积极的态度；对于价值小的消费对象，或无价值的消费对象，消费者会持消极的态度。

（4）等级性特征

等级性是指态度的不同程度，即对态度对象肯定或否定的程度。一般来说，越是强烈的态度，就越难改变。另外，肯定或否定是两种极端的态度表达，在这两种表达之间，存在着中间的态度等级。

（二）态度的构成

消费者的态度是由认知、情感和行为三种成分构成的复合系统。各成分在态度系统中处于不同的层次和地位，承担着不同的职能。

1. 认知成分

态度的认知成分是指对人和事的认识、理解与评价，包括感知、思维、看法和好坏的评价，是态度形成的基础。在消费方面，认知成分表现为消费者对所要购买的产品的有关特性，包括产品的质量、外观、性能、功效、安全性、价格、品牌、包装、厂商服务与信誉等的印象、埋解、观点、意见等。消费者只有在对上述情况有所认知的基础上，才有可能形成对产品的具体态度。因此，消费者要对产品或服务产生态度，就必须获得最低限度的信息。而认知是否正确、是否存在偏见或误解，将直接决定消费者态度的倾向性或方向性，因此保持公正准确的认知是端正消费者态度的前提。

2. 情感成分

态度的情感成分是指消费者对态度对象产生的情感体验。它表现为消费者对产品质量、品牌、信誉等产生的喜欢或不喜欢、欣赏或反感等情感反应，是态度的核心。例如，一位消费者宣称“我喜欢某品牌”，这就是其表达的对于品牌的情感性评价。这种情感体验一方面依赖于消费者建立在认知基础上的评价，另一方面依赖于消费者对产品或服务的直接体验。如果产品或服务与个体的价值观一致，消费者就会给予积极的评价，并因此喜欢它；反之，消费者则不会喜欢它。如果消费者在接触某种产品或服务时的体验是令人满意和愉快的，则消费者可能对这种产品或服务产生好感。但如果体验是令人失望和不愉快的，甚至是痛苦的，那么消费者对这种产品或服务就不会有好感。

3. 行为成分

态度的行为成分是指消费者对态度对象意欲采取行动的倾向，即行为的准备状态。在消费过程中，它表现为消费者对有关产品、服务采取的反应倾向，其中包括表达态度的语言和非语言的行动表现。比如，某消费者了解到华为的智能手机性价比合适，于是向亲朋好友宣传该品牌的优越性，并实际进行购买。行为成分是消费者态度的外在显示，同时也是态度的最终体现。行为成分是态度系统与外部环境进行交流和沟通的媒介。通过语言和非语言行为倾向，消费者可以向外界表明自己的态度，其他社会成员、群体、商家也可以从行为倾向中充分了解消费者的真实态度。

一般情况下，态度的三种成分作用方向是协调一致的。消费者态度表现为三者的统一。但是，在特殊的情境中，上述三种成分亦有可能发生背离，呈反向作用，致使消费者的态度呈现矛盾状态。如消费者通过各种渠道了解到某品牌的汽车不错，性价比很高，但却没有采取行动。在态度的三种成分中，任何一种成分发生偏离，都会导致消费者态度的失调。但当这种情况出现时，情感成分将起主导作用。

（三）态度的基本功能

1. 适应功能

适应功能也被称为功利功能或效用功能，是指态度能使人更好地适应环境和趋利避害。个体倾向于形成能够为自己带来利益的态度。态度对象满足个体需要的价值越大，个体对它的态度就越积极；态度对象越是不利于个体需要的满足，个体就越倾向于对其形成回避的态度。消费者对于某个品牌的态度，很多时候是看它所能提供的效用。例如，有的消费者对某烘焙品牌持有肯定态度，可能是因为这个品牌的蛋糕很符合他的口味。如果某品牌在过去曾经为消费者提供帮助，消费者将倾向于对它形成积极的态度；反之，如果该品牌的产品未能为消费者带来预期的效用，则消费者会对它产生消极的态度。消费者对一些经常购买的日用品牌产品的偏好或忠诚，就是建立在这一态度功能之上的。不少商家费尽心机地增加产品的功能和效用，或提供附加利益或增值服务，都是为了培养和强化消费者的良好态度，使之有利于品牌忠诚的建立。

2. 自我防御功能

态度的自我防御功能是指消费者有时形成关于某些事物的态度是为了满足自我保护的需要，即保护自己的人格和自我形象免受伤害，这是消费者的一种防御机制。例如，自我防御功能使女性消费者通常对能美化自我形象的护肤产品持有非常积极的购买态度，她们总是有意识或无意识地防御由于衰老而导致的不安心理。

3. 认知功能

认知功能是指消费者形成某种态度，更有利于对事物进行认知和理解。事实上，态度可以作为帮助人们理解新事物或新刺激的一种标准或参照物。当消费者对某事物有了一定的态度倾向，就可以决定是趋利还是避害。通过这种方式，消费者可以使外部环境简单化，从而集中精力关注那些更为重要的事情。例如，消费者在某次购物时，对于能说会道

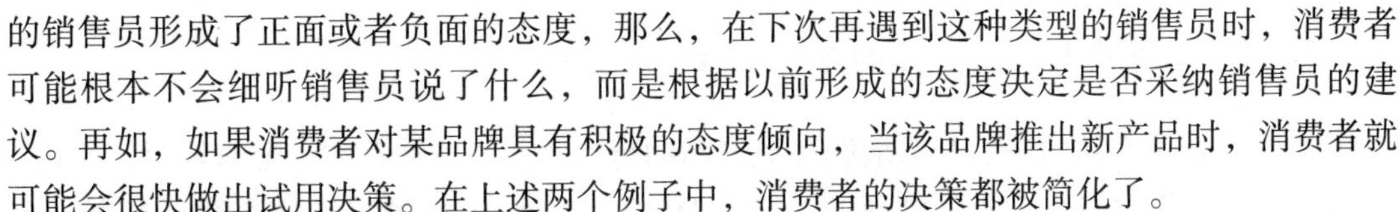

的销售员形成了正面或者负面的态度，那么，在下次再遇到这种类型的销售员时，消费者可能根本不会细听销售员说了什么，而是根据以前形成的态度决定是否采纳销售员的建议。再如，如果消费者对某品牌具有积极的态度倾向，当该品牌推出新产品时，消费者就可能会很快做出试用决策。在上述两个例子中，消费者的决策都被简化了。

4. 价值表现功能

消费者形成某种态度，能够向他人表达自己的价值观念，这就是态度的价值表现功能。生活在社会中的人，都有界定自我的需要，希望向他人显示自己赞同什么或反对什么，看重什么或轻视什么，也就是说，人们都需要向别人表明自己是一个怎样的人。由于这种需要的存在，许多产品，特别是那些社会可见性强的产品，如服装、汽车、家具、首饰等，在消费的过程中便被赋予了这种价值表现的功能。这时，产品便具有了某种象征意义。人们对产品的态度并不取决于产品的功能性价值，而是取决于产品所代表的是哪一类消费者，或者说取决于产品所表现的价值与消费者个人的价值是否一致。

一种态度可能具有多种功能，但其中往往只有一种功能起着支配作用。市场营销人员只要能识别出产品对于目标消费者的关键意义，才能在广告中对此加以强调。这类广告能帮助消费者建立更清晰的产品认知，消费者也更容易接受此类广告及其所宣传的产品和品牌。例如，在咖啡的广告里强调“天赋醇香，气味香浓，精选上乘咖啡豆”要比强调“咖啡能够表明你的独特品位”效果要好得多。

（四）消费态度与行为

1. 消费者态度对购买行为的影响

态度与行为之间存在密切的联系，消费者对于某个产品或品牌的态度会对他的实际购买行为产生影响。这种影响体现在以下三个方面。

第一，态度会影响消费者对产品或品牌的评价和判断。例如，许多消费者对海尔品牌已经建立了积极的态度，所以在某款海尔家用电器比其他品牌同类家用电器的价格高得多的情况下，他们仍然倾向于选择海尔的产品，相信为了获得更优质的产品和服务而多花钱是值得的。

第二，态度会影响消费者的学习兴趣和效果。这就是说，态度在学习过程中起着过滤的作用。当消费者对某个对象有着积极态度时，他们会更有兴趣进行与该对象有关的学习。

第三，态度影响消费者的购买意向，进而影响购买行为。消费者是否对某一对象采取特定的行动，不能根据他对这一对象的态度来预测，因为特定的行动是由采取行动的人的意图决定的。要预测消费者行为，就必须了解消费者的意图，而消费者态度只不过是决定其意图的因素之一。

2. 消费者态度与购买行为的不一致性

消费者对于产品的态度与采取购买该产品的行为之间，往往存在一定的差距。换句话说，态度与行为之间有时会出现不一致。20世纪30年代，美国社会心理学家拉皮尔（Richard LaPiere）做过一项著名的试验。拉皮尔与一对年轻的中国留学生夫妇在美国西海岸旅行，在66家旅社住宿，在184家餐馆用餐，并受到了很好的接待。当时，美国普遍存在对黑人和亚洲人的歧视，拉皮尔的此次旅行使他颇感意外。6个月后，他将上述光顾过的餐馆、旅社作为控制组，将未光顾过的一些餐馆、旅社作为对照组，分别向它们寄送内容类似的调查问卷，以了解它们是否愿意接待华人顾客。拉皮尔最终回收了来自控制组的128份问卷，其中回答不愿接待的有118家，约占总数的92.2%，并且这一结果与对照组的结果没有显著差别。

造成消费者态度与行为不一致的主要有原因有购买动机、购买能力、购买情境、态度测量的偏差或测量与行动之间的延滞等。

（五）消费者态度的改变

消费者态度的改变包括两层含义：一是态度强度的改变；二是态度方向的改变。如某消费者之前比较喜欢某品牌的啤酒，但听过朋友的介绍和公共媒体的宣传后，对该品牌更加喜欢了，这就是态度强度的改变；相反，消费者本来对某品牌的啤酒有好感，但听朋友们说该产品在生产加工过程中加入了一些会影响身体健康的成分，因此该消费者对该品牌从原来的喜欢变为不喜欢，这就是态度方向的改变。强度的变化存在着引起方向改变的可能，而方向改变中又包含着强度的变化，因此，两者是彼此关联和相互影响的。

1. 影响态度改变的因素

消费者态度的改变，一般是在某种信息或意见的刺激和影响下发生的。发生在消费者身上的态度改变涉及四个方面的要素：信息源、营销信息、接收者和情境。

（1）影响态度改变的信息源特征

信息源是指持有某种见解并力图使别人接受这种见解的个人或组织，即信息的传达者。社会心理学家发现，信息的传达者会影响大众对信息的接受。在一个实验中，荷兰社会党和自由党的领袖在议会上用相同的语言表达相同的观点，其结果是，每一方的论点都只对本党的成员最有影响力。可见，同样的信息经由不同的信息源传递，效果会不同，因此，信息源十分重要。一般来说，信息源的作用及作用强弱取决的三个特质：信息源的权威性、可靠性、吸引力。

信息源的权威性，指信息源在有关领域或问题上的学识、经验和资历。医生、科学家、教授、会计师、职业运动员等专业人员，在各自的专业领域内所发表的评价或言论对消费者的态度都有举足轻重的影响。如，对于一种新药的评价如果是出自一位名医之口，显然会较普通人的评价更具有说服力。如果消费者认为形象代言人所从事的专业与他推荐的产品有关时，其说服力就会增强。如果形象代言人被怀疑欠缺专业知识或者专家型的代言人被企业“收买”，广告的说服力就会下降。

信息源的可靠性是指信息源在接收者的心目中具有何种程度的客观性和诚实性。再有名的医学权威，如果是在为自己创办的公司做宣传，人们对其传播的信息的可靠性就会产生怀疑。如，一位明星在其微博中宣传自己长期食用某品牌的燕窝，认为这个品牌的燕窝口感好，含有多种微量元素，后来有消费者发现该明星是这个品牌所属公司的股东，因而其宣传的说服力大打折扣。

信息源的吸引力，是指传递者是否具有一些惹人喜爱的特征。吸引力可以表现在许多方面，外表吸引力就是其中的一个方面。当一个论点来自一个漂亮的人，该论点往往具有更大的影响力。人们更倾向于对有外表吸引力的信息源形成好的印象。研究表明，人们倾向于为外表好看的人添加一些正面的特点，比如有才华、聪明、善良和诚实等。这种想象就是所谓的“光环效应”，即当人们看到某人在一个方面很优秀时，便会想象这个人在其他方面也很出色。在广告领域，大部分研究证明，越是有吸引力的广告代言人，其所宣传的产品越是能够获得好的评价和积极的反应。具有外表吸引力的信息源更容易引起消费者的注意，但在引导消费者认真理解广告中的信息时作用可能并不大，原因是消费者可能更多地关注广告中漂亮或英俊的人物，而忽视了对广告信息的关注和理解。因此，要使广告代言人的外表吸引力充分发挥作用，商家还必须在其他方面做出努力。

（2）影响态度改变的营销信息特征

在信息传播的过程中，不仅信息源对于态度的改变发挥作用，信息内容、信息结构和信息形式等都对消费者态度的改变有着重要的影响。因此，在以说服为目的的传播中，市场营销人员必须精心设计信息内容，对信息内容进行叙述或论证（信息结构），并思考用什么形式来呈现信息。

信息的传递者必须知道自己面对的是什么样的目标群体，才能明确自己要说什么才能获得期望的态度反应。这里就强调了信息内容的重要性。实际上，商家要促使消费者建立某种信念、形成某种态度，或者采取某种行为。市场营销人员通常可以采取理性诉求、情感诉求、幽默诉求、恐惧诉求等来影响和改变消费者的态度。

信息结构是指市场营销人员如何用合乎逻辑的语言叙述或讨论所要传播的主题。在广告和销售展示中，市场营销人员往往只展现产品好的一面，而不涉及产品可能的负面特征或某个竞争产品可能具有的优势，这类信息就是单面信息。市场营销人员同时展现出产品好和不好的两个方面，这就属于双面信息。到底是提供单面信息还是双面信息？答案取决于说服对象。美国实验心理学家霍夫兰德（Carl Hovland）等人的研究表明，当说服对象与劝说者的观点一致，或者前者对所接触的问题不太熟悉时，提供单面信息效果较好；如果说服对象与劝说者观点不一致，并且前者对接触的问题比较熟悉时，劝说者提供单面信息会被认为存在偏见，此时，提供双面信息的效果会更好。

信息形式指信息的传递者用什么符号表达自己要传达的主题。信息的传递者必须为信息设计具有吸引力的表达形式。有研究发现，信息相同的广告，其表现形式不同，即分别采用图片形式或文字形式表达时，消费者会有不同的反应。当信息的传递者希望引起接收者感性的反应时，生动的、富有创意的图片能发挥很好的效果。文字信息适用于消费者的参与程度较高，会更多地注意和阅读文字材料的情况。

（3）影响态度改变的接收者特征

接收者是态度转变的主体，一切说服的努力，只有被态度主体接受，才能发挥作用。在同样的说服条件下，有些消费者容易被说服，有些消费者较难或根本无法被说服。与说服效果相关的个人特征有四个。一是消费者对于原有观点的信奉程度。如果消费者对某种观点信奉程度很高，改变消费者态度的难度就会增加；反之，则容易些。二是介入程度。消费者对某一个购买问题或关于某种想法的介入程度越深，他的信念和态度可能就越坚定；反之，则消费者可能更容易被说服。三是人格因素。有研究发现，中等自尊水平的人更容易受到影响，而自尊水平低和自尊水平高的人都不易受到影响。原因是自尊水平低的个体理解信息的速度通常较慢，因此难以被说服。自尊水平高和自尊水平低的个体在理解信息之后往往还是坚持己见。四是性别差异。有研究发现，男性与女性在谁更容易被说服的问题上不存在明显差异。差异主要集中在双方各自擅长的领域。如，在与金融、管理有关的问题上，女性较男性更容易被说服；在家务和孩子的抚养上，男性较女性更容易被说服。

（4）影响态度改变的情境特征

沟通和说服是在一定的背景下进行的，一些情境因素也会影响态度的改变。

首先，预先警告会影响态度的改变。如果某消费者在接触说服信息前，对劝说企图有所了解，他有可能提出反驳论点，从而增强自己抵御劝说的能力。预先警告具有双重作用。如果接收者原有的态度不够坚定，对态度对象的卷入程度低，那么预先警告可以促使其改变态度。如果态度与接收者的重要利益有关，那么预先警告往往使其改变抵制态度。

其次，分心会影响态度的改变。分心是指由于内外干扰而分散注意力或注意力不能集中的现象。在劝说过程中，若情境中存在“噪音”致使信息接收者分心，劝说的效果就会大打折扣。分心对态度改变的影响，实际上视分心程度而定。如果引起分心的“噪音”太大，使得信息接收者没有接收到信息，则劝说等于没有发生。如果情境中的某些“噪音”适当地分散了信息接收者的注意力，信息接收者对劝说者的防御就会减弱，态度的改变更容易达成。总的来说，过度的分心会降低劝说效果，从而阻碍态度的改变，而适度分心有助于态度的改变。

最后，重复也会影响态度的改变。沟通信息的重复频率与说服效果呈倒U形曲线关系。中等频率的重复，说服效果较好。重复频率过低或过高，均不利态度的改变。原因是，当消费者收到重复的信息时，有两种不同的心理过程同时发生作用：一是信息的重复会引起不确定性的减少，并加深消费者对刺激物的了解，从而带来积极的和正面的反应；二是随着重复的增加，消费者的厌烦情绪也随之增长。在某一点上，重复引起的厌烦将超过它带来的正面影响，从而引起消费者的反感。因此，市场营销人员在进行广告传播的过程中，为减少广告厌烦所产生的负面影响，可以限制一则广告重复播放的次数，或者围绕某一广告主题，对广告的表现形式进行改动。

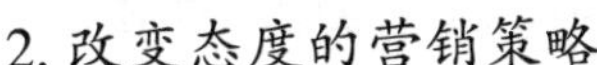

2. 改变态度的营销策略

市场营销人员可以通过改变态度的一个或几个成分来影响消费者的行为。因此，改变消费者态度的营销策略主要涉及改变认知成分、改变情感成分和改变行为成分。

（1）改变认知成分

改变态度的一个常用和有效的方法是改变态度中的认知成分。该举措背后的理论基础是：改变认知可以改变情感和行为。有四种基本的营销策略可以用来改变消费者态度中的认知成分。

一是改变信念。它是指改变消费者对品牌或产品的一个和多个属性的信念，具体方法是提供有力的事实或描述。比如，消费者可能认为国产汽车没有合资汽车好，因此国产汽车品牌可以提供大量的数据，证明国产汽车制造技术已经处于世界领先水平。

二是改变属性权数。如果消费者认为产品的某些属性比另外一些属性更加重要，市场营销人员就可以设法改变产品的属性权数，强调某个相对较强的属性是一款产品最重要的属性，以改变消费者的品牌认知。比如，在一些消费者的认知中，汽车品牌沃尔沃是非常安全的。1959年，沃尔沃的汽车工程师发明了三点式安全带，这是汽车安全领域最重要的发明之一。因此该品牌在广告中大力强调汽车的安全性是汽车最重要的属性，使消费者的品牌认知朝着有利于该品牌的方向倾斜。

三是增加新属性。它是指在消费者的认知结构中增加新的属性，这些属性是消费者原先没有认识到或没有重视的。比如，多数消费者购买台式计算机显示器时对辐射问题并未给予充分的重视。换言之，这些消费者关于显示器的品牌信念形成过程中，根本没有考虑辐射量这项属性指标，如果这种情况不改变，消费者就不可能购买无辐射但价格昂贵的显示器。市场营销人员可以运用多种手段宣传辐射对人体造成的危害，促使消费者把辐射量作为显示器的重要属性来考虑，并在一定程度上改变产品信念和购买行为。

四是改变理想点。它是指在既不改变产品的属性权数，也不增加新属性的条件下改变消费者对属性理想标准的认识。比如，电视机的尺寸是消费者选择产品时要考虑的重要属性，许多消费者存在着单纯求大的倾向，导致许多中等尺寸的电视机销路不佳。市场营销人员可以宣传电视机的尺寸应当与客厅的大小相适应，改变消费者关于电视机理想尺寸的认识。

（2）改变情感成分

市场营销人员越来越多地试图在不直接影响消费者品牌信念和行为的条件下先影响他们的情感，促使他们对产品产生好感。一旦消费者以后对该类产品产生需要，这些好感会促使消费者做出购买行为；或者，好感会直接促进购买，消费者也会在使用过程中建立起对品牌的正面信念。市场营销人员可以通过以下方法促使消费者建立起对产品的好感。

一是创造经典性的条件反射。市场营销人员将消费者喜爱的某种刺激与品牌名称放在一起展示，多次反复，就会使消费者将该刺激产生的正面情感转移到品牌上来。比如，挑战极限运动能够激发消费者感受力量和毅力的正面情感，如果商家把挑战极限运动的画面与某运动饮料品牌放在一起，多次播放广告，就会促使消费者将对该项运动的喜爱转移到这个运动饮料品牌上来。

二是激发消费者对广告本身的情感。消费者如果喜爱一则广告，也能产生对产品的正面情感，进而提高购买参与程度，做出购买决策。商家合理使用幽默广告、名人广告、比较广告、情感性广告等都能增强消费者对广告的喜爱程度，但这类广告中不一定含有具体的认知信息。消费者对广告本身的态度，如喜欢或不喜欢，是营销成败的关键。另外，有研究表明，在节目中插播广告时，节目本身所引起的情感也会影响消费者对广告的情感态度，同时也会影响消费者对广告中提及的产品的态度。

三是增加消费者对品牌的接触。研究表明，大量的品牌接触能增强消费者对品牌的好感。对于消费者参与度低的产品，可以通过广告的反复播放提高消费者对广告和产品的喜爱程度，而不必改变消费者最初的认知结构。在这里，重复是以情感为基础的市场营销活动的关键。

（3）改变行为成分

消费者的行为可以发生在认知和情感之后，也可以发生在认知和情感之前，甚至还可以与认知和情感相对立。例如，某消费者可能不喜欢某品牌的饮料，认为该饮料所含的成分不利于身体健康。但是，在一个特殊的情境下（该消费者非常口渴，但没有其他可以解渴的产品），消费者喝了该饮料，感到味道不错，因而改变了以前的认知。行为能够直接导致认知和情感的形成，消费者常常在事先没有认知和情感的情况下尝试购买和使用一些便宜的新品牌或新型号的产品。

在改变消费者的认知或情感之前，改变其行为的主要途径是运用操作性条件反射理论。市场营销人员的关键任务是促使消费者使用或购买本企业产品，并确保产品的优异质量和功能使消费者感到购买本产品是值得的。吸引消费者试用和购买产品的常用技巧有优惠券、免费试用、购物现场的展示、消费者体验、捆绑销售，以及降价销售等。此外，还要健全产品分销系统，保持适当的库存，避免产品脱销，防止现有消费者再去尝试竞争性品牌，因为这种尝试很可能引起消费者对竞争产品的好感并改变其购买选择。

自学自测

一、判断题

1. 多血质气质类型的消费者在购买活动中表现丰富，情绪反应热烈，好提问，好提意见，行动果断，易冲动，需要市场营销人员热情接待，态度和蔼。

2. 消费者的个性是指消费者在购买行为和消费习惯上表现出来的相对稳定的心理特征和行为特征。这些特征通常受到个人的气质、性格、能力、自我概念等因素的影响，并且可以在不同的情境下表现出一致性和稳定性。

3. 有些消费者摸一摸衣服的面料，就能判断这件衣服面料的质量；而对于有些消费者而言，凭手感来判断衣服面料的质量和价格，无疑是为自己出了一道难题。这体现了消费者感知辨别能力的差异。

4. 态度的改变主要有两种方式：一是改变认知，二是改变情感。

5. 态度与行为之间一定是一致的。

二、简答题

1. 什么是个性？个性有哪些基本特征？
2. 消费者如何传递自我概念？
3. 什么是生活方式？影响生活方式的因素有哪些？
4. 影响消费者购买行为与态度不一致的因素有哪些？

课中实训

实训准备

一、实训目标

本次实训聚焦消费者个性，通过气质类型测量等系列任务，引导学生理解消费者个性的构成。学生以小组为单位完成实训。

二、实训项目

根据实训资料《关于气质类型的问卷调查》，分析自己的气质类型，并在小组内分享，调查小组其他成员的气质类型，为产品赋予品牌个性并设计广告。

三、实训步骤

（1）结合课前准备的内容，整合消费者个性相关知识。

（2）实训可采用“线上＋线下”的综合学习方式，学生以小组为单位协同合作，运用网络调研和头脑风暴法，共同完成实训任务。

（3）将实训成果整理到表格中，或者将实训成果以思维导图的形式展现。

四、实训资料

关于气质类型的问卷调查

指导语：以下60个问题可以帮助你大致确定自己的气质类型。只要你能根据自己的实际行为表现如实回答，这些问题就能帮助你确定自己的气质类型。你必须做到以下几点：①回答问题时，不要猜测题目要求，也就是说，不要考虑应该怎样，而是只回答你平时怎样，因为题目答案本身无正确与错误之分；②回答要迅速，不要在某个题目上花过多时间；③每一题都必须回答，不能有空题；④在回答下列问题时，很符合自己情况的，记2分，较符合自己情况的，记1分，介于符合与不符合之间的，记0分，较不符合自己情况的，记−1分，完全不符合自己情况的，记−2分。

1. 做事力求稳妥，不做无把握的事。
2. 遇到令人生气的事就怒不可遏，要把心里话全说出来才痛快。
3. 喜欢一个人做事，不愿很多人在一起。
4. 到一个新环境，很快就能适应。
5. 厌恶那些强烈的刺激，如尖叫、噪音、危险镜头等。
6. 和人争吵时，总是先发制人，喜欢挑衅。
7. 喜欢安静的环境。
8. 善于和人交往。
9. 羡慕那种善于克制自己感情的人。
10. 生活有规律，很少违反作息制度。
11. 在多数情况下情绪是乐观的。
12. 遇到陌生人时觉得很拘束。
13. 遇到令人气愤的事时，能很好地克制自己。
14. 做事总是有旺盛的精力。
15. 遇到问题常常举棋不定，优柔寡断。
16. 在人群中从不觉得过分拘束。
17. 情绪高昂时，觉得干什么都有趣；情绪低落时，又觉得什么都没有意思。
18. 当注意力集中于一事物时，别的事很难使我分心。
19. 理解问题总比别人快。
20. 碰到危险情景，常有一种极度恐怖感。
21. 对学习、工作、事业有很强烈的热情。
22. 能够长时间地做枯燥、单调的工作。
23. 符合兴趣的事情，干起来劲头十足，否则就不想干。
24. 一点小事就能引起情绪波动。
25. 讨厌做那种需要耐心、细致的工作。
26. 与人交往不卑不亢。
27. 喜欢参加热烈的活动。
28. 爱看感情细腻、描写人物内心活动的文学作品。
29. 工作和学习时间长了，常感到厌倦。
30. 不喜欢长时间谈论一个问题，愿意实际动手干。
31. 宁愿侃侃而谈，不愿窃窃私语。
32. 别人说我总是闷闷不乐。

33. 理解问题常比别人慢些。
34. 疲倦时只要短暂的休息就能精神抖擞，继续工作。
35. 心里有话宁愿自己想，不愿说出来。
36. 认准一个目标就希望尽快实现，不达目的，誓不罢休。
37. 学习、工作同样长时间，常比别人更疲倦。
38. 做事有些莽撞，常常不考虑后果。
39. 老师讲授新知识、新技术时，总希望他讲慢些，多重复几遍。
40. 能够很快地忘记那些不愉快的事情。
41. 做作业或完成一项工作总比别人花的时间多。
42. 喜欢运动量大的、剧烈的体育活动，或参加各种文艺活动。
43. 不能很快地把注意力从一件事转移到另一件事上去。
44. 接受一个任务后，就希望把它迅速解决。
45. 认为墨守成规比冒风险强些。
46. 能够同时注意几件事。
47. 当我烦闷的时候，别人很难使我高兴起来。
48. 爱看情节跌宕起伏、激动人心的小说。
49. 对工作有认真严谨的态度。
50. 总是和周围人相处不好。
51. 喜欢复习学过的知识，重复做已经掌握的工作。
52. 希望做变化大、花样多的工作。
53. 小时候会背的诗歌，我似乎比别人记得清楚。
54. 别人说我说话伤人，可我并不觉得是这样。
55. 在体育活动中，常因反应慢而落后。
56. 反应敏捷，头脑机智。
57. 喜欢有条理、不太麻烦的工作。
58. 兴奋的事常使我失眠。
59. 老师讲新概念，常常听不懂，但弄懂以后就很难忘记。
60. 假如工作枯燥无味，马上就会情绪低落。

实训一　消费者的气质类型

任务1　根据实训资料测量气质类型

任务描述：

请你根据实训资料，分析自己的气质类型。评分方法如下：将每题得分填入表4-3中的“得分”栏内，计算每种气质类型的总分。如果某种气质总分明显高出其他三种（均高出四分以上），则可确定你为该种气质类型；如果两种气质类型总分接近（差异低于四分）而又明显高于其他两种（高出四分以上），则可确定你为两种气质类型的混合；如果三种气质类型的总分均高于第四种气质类型的总分，且分数相近，则你属于三种气质类型的混合。

表4–3　气质类型的得分

胆汁质	题号	2	6	9	14	17	21	27	31	35	38	42	48	50	54	58	总分
	得分																
多血质	题号	4	8	11	16	19	23	25	29	34	40	44	46	52	56	60	总分
	得分																
黏液质	题号	1	7	10	13	18	22	26	30	33	39	43	45	49	55	57	总分
	得分																
抑郁质	题号	3	5	12	15	20	24	28	32	35	37	41	47	51	53	59	总分
	得分																

任务2　分析小组成员的气质类型

任务描述：

调查你所在小组其他成员的气质类型，问题为：如果你去商店退换商品，售货员不予退换，你会怎么办？在回答者写出自己的做法后，请你根据其答案分析其大致的气质类型，并与对方的自测结果进行对比。

实训二　构建品牌个性

任务　运用所学知识构建品牌个性

任务描述：

试用一类人或者一种动物来描述以下品牌的个性，并为其设计一句广告词。品牌如下：华为；星巴克；可口可乐；小米。

实训项目评价

学生技能自评表

序号	技能自评	达成	未达成
1	掌握气质、性格、能力等概念		
2	熟悉不同气质类型的特征		
3	能够根据消费者的行为判断其气质类型		
4	能够运用所学知识构建与其受众相符的品牌个性		

学生素质自评表

序号	素质自评	具体指标	达成	未达成
1	自我学习能力	能够借助网络资源进行自主学习		
2	协作精神	能够与团队成员合作和讨论，共同完成实训任务		
3	创新意识	具备创新思维，别出心裁		

课后提升

六步打造完美品牌个性，
让品牌自己“会说话”

○●○●

项目五　消费群体与消费者心理及行为

学习目标

1. 知识目标

（1）掌握消费群体的概念、形成和分类；

（2）掌握不同年龄段消费群体的消费特征；

（3）掌握不同性别消费群体的消费特征；

（4）了解参照群体的功能。

2. 能力目标

（1）能够根据市场状况对消费群体进行细分；

（2）能够根据不同消费群体的特征开展相应的市场营销活动。

3. 素养目标

（1）具备独立思考和理性消费的能力；

（2）诚实守信，具有较强的执行能力和时间节点意识；

（3）具备以客户为本、一切为了客户的责任意识；

（4）具备正确的营销理念，能够合理调动消费者的积极性，科学引导消费者的购买行为。

项目重点和难点

每个消费者都生活在一定的社会群体中，并与其他社会成员、群体和组织发生直接或间接的联系。研究消费群体有利于指导商家进行规模化营销，从而实现经济效益最大化目标。本项目的重点在于理解消费群体的概念、形成和分类；本项目的难点是能够根据不同消费群体的特征开展相应的营销活动。

内容架构

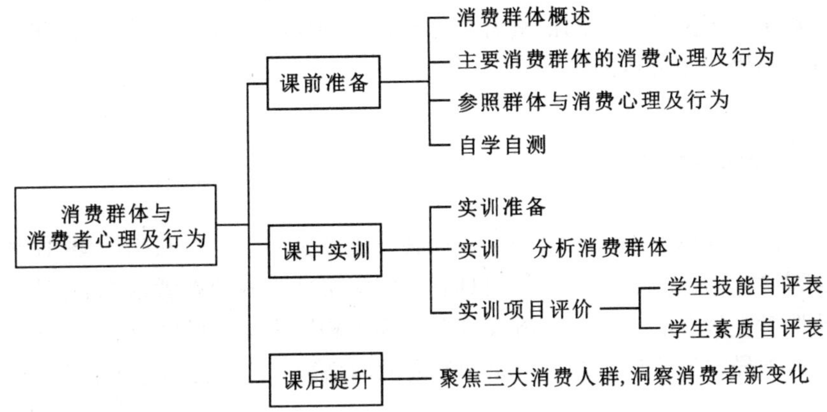

导入情境

2009年，第一个“双十一”购物节诞生。2023年，第15个“双十一”购物节实现用户规模和商家规模显著增长。数据显示，截至2023年11月11日零点，天猫共有402个品牌成交破亿；截至2023年11月11日晚23：59，京东累计超过60个品牌销售额突破10亿元，近20000个品牌成交额同比增长超3倍，新商家成交单量环比增长超5倍。[①]从诞生于大学生文化的“光棍节”，到被电商赋予消费意义并成为大促狂欢的标志，这个节日天然具有年轻文化属性，并且已经成为当下观察新消费趋势的风向标。

当95后逐渐成为职场的中流砥柱，00后初步走出校园并进入职场，消费市场的主力群体已悄然发生变化。新的消费群体有全新的消费观念，这个重视自我关怀的消费群体促成体验经济的爆发，酒店、旅行团、体检、养生服务等被更多年轻人接受。同时，电商平台格局的变化以及直播带货等新的购物模式的发展，也影响了消费决策、消费场景和品类选择。

课前准备

一、消费群体概述

消费者心理和行为是一种复杂的社会现象，它不仅受消费者自身的心理活动过程、个

① 资料来源：《双11回归低价：历经15年，这场促销狂欢的未来在哪里？》（https：//www.chinanews.com.cn/cj/2023/11-13/10110954.shtml）。

性心理特征、个性心理倾向等心理因素的影响，而且受消费者活动的外界环境的影响。这是由消费者作为人的社会属性决定的，因此，消费者心理和行为不可避免地受到社会环境和各种群体关系的制约和影响。那么，从环境的视角来研究消费者心理和行为的特征、变化和发展，对于解释复杂多样的消费者心理和行为现象是必要的，并能为理解和预测消费者心理和行为提供切实可行的依据。

（一）消费群体的形成

群体是指两人或两人以上通过一定的社会关系结合起来进行共同活动而产生相互作用的集体。消费群体即消费者群体，是由具有共同消费特征的消费者组成的群体。同一消费群体内的消费者在消费心理和行为方面都会表现出相同或相近的特点，不同的消费群体之间则存在明显差异。消费群体的形成是消费者的内部因素和外部因素共同作用的结果。

1. 内部因素

内部因素主要是指消费者之间在生理、心理特性方面存在诸多差异，这些差异促成了不同消费群体的形成。例如，按照年龄差异，我们可以将消费群体分为少年儿童消费群体、青年消费群体、中年消费群体、老年消费群体；按照性别差异，我们可以将消费群体分为女性消费群体、男性消费群体。这种根据消费者自身生理及心理特点划分的各个消费群体之间，在消费需求、消费心理、消费行为等方面有着不同程度的差异，但在消费群体内部则有许多共同特点。

2. 外部因素

不同消费群体的形成还受一系列外部因素的影响。这些外部因素包括经济发展水平、文化背景、民族、宗教信仰、地理条件、气候条件等，它们对不同消费群体的形成具有重要作用。例如，按照职业，我们可以将消费群体分为农民消费群体、工人消费群体、科研人员消费群体、公务人员消费群体等。外部因素差异也会导致消费者心理、消费习惯及消费行为的差异。

（二）消费群体的类型

1. 根据人口统计学特征划分

根据人口统计学特征划分不同的消费群体，是进行消费群体划分的最常用的方法，即按年龄、性别、地理区域、受教育程度、职业和收入等对消费群体进行划分。正如我们在上文提及的，按照性别，可以将消费群体分为男性消费群体、女性消费群体；按照年龄，可以将消费群体分为少年儿童消费群体、青年消费群体、中年消费群体、老年消费群体。

2. 根据自然地理特征划分

根据自然地理特征划分消费群体，也是常用的划分方法之一。由于地理位置的差异，各地区的自然环境、社会经济环境不同，消费群体的消费需求和习惯也不尽相同，表现出不同的心理和行为特点。例如，在我国，按照地理方位，可以将消费群体分为华东、华南、华北、西南、东北、西北消费群体；按照城乡差异，可以将消费群体分为城市消费群体、农村消费群体。

3. 根据消费者心理因素划分

现实生活中，尽管消费者在年龄、性别、收入或自然地理特征等方面具有相似性，但表现出的消费行为并不相同，这种差别是由心理因素的差异造成的。因此，按照消费者心理因素进行消费群体划分是必要的。例如，按心理因素，可以把消费群体分为创新或守旧、支配或服从、积极或消极、独立或依赖等消费群体。

（三）消费群体对消费者心理和行为的影响

1. 对群体成员的示范性影响

消费者个体总是生活在一定的群体之中，群体成员之间进行沟通与交往，传递各种信息，会产生一种相互感染、相互影响的集体心理现象。集体心理现象的存在就会使每个群体成员趋向于某种共同的追求和目标，形成具有示范性的群体特征和消费方式。例如，办公室同事之间互相影响，很多人喜欢上了喝咖啡，旅行团成员之间相互影响，很多人会购买旅游纪念品，等等。

2. 对形成共同消费习惯的影响

具有较强影响力的消费群体或自我归属感强烈的消费群体，对其成员的消费态度与习惯具有重要的诱导作用，群体成员会愿意按群体的消费习惯来表现，以表明自己作为某群体成员的特征及意愿。例如，金融行业的从业人员上班时一般以正装为主；在车间从事生产工作的蓝领上班时多穿工作服，或穿运动休闲装，很少佩戴饰物。

3. 对群体成员行为一致化的影响

消费者在大多数情况下都会自觉做出与群体成员一致的消费行为，这是由于不同的群体有不同的内部规范。同时，消费者对产品的评价、选择、购买、使用都会受群体内大多数成员的影响。因此，共同的心理特征必然导致行为的一致化。

知识链接 5-1
从众与众从

二、主要消费群体的消费心理及行为

（一）不同年龄段消费群体的消费心理及行为

年龄对消费者行为会产生明显的影响，不同年龄段的人有不同的需求和偏好。一般来说，每个人在衣食住行等方面的需求都会随着年龄的变化而发生变化。

1. 少年儿童（0—17岁）消费行为的特点

（1）0—5岁（学龄前）年龄段的消费特点

学龄前儿童在消费上的首要特征是依赖性，他们必须依赖成年人来满足自己的消费需求。由于身心发育的原因，学龄前儿童对消费品的需要主要是物质需要，随着年龄增长，精神需要才逐渐发展和丰富起来。这一时期，消费主要集中在食品、健康用品以及益智玩具上，超前一点的家长还会有意培养儿童的各项能力，因此会增加早教培训消费。

（2）6—17岁（学龄期）年龄段的消费特点

学龄期少年儿童消费者对精神、文化和知识的需求逐渐发展起来并占据中心地位，消费的中心从生理、物质需要向精神、文化需要转移。由于少年儿童缺乏生活知识和经验，购买能力还没有完全成熟，因此其在购买产品时往往缺乏主见，容易受到外界因素的影响，一般凭直觉来决定消费，受情绪支配。

2. 青年人（18—35岁）消费行为的特点

（1）受家庭影响大，可塑性强

一方面，青年人的消费心态与行为受家庭的影响很大，长辈们的消费理念和消费行为对青年人有极大的影响，并在相当程度上造就了他们具有某类消费群体的特性。另一方面，青年人正处于认识社会、把握规律的学习阶段，对新生事物、消费潮流、消费理念接受得很快，容易改变自身的习惯，消费心态具有可塑性。

（2）既要合群，又要表现自我

一方面，青年人的同伴意识很强，非常喜欢交友，消费认同是与同伴交流的重要内容。例如，与伙伴们一起吃同样的食品、穿同一品牌的服装、使用同样档次的化妆品等，这是青年人特有的群体共性。同伴对青年人的影响甚至可能远远超过家庭对其的影响。另一方面，青年人自我意识强，独立意识强，追求独立自主，喜欢表现自我个性，这一心理特征反映在消费行为上，就是他们喜欢购买一些具有特色的、体现个性特征的产品。

（3）容易冲动，注重情感

由于人生阅历并不丰富，青年人对事物的分析判断还不成熟，思想感情、兴趣爱好、个性特征还不完全稳定，因此在处理事情时，往往容易感情用事，甚至产生冲动行为，属于感性消费者。这种心理特征表现在消费行为上，就是他们在选择产品时，感情因素占主导地位，往往以产品能否满足自己的情感需求来决定是否购买。许多时候，产品的款式、

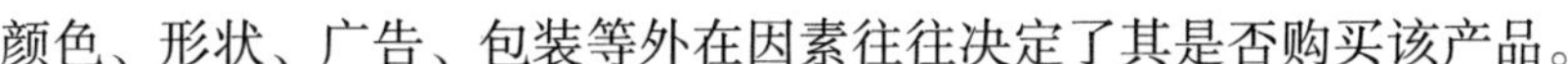

颜色、形状、广告、包装等外在因素往往决定了其是否购买该产品。

（4）追求时尚和新颖

青年人的特点是热情奔放、思想活跃、富于幻想、喜欢冒险，这些特点反映在消费行为上，就是他们容易接受新生事物，追求时髦。因此他们往往是新产品的拥护者，喜欢新颖、奇特、时尚的产品，乐于尝试新的生活方式。

（5）网络成为消费的主渠道

互联网的高速发展对青年人的消费行为产生了极大的影响。调研发现，青年人的主要消费渠道已经网络化。另外，随着互联网、手机等的迅速普及，青年人的支付方式已不再以现金为主，而是呈现出以移动支付为主的特点。

3. 中年人（36—59岁）消费行为的特点

（1）理智胜于冲动

中年人经验丰富，情绪比较稳定，理性消费的占比远超过情绪性消费，有很强的自我意识和自我控制能力。在选购产品时，他们很少受产品的外观因素影响，比较注重产品的质量和性能，往往经过分析、比较以后，才做出购买决定，尽量使自己的购买行为合理、正确；他们很少有冲动、随意购买的行为，喜欢买大众化的产品，尽量不使他人认为自己不够稳重。

（2）计划多于盲目

中年人大多是家庭的经济支柱，他们既要赡养父母，又要养育子女，经济负担非常重，所以他们具有讲求实惠、理性，会认真思考和权衡，消费行为比较有计划性。大多数中年人懂得量入为出的消费原则，很少像青年人那样冲动消费。他们在购买产品前常常对产品的品牌、价位、性能，甚至购买的时间、地点都已经计划好了，基本不会购买不需要和不合适的产品，很少有计划外的开支和即兴购买行为。

（3）有主见，很少受外界影响

中年人的购买行为具有理智性和计划性，他们在购买时大多很有主见。中年人大多愿意挑选自己喜欢的产品，对别人推荐的产品有一定的判断和分析能力，对广告宣传也有很强的评判能力，受广告宣传的影响较小。

（4）追求经济、耐用与省时省力

中年人不像青年人那样追求时尚，生活的重担与压力使他们更注重性价比。因此，中年人对新产品缺乏足够的热情，更关注产品的结构是否合理，使用是否方便，是否经济耐用、省时省力。此外，由于中年人工作忙碌，他们倾向于购买能减少家务劳动时间或提高工作效率的便利产品，如减轻家务劳动负担的家用电器等。

（5）面子消费、应酬消费多

中年人参与的社会活动较多，面子消费、应酬消费比较多。例如，他们会在传统节日前购买礼品，送给亲朋好友，也会在升职加薪或者家有重大喜事时邀请朋友参加聚会。

4. 老年人（60岁及以上）消费行为的特点

（1）消费习惯稳定，品牌忠诚度高

在长期的生活过程中，老年消费者已经形成了一定的生活习惯，并且这些生活习惯一般不会发生较大的改变，他们对使用过的产品及品牌比较信任，习惯购买熟悉的产品，往往是固定品牌的忠诚消费者。

（2）成熟保守、坚持己见

由于年龄和心理因素，与中青年人相比，老年人的消费观较为成熟，也比较保守，消费行为理智，冲动性消费和目的不明的计划外消费少。老年消费者在消费时，大多有自己的主见，并且十分相信自己的经验。就算了解了企业的广告宣传和别人的介绍，老年消费者也会进行一番分析，以判断自己是否需要购买这种产品。

（3）崇尚节俭消费，注重实用性

老年消费者一般都很节俭，他们把产品实用性作为购买决策的首要考虑因素，对产品的品牌、款式、颜色、包装等不太在意。价格便宜对老年消费者有吸引力，但是老年消费者在购买产品时也并非一味追求低价格，品质和实用性也是他们非常看重的。

（4）补偿性消费动机明显

在子女独立、经济负担减轻之后，部分老年消费者产生了强烈的补偿心理，试图满足自己过去因条件限制未能实现的消费愿望。他们对美容美发、穿着打扮、营养食品、健身娱乐、旅游观光等同青年人一样有着强烈的消费欲望。同时，由于需求结构的变化，老年消费者在穿着及其他方面的支出大幅减少，在兴趣爱好方面的支出明显增加。随着现代观念的逐步确立，老年人希望自己的晚年生活能够丰富多彩，因而在文化娱乐方面也舍得花钱。例如，他们会去老年大学学习，参加旅行社的集体出游活动等。

（5）需求结构侧重健康和保健

随着生理机能的衰退，老年消费者对保健食品和健康用品的需求大幅增加。老年人由于年龄原因，身体大多会出现问题，因此，他们更关注健康问题，对保健品、药品以及家用医疗仪器等产品的需求大。例如，老年人由于年龄原因，味觉、嗅觉和消化功能等都有所退化，他们普遍喜欢食用松软、易消化、富含营养的食物。此外，他们对养老院、社区中的家庭病床、为老年人提供健康咨询和定期体检的社会机构、专为老年人交流与娱乐提供服务的社区活动站等也有需求。

（二）不同性别消费群体的消费心理及行为

1. 女性消费行为的特点

（1）有专属的消费品及服务

女性的生理特点决定了其会购买与男性不同的消费品及服务，例如生理期用品，女性特征鲜明的化妆品、服装、美发服务、美容服务等。

（2）女性是大多数购买活动的行为主体

受文化与习惯的影响，我国消费市场的大多数购买决策往往由女性做出，尤其是随着电商的兴起，女性作为消费主力军的地位更加突出——有网络购物行为的女性消费者不仅在数量上多于男性，并且女性网络购物的频率相比男性也更高。女性消费者在购买活动中起着特殊的作用，她们不仅为自己购买所需的产品，而且是大多数儿童用品、男性用品、家庭用品、老人用品的主要购买者。

（3）追求美观时髦

俗话说，“爱美之心，人皆有之”，对于女性消费者来说，更是如此。不论是青年女性，还是中老年女性，她们都愿意将自己打扮得美丽一些，充分展现女性魅力。尽管不同年龄层次的女性具有不同的消费心理，但是她们在购买某种产品时，尤其是服装、护肤品时，首先想到的几乎都是这种产品能否展现自己的美，能否提升自己的形象，使自己显得更加年轻和富有魅力。女性消费者还非常注重产品的外观，将外观与产品的质量、价格当作同样重要的因素来看待，因此在挑选产品时，她们会非常注重产品的色彩、样式，往往喜欢造型别致新颖、包装精致的产品。越来越多的女性在消费中更加注重对时尚的追求，如购买服装、箱包等产品时喜欢追逐潮流。

（4）非理性消费比较多

女性消费者需求比较广泛，购买欲强，购物目的又往往不够明确，决策偏感性，易冲动，消费行为容易受到情感的驱动，做出计划外的购物行为。同时，女性消费者的购物行为也极易受到外界刺激。例如，促销、打折、赠送礼物、赠送积分等活动，经常促使她们购买一些计划外的产品。从电商平台统计的高退货率可以看出，女性消费者容易因一时冲动购买产品，非理性消费比较多。

（5）精打细算，更多地参考别人的意见

一般来说，女性消费者不仅对时尚的敏感程度高于男性消费者，而且对价格的敏感程度也远远高于男性消费者。女性消费者在购买过程中比较细心、谨慎，对细节较为苛求，常常乐于货比三家，力求付出较少的钱买到满意、称心的产品。而在购买过程中，女性消费者通常会更多地参考别人的意见。

（6）自尊心强，炫耀消费多

部分女性消费者之所以购买某些产品，除了满足基本需要之外，还有可能是为了向别人炫耀。在这种心理的驱使下，有些女性消费者会追求高档产品，而不注重产品的实用性。只要产品能显示自己的身份或地位，她们就会乐意购买。

（7）更乐于分享

近年来出现的社交平台的分享功能满足了部分女性消费者的炫耀心理和分享心理。知乎、小红书、淘宝等平台，都涉及女性穿搭推荐、居家消费分享等内容，并提供了图文、视频等分享方式，这些平台受到部分女性消费者的喜爱。

鉴于女性消费者在消费领域的重要地位，商家应针对女性消费者心理与行为特点制订市场营销策略。例如，产品的款式要新颖时尚，注重细节，突出实用性和便利性；广告宣传要激发女性消费者的情感共鸣；现场促销应注意语言的规范性，尊重女性消费者，以赢得她们的好感。

2. 男性消费行为的特点

（1）有专属的消费品及服务

男性的生理特点决定了其会购买与自身相关的消费品及服务，如剃须用的刀具，以及男性特征鲜明的西装、皮带等。

（2）理性消费，较有主见

一般来说，男性消费者购物目的明确，决策比较理性，重视产品的性能和品质，购买时做决定较为迅速，较有主见，一般不会过多地考虑他人的看法。

（3）少挑剔，习惯性购买多

男性消费者追求快捷、简单的购物过程，习惯性购买比较多，不喜欢花较多的时间在同类产品之间反复比较和权衡，因此他们选购产品的范围较窄。男性消费者在购买产品时一般只是询问大概情况，对某些细节不予过分关注，即使买到有瑕疵的产品，只要问题不大，一般情况下他们也不会退换货。

（4）消费偏好随着年龄的增长而表现出差异

年轻男性的主要消费支出集中于体育、电子、游戏，中年男性的消费偏好会更多地向汽车、旅游、腕表等高端消费品领域转移，老年男性的保健与养生消费通常比较多。

三、参照群体与消费心理及行为

参照群体实际上是个体在形成购买或消费决策时，用来作为参照、比较的个人或群体。与从行为科学领域借用的其他概念一样，参照群体的含义也随着时代的变化而发生变化。参照群体最初是指与家庭、朋友等个体有直接互动的群体，但现在它不仅包括这些具有互动基础的群体，而且涵盖与个体没有直接接触但对个体行为产生影响的个人和群体。

（一）参照群体的分类

参照群体包括成员群体和非成员群体。成员群体指个人是其成员的参照群体；非成员群体指个人不是其成员的参照群体。非成员群体又包括渴望群体、规避群体和中性群体。渴望群体指消费者想要成为其成员的非成员群体；规避群体指消费者想与之完全划清界限的非成员群体；中性群体指消费者不属于这个群体，既不渴望成为该群体的成员，也不觉得一定要与该群体划清界限。

（二）参照群体的功能

参照群体具有规范和比较两大功能。规范功能体现为参照群体建立一定的行为标准并使个体遵从这一标准，比如受父母的影响，子女在食品的营养标准、如何穿着打扮、到哪些地方购物等方面形成了某些观念和态度。个体在这些方面所受的影响对行为具有规范作用。比较功能是指个体把参照群体作为评价自己或别人的标准和出发点，如个体在布置、装修自己的住宅时，可能以邻居或仰慕的某位熟人的家居布置作为参照和仿效对象。

（三）参照群体对消费者的影响

1. 信息选择性影响

信息选择性影响指参照群体的观念、意见、行为被消费者作为有用的信息予以参考，由此这些观念、意见、行为会对消费者产生影响。当消费者对所购产品缺乏专业知识，凭产品外观又难以对产品品质做出判断时，就会从不同渠道获取信息，并将参照群体的态度与自己的态度进行比较，试图通过将自己与参照群体联系起来，或通过将自己与参照群体分离开，来寻求对自己态度和行为的支持。

参照群体对消费者的影响程度取决于被影响的消费者与参照群体成员关系的亲密程度，以及施加影响的参照群体的专业特征。例如，某消费者发现几位朋友都在使用某品牌的护肤品，也决定试用一下，因为该消费者觉得这么多朋友都使用该品牌的护肤品，就意味着该品牌的护肤品一定有其优点和特色。

2. 行为规范性影响

行为规范性影响指参照群体规范会对消费者的行为产生影响。所谓规范，就是参照群体共同接受的一些行为标准。无论何时，只要有参照群体存在，不需要语言沟通，规范就会发挥作用。规范性影响之所以能起作用，是因为参照群体规范除了具有为消费者提供参照框架的作用外，还具有对消费者行为的评价功能。做出符合参照群体规范行为的消费者很可能得到参照群体的接纳和欢迎，而违反参照群体规范的消费者将感受到参照群体成员一致性的压力，遭到参照群体的拒绝和排斥，甚至惩罚，从而在心理上产生对偏离参照群体的恐惧，不得不按照参照群体规范调节自己的行为。从这个角度来讲，改变参照群体规范，就可以改变消费者的行为。

3. 价值表现性影响

价值表现性影响是指群体规范对消费者的价值观产生影响。价值观是参照群体成员共享的关于什么行为合适、什么行为不合适的信念。这种价值观使消费者与参照群体在行为上保持一致性，以证明自己在社会上的地位或身份。这主要来自两方面力量的驱动：一方面，消费者可以利用参照群体来表现自我，提升自我形象；另一方面，名人或公众人物类参照群体，对消费者尤其是对崇拜他们的消费者具有巨大的影响力和感召力。研究发现，用名人做支持的广告比不用名人做支持的广告，评价更正面和积极。这一点在青少年群体中体现得尤为明显。

（四）决定参照群体影响强度的因素

参照群体对消费者购买决策会产生重要的影响，但是不同的消费者受参照群体影响的程度又有很大的差异。决定参照群体影响强度的因素体现在以下几个方面。

1. 产品的必需程度

产品的必需程度越高，参照群体对产品的选择的影响力就越弱；反之亦然。对于日用品、食品等经常消费的产品，消费者非常熟悉且已经形成了购买习惯，因此参照群体的影响力相对较小。对于非必需品或者奢侈品，消费者受参照群体的影响相对较大。

2. 产品的相关性

产品与群体的相关性是指他人对这种产品的认识程度，即产品是公众的还是私人的。公众产品是指当拥有和使用时能够引起别人重视的产品，也就是产品的可见性高；私人产品是指那些在家里使用，别人无法注意到的产品，也就是说产品的可见性低。可见性高，参照群体的影响力就强；反之，影响力就有限。

3. 产品的生命周期

当产品处于导入期时，消费者的产品购买决策受参照群体影响很大，但品牌决策受参照群体影响较小。在产品成长期，参照群体对产品及品牌选择的影响都很大。在产品成熟期，参照群体的影响在品牌选择上大，但在产品选择上小。在产品衰退期，参照群体的影响在产品和品牌选择上都比较小。

4. 个体对参照群体的忠诚程度

个体对参照群体越忠诚，他就越可能遵守参照群体的规范。例如，当参加一个渴望群体的晚宴时，在衣服选择上，我们可能更多地考虑群体的期望，但在参加无关紧要的群体晚宴时，这种考虑可能就少得多。有研究发现，那些强烈认同西班牙文化的拉美裔美国人，相比那些只微弱地认同该文化的消费者，更多地从规范和价值表现两个层面受到来自西班牙文化的影响。

5. 个体在购买中的自信程度

研究表明，个体在购买电视、汽车、家用空调、保险产品、冰箱、媒体服务、书籍、衣服和家具时，最易受参照群体影响。这些产品，如保险产品和媒体服务的消费，既非可见，又同群体功能没有太大关系，但是它们对于个体很重要，而大多数人对它们又只拥有有限的知识与信息。这样，参照群体的影响力就由于个人在购买这些产品时信心不足而强大起来。除了购买时的自信心，有证据表明，不同个体受参照群体影响的程度也是不同的。

（五）参照群体在市场营销实践中的运用

1. 名人效应

名人或公众人物对受众往往具有巨大的影响力和感召力。例如，某些美容美发产品邀请明星来代言，容易对消费者产生巨大的吸引力。运用名人效应的方式多种多样，如可以请名人作为产品或品牌的代言人，即将名人与产品或品牌联系起来，使其在媒体上频繁亮相，也可以请名人做证词广告，即在广告中引用名人的使用体验，介绍名人与产品之间的故事，还可以采用将名人的名字和推荐语放在产品包装上等做法。

2. 专家效应

专家是指在某一专业领域受过专门训练，具有专门知识、经验和特长的人，如医生、律师、营养学家等，他们均是各自领域的专家。专家所具有的丰富知识和经验，使其在介绍、推荐产品与服务时较一般人更具权威性，从而产生专家所特有的公信力和影响力。引用专家在实验室获得的实验数据与结果，比聘请专家在广告中直接赞扬企业的产品更具有公信力。例如，一些艺术培训机构聘请一些专家进行宣传，由于他们特殊的身份，消费者很容易接受他们的讲解，受到他们宣传内容的影响，进而产生消费行为。

3. 普通人效应

普通人效应即运用满意消费者的证词来宣传企业的产品，是广告中常用的方法之一。满意消费者也是普通消费者，容易使人感到亲近，也能使广告诉求更容易地激发目标消费者的共鸣。由于贴近消费者，反映了普通消费者的现实生活，因此，普通人证词广告可能更容易获得认可。例如，舒肤佳香皂以“除菌”为品牌核心竞争力，聚焦家庭这个目标群体，通过孩子踢球等场景设定，告知消费者在生活中易接触大量细菌，以及杀菌除菌的急迫性。广告中的普通人生活场景非常亲切、常见，很容易激发目标消费者的购买欲望。

自学自测

一、判断题

1. 少年儿童消费群体在自我意识方面已经相当成熟，并且经济独立，完全可以自主消费。

2. 老年人购买产品心理惯性强，自尊心也强，但更容易上当受骗。

3. 可见性低的产品，参照群体的影响力强；可见性高的产品，参照群体的影响力有限。

二、简答题

1. 青年消费者与老年消费者在消费心理上有哪些不同?
2. 简述女性消费者的消费心理特征。
3. 决定参照群体影响强度的因素有哪些?
4. 参照群体对消费者的影响方式有哪几种?

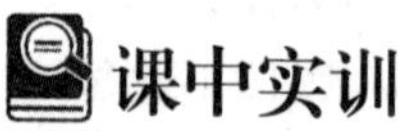

课中实训

实训准备

一、实训目标

本次实训聚焦消费群体与消费者心理及行为，通过进行消费群体划分、选择参照群体等任务，学生能够掌握消费群体与消费心理及行为的相关知识。学生以小组为单位完成实训。

二、实训项目

根据实训资料《揭秘小米：定位与目标消费群体解析》，分析在移动互联网时代如何认知消费群体心理及行为。

三、实训步骤

(1) 结合课前准备的内容，整合消费群体与消费者心理及行为的相关知识。

(2) 实训可采用“线上+线下”的综合学习方式，学生以小组为单位协同合作，运用网络调研和头脑风暴法，共同完成实训任务。

(3) 将实训成果整理到表格中，或者将实训成果以思维导图的形式展现。

四、实训资料

揭秘小米：定位与目标消费群体解析

小米科技有限责任公司（简称小米）成立于2010年3月3日，是专注于智能硬件、电子产品、芯片研发、智能手机、智能电动汽车、通信、金融、互联网电视及智能家居生态链建设的全球化移动互联网企业、创新型科技企业。小米创造了用互联网模式开发手机操作系统、发烧友参与开发改进的模式。“为发烧而生”是小米的产品概念。“让每个人都能享受科技的乐趣”是小米公司的愿景。

自成立起，小米就以极致性价比作为核心竞争力，为消费者提供物美价廉的产品。通过简化产品功能、优化供应链和利用互联网销售，小米为众多消费者提供了低成本高品质的产品。这种高性价比战略吸引了对价格敏感、追求实用性和性价比的消费者群体。

小米始终以用户需求为导向，致力于打造良好的用户体验。通过倾听用户反馈、进行广泛的调研和持续的迭代更新，小米产品满足了用户在外观、功能和交互方面的核心需求。这种用户至上的理念赢得了消费者的认可和忠诚。

小米拥有强大的互联网基因，具备敏捷开发、快速迭代和生态系统构建能力。通过与互联网巨头和制造商合作，小米构建了一个庞大的生态系统，提供各种智能设备、软件和服务。这种互联网基因赋予了小米快速创新和满足不同消费者需求的能力。

小米构建了一个完整的生态系统，涵盖智能手机、智能家居、可穿戴设备和互联网服务等。通过互联和协同工作，小米为用户提供了便捷、智能和个性化的体验。这种生态系统战略巩固了小米在消费者心中的品牌定位。

小米采用了线上线下融合的销售模式，通过小米商城、天猫店和线下零售店等渠道覆盖广泛的消费者群体。小米商城和天猫店提供便捷的在线购物体验，而线下零售店则为消费者提供实物体验和售后服务。这种渠道创新满足了不同消费者的需求。

小米通过品牌建设塑造了年轻、时尚和充满科技感的品牌形象。小米产品的设计简约时尚，迎合了年轻消费者的审美需求。小米大力推广技术创新和智能生活方式，打造了有科技感、时尚的品牌形象。这种品牌建设提升了小米在消费者心中的地位。

总的来说，小米的成功离不开其精准的目标消费群体定位和差异化价值主张。通过极致性价比、极致用户体验、互联网基因、生态系统构建、渠道创新和品牌建设，小米聚焦对价格敏感、追求实用性和科技感、喜欢智能互联体验的消费群体。这种精准的定位和差异化的价值主张，为小米赢得了忠诚的用户群体，并推动小米品牌持续发展。

资料来源：《揭秘小米：定位与目标消费群体解析》（http://www.zhihoo.net/sjsmbjy/137060.html），有改动。

实训　分析消费群体

任务1　明确消费群体

任务描述：

请你根据实训资料，并在网络上自行查阅相关资料，分析小米产品消费群体的主要特征。

任务2　形成营销方案

任务描述：

请你根据小米产品消费群体的主要特征，为一款小米产品制订一套行之有效的营销方案。

实训项目评价

学生技能自评表

序号	技能自评	达成	未达成
1	掌握消费群体的概念		
2	掌握消费群体与消费者心理及行为之间的联系		
3	能够划分消费群体，进行消费群体行为特征调研		
4	掌握参照群体的概念		
5	会利用参照群体的影响力制订营销方案		

学生素质自评表

序号	素质自评	具体指标	达成	未达成
1	自我学习能力	能够借助网络资源进行自主学习		
2	协作精神	能够与团队成员合作和讨论，共同完成实训任务		
3	创新意识	具备创新思维，别出心裁		

课后提升

聚焦三大消费人群，
洞察消费者新变化

项目六　外部环境与消费者心理及行为

学习目标

1. 知识目标

（1）掌握文化、亚文化、中国传统文化影响消费者心理的途径和方法；

（2）了解家庭环境如何影响消费者的心理；

（3）掌握不同家庭生命周期的消费特点；

（4）掌握家庭购买决策的类型；

（5）掌握线下购物环境影响消费者心理的途径和方法；

（6）掌握线上购物环境影响消费者心理的途径和方法。

2. 能力目标

（1）能够根据所处不同文化的消费者的特点，开展相应的市场营销活动；

（2）能够针对处于不同生命周期的家庭开展相应的市场营销活动；

（3）能够根据消费者心理，营造促进消费的线上、线下购物环境。

3. 素养目标

（1）具备消费者购买决策活动的分析能力，提高营销意识、服务意识、客户意识；

（2）诚实守信，具有较强的执行能力和时间节点意识；

（3）坚定文化自信，使命担当；

（4）具备正确的营销理念，能够合理调动消费者的积极性，科学引导消费群体的购买行为。

项目重点和难点

在经济全球化不断发展的今天，商家在确定市场营销策略时必须考虑诸如社会文化、社会阶层及社会流行等影响消费者行为的外部环境因素。了解各种外部环境因素对消费者行为的影响是商家进行成功营销的前提。本项目的重点在于掌握文化、亚文化、中国传统文化影响消费者心理的途径和方法，理解家庭对消费者心理及行为的影响；本项目的难点是掌握线下、线上购物环境影响消费心理的途径和方法。

内容架构

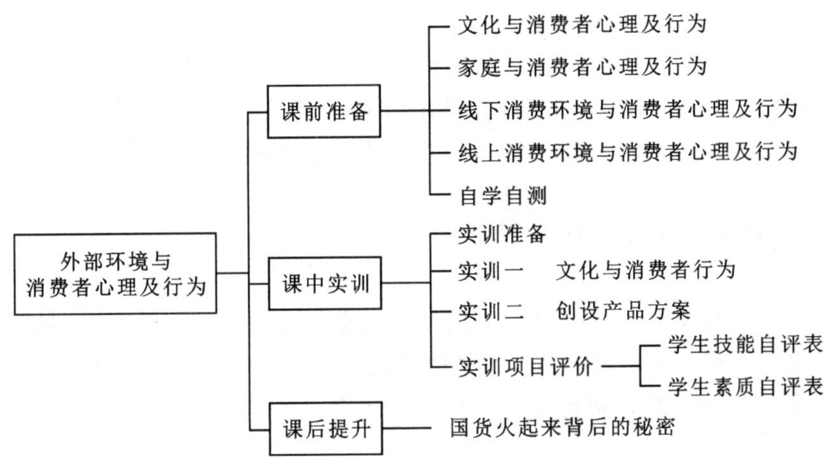

导入情境

消费一头连着生产发展，一头连着民生福祉，是畅通国内大循环的重要引擎，也是增强人民群众获得感、幸福感、安全感的重要内容。

那么，如何进一步激发消费潜能？2024年，政府工作报告提出，从增加收入、优化供给、减少限制性措施等方面综合施策，激发消费潜能。一是增加居民收入，提升消费能力。收入是决定消费的首要因素，居民可支配收入提升才能提高消费能力。不断稳定和扩大就业、促进居民增收致富，才能进一步提高消费能力和消费意愿，释放消费潜力。二是以高品质供给创造新需求。2023年11月，文化和旅游部印发《国内旅游提升计划（2023—2025年）》，围绕丰富优质旅游供给、改善旅游消费体验、支持经营主体转型升级等提出30项主要任务。商务部将2024年确定为“消费促进年”，在推动出台系列扩内需、促消费政策措施的同时，指导各地因地制宜举办形式多样的消费促进活动。三是打通影响消费的堵点卡点。农村是重要的消费市场和要素市场，建设双向顺畅的农村流通网络，对激活农村内需、畅通城乡经济循环具有重要意义。①

① 资料来源：《进一步激发消费潜能》（https：//www.gov.cn/yaowen/liebiao/2024 03/content_6938522.htm），有改动。

课前准备

一、文化与消费者心理及行为

“现代营销学之父”菲利普·科特勒（Philip Kotler）曾经说过，文化是影响人的欲望和行为的基本决定因素，对消费者行为的影响最为广泛和深刻。文化具有一种强大的力量，不仅塑造我们身边的物品、建筑和食物的形态，而且影响我们如何解释自我、自然和社会，决定我们购买什么，受到什么广告的影响以及被哪些品牌吸引。

（一）文化的含义和特点

文化有广义和狭义之分。广义的文化是指人类创造的一切物质财富和精神财富的总和。狭义的文化是指人类在精神活动中创造的成果，如科学、艺术、哲学、道德、风俗、法律等。在研究消费者心理和行为时，我们所谈论的文化通常是指狭义的文化。总结起来，文化具有以下特点。

1. 共享性

共享性是指文化不是个人现象，而是集体现象，即文化由特定社会群体的成员共享。假如一种观念或行为方式只由某个体拥有，我们就不能称之为文化，而称之为个性或习惯。例如，一个人喜欢摇滚音乐，这不足以成为文化现象，只有当摇滚音乐在社会上流行起来，并被众多人喜欢，才能形成摇滚文化。

从这一方面来看，文化是社会成员联系在一起的群体习俗，处于同一文化下的人们往往有着相同的价值观、信念和生活方式。

2. 习得性

文化并非与生俱来，而是可以习得的。我们从小就生活在某种社会环境中，并从中习得了一系列的信念、价值和风俗。

文化的习得性主要分为两种类型：文化继承和文化移入。

文化继承是指继承本民族或群体历史积淀下来的价值观、风俗、习惯等，包括受到父母教育和言行举止的影响而形成与之相似的观念，也包括学校正规教育中推崇的或者一直被社会群体接受的价值观。例如，儒家文化在中国传统文化中占据主流地位，影响深远。受儒家文化的影响，中庸、谦恭、礼让等文化内涵成为重要的民族文化形态。我们自幼被长辈教导要学会谦恭礼让，在学校中这样做的学生会受到教师和同学们的赞扬，并且教师也一直在课堂上传授这种思想，所以在这种环境中长大的学生会逐渐具备这种素质。

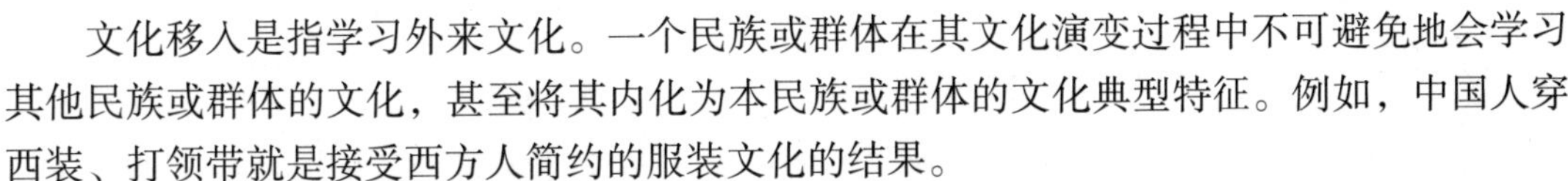

文化移入是指学习外来文化。一个民族或群体在其文化演变过程中不可避免地会学习其他民族或群体的文化，甚至将其内化为本民族或群体的文化典型特征。例如，中国人穿西装、打领带就是接受西方人简约的服装文化的结果。

3. 系统性

文化系统中存在不同的要素，既有物质文化，也有精神文化，这些要素之间并非互相独立的，而是相互联系、共同变化的。例如，随着市场经济的快速发展，物质越来越丰富，这是物质文化层面的变化。同时，人们的消费观念也在发生巨大的变化，人们越来越懂得享受物质带来的快乐，更加看重通过消费来表达个性和喜好，这是精神文化层面的变化。当然，这一特点也体现了文化的动态性，也就是说，文化不是一成不变的，而是不断变化的。

4. 无形性

文化对人们行为的影响是自然而然的，它就像一只看不见的手，自动调节着人们的行为。人们根据文化所采取的行动往往被看作理所当然的，只有当我们接触具有不同文化价值观和习惯的人时，我们才能真正体会到文化对行为的巨大影响。

5. 规范性

文化主要通过为个体设置规范，以影响家庭、大众媒体等为手段来发挥其作用。规范源于社会价值观，是对人们在特定情境下是否应当做某些行为所制定的规范，可以防范社会成员发生偏差行为，对其产生某种程度的约束力，一旦其违反规范，就要受到惩罚。例如，中国文化重视家庭和孝道，晚辈如果对长辈做出不敬的行为，就会受到舆论的谴责。

（二）文化价值观

尽管不同文化之间的差异性体现在多个方面，但根本的差异还是文化价值观的差异。文化价值观是指人们形成的一种对具体的行为模式和生活意义的持久信念，它是人们在处理事务的过程中表现出来的一种较稳定的喜好或厌恶态度。文化价值观是人们通过不断学习以及对自身的直接经验和间接经验进行抽象化和概念化处理而逐渐形成的，并且文化价值观一旦形成，便会对个体自身的生活和行为方式产生很大的影响。商家了解目标市场消费者的文化价值观有助于了解消费者与产品之间的关系。

每一种文化都可以用不同的文化价值观来描述，这些价值观导致了消费行为和消费价值观的差异。文化价值观有不同的维度。在这里，笔者主要介绍荷兰心理学家霍夫斯泰德（Geert Hofstede）的文化价值观维度的划分方法。霍夫斯泰德主要从四个维度对不同国家的文化价值观进行分析和比较。

1. 个人主义/集体主义指数

个人主义/集体主义指数主要反映了人们对个人与集体关系的价值取向。强调个人主义的文化具有较高的个人主义/集体主义指数，认为个人奋斗、个人成就或个人利益很重要，它反映了一种以自我为中心的思维，而个人与集体、社会间的关系比较松散。比如，美国、英国、澳大利亚等国家的个人主义/集体主义指数都比较高。集体主义文化具有较低的个人主义/集体主义指数，反映的则是一种以集体为中心的思维，它强调个人利益服从集体利益，强调团队协作的工作方式。在集体主义文化的影响下，人们与社会结成一种强烈、紧密的关系，这种关系会为人们带来安全感和归属感。例如，日本、韩国和大多数阿拉伯国家的个人主义/集体主义指数都较低，它们属于典型的集体主义文化国家。

个人主义/集体主义指数对消费者的决策方式和消费价值判断方式具有重要的意义。在高度集体主义的社会中，人们倾向于生活在大家庭中，注重同事关系，集体归属感较强，人们往往从所属群体中获得身份认同，并忠于该群体。所以，在这样的社会，广告内容应更多地强调诚实和友好。而在个人主义/集体主义指数高的社会，消费者通常会把消费品看作他们自身价值的延伸，因此，商家可以在广告中加入自我表现或自我赞赏的词语。例如，有研究发现，反吸烟广告在高度个人主义的国家和地区应该强调吸烟对个人的危害，而在高度集体主义的国家和地区，强调吸烟对他人的危害则会更有效。

2. 权力距离指数

权力距离指数反映的是人们对等级、特权和不公平的态度，即对一种社会结构中上下级之间的权力不平等状态的容忍度。在权力距离指数高的文化影响下，人们倾向于接受等级制，习惯服从上级的命令，对权力拥有者享有一定特权表示认同。而在权力距离指数低的文化影响下，人们重视公平，反对特权，尊重知识。印度、印度尼西亚等国家的权力距离指数比较高；而德国、英国、美国等国家的权力距离指数较低，不同阶层之间，甚至上下级之间可以直呼其名。

3. 不确定性回避指数

不确定性回避指数反映的是人们对不确定性或风险的态度。此指数高的文化难以容忍不确定性，不鼓励冒险和创新，对新事物往往持怀疑的态度，并且其成员较为关注安全感和行为的规范性，以规避不确定性。因此，在这种文化的影响下，人们会拘泥于过去习惯了的行为规范，这些行为规范最终会转化为不可违反的行为准则。

此外，在不确定性回避指数高的文化的影响下，人们往往崇拜权威，并回避风险。相反，在不确定性回避指数低的文化的影响下，人们易于接受新事物、新观念，并且乐于冒险和创新。根据霍夫斯泰德的调查，法国、德国等国家的不确定性回避指数相对较高。在这些国家，人们习惯于在规范、制度下按部就班地生活、工作。而美国、英国等国家的不确定性回避指数则较低，人们喜欢冒险，鼓励创新。

在不确定性回避指数高的社会中的消费者倾向于选择自己熟悉的产品或服务，避免风险，喜欢程序化的生活，因此，市场营销人员的任务就是提供更多关于产品的信息，将消费者不熟知的产品转化为看上去具有吸引力、消费者熟悉的产品。

4. 男性化/女性化指数

男性化/女性化指数反映了某一社会表现出的不同性别特质以及人们对不同性别职能的界定。男性化/女性化指数较高的国家和地区往往会呈现出充满自信、竞争意识强、喜欢自我表现、追逐金钱和社会地位等男性特征。男性化/女性化指数较低的国家和地区，则往往会呈现出关心、友好、谦虚特征，强调性别平等。例如，日本、墨西哥等被认为是男性化/女性化指数较高的国家，男性在社会发展中居支配地位，女性处于从属地位，女性的就业率也相对较低。而瑞典、法国、芬兰等被认为是男性化/女性化指数较低的国家，男女地位相对来说更平等。

在具有不同的男性化/女性化指数的国家和地区，市场营销工作的侧重点应有所差异。例如，在一个男性化/女性化指数较高的社会中，手机广告可以强调手机性能好、功能全、速度快，拥有这款手机可以让人在工作中更出色。相反，在一个男性化/女性化指数较低的社会，手机广告可以突出手机能与亲人、朋友更好地沟通交流的功能。

（三）亚文化与消费者心理及行为

亚文化有各种不同的分类方法，例如人种亚文化、年龄亚文化、生态亚文化、地理亚文化、性别亚文化等。其中，年龄亚文化可以分为青年文化、老年文化等；生态亚文化可以分为城市文化、郊区文化和乡村文化等。由于亚文化是直接作用或影响人们生存的社会心理环境，其影响力往往比主文化更大。它能赋予人一种可以辨别的身份和属于某一群体或集体的特殊精神风貌和气质。不同的亚文化群体有着不同的消费特点。

1. 性别亚文化

几乎所有社会都会把某些特征与角色分配给男性，而把另外一些特征与角色分配给女性，如男性要养家糊口，女性要操持家务、照料孩子。社会上有很多消费品都与性别有关，如男性的剃须刀、领带，女性的手镯、化妆品、香水。当然，也有一些产品的性别诉求概念越来越模糊，如男性越来越多地使用香水。

2. 年龄亚文化

不同年龄阶段的人有着不同的价值观，以及对产品的不同偏好。生活中，我们会发现，我们喜欢听的歌曲、喜欢看的电视节目、穿衣风格与父母截然不同。很显然，一个人在从处处依赖他人的小孩成长为一个退休老人的过程中，他对特定类型的产品或者服务的选择也在不断地发生着重大变化。

3. 地理亚文化

地理环境是人们物质文化生活的必要条件之一。地处山区与平原、沿海与内地、热带与寒带的民族在生活方式上存在的差异是显而易见的，如在我国，江浙一带的人们以大米为主食，东北一带的人们以面粉为主食；湖南人、四川人爱吃辣，上海人、南京人爱吃甜，新疆人喜欢羊肉抓饭，西藏人爱喝酥油奶茶。就早餐而言，不同地区的人们爱好显著不同，如南方人喝粥，北方人吃烙饼，中部地区的人们吃锅贴、面窝，西部地区的人们吃拉面。

4. 宗教亚文化

随着人类历史的发展，宗教在不同民族里经历了极为不同和极为复杂的人格化过程，这是一种有始有终的社会历史现象。有着不同的宗教信仰（如佛教、天主教、伊斯兰教等）和宗教感情的人们，就有不同的文化倾向和戒律，存在着不同的信仰性消费习俗和禁忌性消费习俗。

5. 民族亚文化

我们可以将处于同一社会文化影响下的不同民族分为若干文化群，如中国有汉族、回族、藏族、蒙古族等亚文化群；美国有爱尔兰人、波多黎各人、波兰人、华人等亚文化群。民族亚文化可以影响消费行为，如东西方民族的生活习惯、价值观念等就大相径庭。美国人强调个人的价值、个人的需要、个人的权利，在消费行为上喜欢标新立异，很少考虑别人的评价。中国人有强烈的集体主义精神，习惯调节自身以适应社会，在消费行为上常常考虑社会习惯标准以及别人怎么看待自己、评价自己。我国拥有56个民族，各民族都有自己的社会政治和经济发展历史，有自己的民俗民风和语言文字等，由此形成了各民族独具特色的消费行为。

6. 种族亚文化

种族亚文化亦称人种亚文化，如白种人、黄种人、黑种人等。人种是世界人类种族的简称，是指人类在一定的区域内，在历史上所形成的、在体质上具有某些共同遗传性状（包括肤色、发色、发型、身高、头型、鼻型、血型等）的人群。各色人种有发色、肤色、眼色的不同，有体型、眼、鼻、唇的差异，这些都会对消费行为产生影响。在我国，随着改革开放的深入，外国人来中国旅游或者工作、学习的情况越来越多，种族逐渐成为市场营销活动中不可忽视的重要因素。

（四）中国传统文化与消费者心理及行为

文化作为重要的宏观环境因素，对消费者行为、对商家的影响都是广泛而深远的。下面笔者结合中国传统文化的特点，讨论传统文化对消费者购买行为的影响。

1. 以“根”为本的文化

自古以来，中国人就有重家、重族、重国的文化传统，生命血统的延续是大事。根文化深植于中国人的心灵深处，影响着人们消费的方方面面，产生了中国人独特的根消费现象。中国人重视教育消费（对下一代）、祭祖消费（对上一代）、仪式消费（婚丧嫁娶、乔迁新居、升学就业）、节庆消费（春节、中秋节）等，都是典型的根消费现象。

2. “和”文化

中国人认为人类是自然的一部分，人与自然是和谐的关系。受中国古代自然崇拜、天地崇拜的影响，中国人注重和谐与统一，并努力顺其自然，与身处的环境保持和谐。在消费行为方面，很多中国消费者喜欢新鲜的、原汁原味的食物，这也是这种文化对消费者行为产生影响的一种体现。在产品的包装及其文化背景方面，也要体现和谐与统一。商家应将此精神融入产品的设计，使其既能满足人们的需求，又能体现出中国文化中的人文精神。

3. 关系主义文化

中国是一个关系导向的社会，关系文化是中国特色文化之一，被视为了解中国消费者行为的核心概念。在关系主义文化条件下，消费者的消费行为往往不是单纯的经济利益方面的考量，还有人情往来、互惠交换、面子问题等微妙复杂的方面。消费者的购买行为往往不仅是一次经济交易，而且是一种社会互动和关系交往。中国文化一向看重人情往来，中国向来有“礼仪之邦”的美称，送礼是普遍存在的现象，它存在于不同时代的各个时期、各个地区，是人们互相传递感情、表达愿望的一种必不可少的手段。中国人送礼注重包装、内容和价格，认为这些能显示出送礼人的诚意。

4. “面子”文化

中国人很注重“面子”，“面子”在中国人的消费行为中起了很大的作用。对于中国人来说，社会地位不仅意味着成就，而且是一个人及其家庭、亲属占有一定社会地位的标志。因此，中国人往往通过以强化别人眼中自己的形象为购买动机的消费，来维护自己的“面子”和自身的社会地位。

5. 安土乐天文化

中国文化富于安土乐天的情趣，不像西方文化那样追求冒险和刺激。在消费行为上，主要体现为消费者对于时兴的、不确定的、非传统的产品或购买渠道都非常谨慎。不愿意尝试和冒险是中国消费者的显著特点。中国文化一向比较崇尚怀旧，对故乡的眷念、对往事的回忆、对先人的缅怀在中国文化中比较突出。在消费上，一个明显的表现就是近年来在很多商圈中出现的怀旧店铺。这些店铺以80后、90后为主要目标消费者，售卖许多人在童年时代吃过的零食和玩过的玩具。有消费者表示，进入这样的店铺，他就想

知识链接 6-1
“国潮”消费热彰显文化自信

起儿时放学在校门口小摊前驻足的时光，这些零食和玩具为他带来了强烈的幸福感和满足感。

二、家庭与消费者心理及行为

对大多数产品或服务来说，家庭是基本的消费单位。住房、汽车和一些大型家用电器等产品，大多是被家庭消费的。家庭是消费者个人归属的最基本团体，对消费者的购买模式具有很大的影响。一个人从父母那里学习了许多日常消费的习惯，即使在长大以后，父母的消费模式和消费习惯对其仍然有明显的影响。

（一）家庭的类型

家庭的类型包括以下几种。

一是配偶家庭，即只有一对夫妻而没有子女的家庭。

二是核心家庭，即由夫妻双方及其未婚子女组成的家庭，比如现在比较常见的三口之家、四口之家。

三是扩展家庭，即由核心家庭成员和其他亲属组成的大家庭，比如四世同堂。

四是其他类型，比如单亲家庭、宠物相伴家庭等。

在不同的文化下，甚至同一文化下的不同地区，占支配地位的家庭类型是有差别的，比如，比利时是世界离婚率最高的国家，所以单亲家庭占多数，而在我国，核心家庭和扩展家庭较为常见。

（二）家庭的功能

1. 家庭的经济功能

家庭的经济功能包括家庭中的生产、分配、交换、消费，是家庭其他功能的物质基础。家庭要满足家庭中每一个成员的衣、食、住、行等需要，因此有工作能力的成员需要工作赚钱，以维持家中的开销。在原始社会中，家庭既是一个消费单位，又是一个生产单位，发挥着重要的经济功能。在市场经济条件下，家庭的经济功能中的生产功能有所削弱，但并不是说家庭已不具备经济功能，它仍要通过其他方式，如参加工作等，为每一个家庭成员提供生活福利和保障。因此，经济功能依然是家庭的一项主要功能。在过去，男性是生产中的主要劳动者，也是家庭的主要经济来源，因此，他们在家庭中占有主导性地位。而现在，越来越多的女性走进职场，她们对家庭所做的经济贡献也不容忽视，因此，她们在家庭中的地位也在不断提升。

家庭是一个基本的消费单位，它可以在某段时间里把家庭成员贡献的大部分经济资源集中起来，为了家庭成员的共同利益或主要为了某一个家庭成员的利益而使用这部分经济

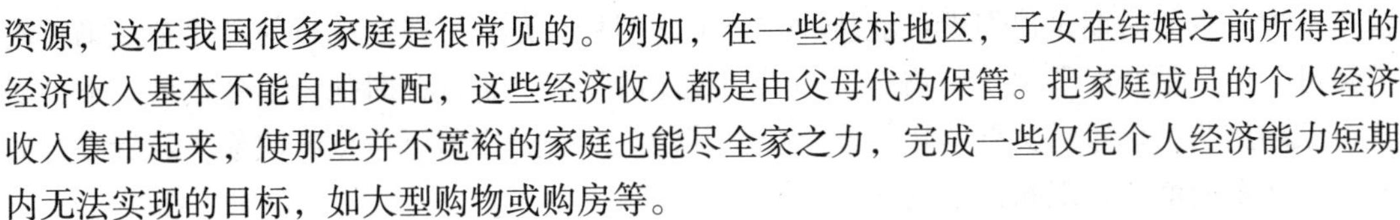

资源，这在我国很多家庭是很常见的。例如，在一些农村地区，子女在结婚之前所得到的经济收入基本不能自由支配，这些经济收入都是由父母代为保管。把家庭成员的个人经济收入集中起来，使那些并不宽裕的家庭也能尽全家之力，完成一些仅凭个人经济能力短期内无法实现的目标，如大型购物或购房等。

2. 家庭的情感沟通功能

家庭是思想、情感沟通最充分、最真实、最便利的场所。一个人在工作、生活、情感等方面遇到困难和挫折，家庭成员能够给予其充分的安慰、鼓励和帮助，使其对家庭有较强的归属感。家庭成员之间的亲密交往和真实情感，是以血缘关系和亲缘关系为坚实基础的。当前，社会竞争日益激烈，人们对于获得家庭的关爱、鼓励和帮助有更为强烈的需求。但是，由于生活节奏的加快和大多数家庭夫妻双方均参加工作，家庭成员之间用于情感沟通的时间越发显得宝贵。在一些家庭中，父母与孩子之间常常因缺乏时间沟通而导致情感关系较为紧张。因此，一些能够有利于增强家庭成员之间情感交流，能够缓解因情感交流不畅而导致的不安、迁就等情绪的产品或服务就受到了消费者的欢迎。

3. 家庭的生育、赡养与抚养功能

生、老、病、死是人的一生必经的阶段，有生必有死，所以生育功能也是家庭功能中的一项。它是指男女双方经过公开仪式，达到法定年龄而结婚、生儿育女。对于父母来说，未成年儿童需要抚养；对于子女来说，年老的父母需要赡养；家庭成员受到伤害，需要其他成员给予照顾。抚养未成年家庭成员，赡养年老的家庭成员和照顾丧失劳动能力的家庭成员，这是人类基本的生存和繁衍的需要。当子女还不具备独立生活能力的时候，父母有抚养他们的责任和义务，否则他们就无法生存下来，人类社会也就难以延续。当父母年纪大了，也会丧失劳动能力和独立生活的能力，这时子女也有赡养老人的责任和义务。随着国家社会保障制度的不断完善，社会将会部分地代替家庭承担一定的赡养与抚养功能，但它不可能完全承担家庭的赡养与抚养功能。

4. 家庭的教育功能

家庭成员的教育特别是未成年儿童的教育，是家庭的主要或核心功能。消费者从刚出生时的一无所知，到其世界观、人生观、价值观和行为模式的逐渐形成和稳定，这一过程大部分是在家庭通过家庭成员尤其是父母的言传身教完成的。消费者在儿童时期通过接受父母的教育，或通过模仿父母的行为，获得待人接物、适应社会的各种观念和技巧。消费者在儿童时期所习得的行为、观念，对消费者的一生都将产生较为深远的影响。就这个意义来说，家庭所履行的教育功能，对消费者的成长和各种观念的形成是非常关键的。

家庭发挥教育功能的一个重要内容，是把儿童放在消费者的立场对其进行社会化教育，即教育儿童如何获得作为消费者所必需的技能、知识和态度。国外一些专家和学者研究发现，学龄前儿童主要通过观察其父母或家庭其他成员的行为理解有关的消费规范，但当孩子进入少年时期，他们更可能从朋友身上学习什么是可以接受的行为。儿童从第一次与父母上街，就开始了关于购物知识和购物技能的学习。也许此时他还不会说话，不会表达自己的想法，但跟随父母购物的体验会在其幼小的心灵中留下深刻的印象。随着心智的成长，儿童的消费知识和技能也会逐步增长。

家庭的教育功能并不是仅仅针对未成年儿童，很多成年人同样需要从家庭获得教育。例如，新婚夫妇建立起单独的家庭，就要学习如何相互协调、相互妥协，才能使家庭生活过得美满幸福，这也是家庭的教育功能的一部分。同样，当一对夫妇逐步进入退休年龄，他们也会面临很多需要学习的新知识。因此，很多人认为，家庭教育过程始于儿童期，基本上贯穿于消费者的一生。

（三）家庭的生命周期

1. 家庭生命周期的概念

家庭生命周期是反映一个家庭从组建到解体、呈运动过程的概念。美国学者P. C. 格里克（P. C. Glick）于1947年从人口学角度提出了比较完整的家庭生命周期概念，并对一个家庭所经历的各个阶段做了划分。家庭从组建开始，随着时间的推移，会经历一系列不同的阶段。在不同阶段，家庭成员的数量、家庭成员的心理状况与心理需要都具有不同的特点，从而使家庭消费呈现出不同的模式。在家庭消费品购买过程中，不同家庭成员往往扮演着不同的角色，对决策产生的影响也有所不同。

家庭生命周期这个概念综合了人口学中占中心地位的婚姻、生育、死亡等研究课题。由于婚姻、生育、死亡等人口过程都是发生在家庭里的，研究家庭生命周期可以对这些人口过程的机制进行更深入的认识与剖析，避免传统的人口学把婚姻、生育、死亡等人口过程分离开来孤立地进行研究的弊端。家庭生命周期的概念在社会学、人类学、心理学乃至与家庭有关的法学研究中都很有意义。例如，通过对家庭生命周期的分析，可以更好地解释家庭与家庭成员的收入、女性就业、家庭成员之间的关系、家庭耐用消费品的需求、处于不同家庭生命周期的人们心理状况的变化等问题。

家庭生命周期概念对消费者行为的研究虽然非常有用，但也受到了不少批评，原因是不同的个体所经历的家庭生命周期并不相同。另外，由于离婚和再婚等各方面的缘故，同一个体也许会经历几种不同类型的家庭生命周期。虽然如此，很多专家和学者仍然认为用家庭生命周期这个概念来表述人在一生中所经历过的那些可识别的历程或时期具有很重要的价值。

2. 家庭生命周期与消费者行为

根据家庭成员的年龄、婚姻状况、家庭子女的状况，我们可以把消费者的家庭状况划分为不同的生命周期，在不同时期，消费者的行为呈现出不同的主流特性。我们可以发现，在家庭生命周期的不同阶段，家庭的人口结构、年龄结构、关系结构和教育结构等都存在一定的差别。因此，在家庭生命周期的不同阶段，家庭的消费行为也有所不同。

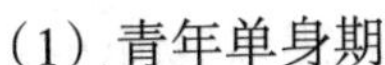

（1）青年单身期

从人们参加工作到结婚这个时期，一般为1—5年。人们在这个时期的经济收入比较低，消费支出较大，是提升自我、投资自己的重要阶段，重点是培养自己未来的获得能力。在财务状况方面，表现为资产较少，可能还有负债（如贷款、父母借款），甚至净资产为负。年轻的单身者约占总人口的10%，他们刚离开校园开始工作。近年来，随着结婚年龄的推迟，这一群体的数量正在逐渐增加。虽然收入不高，但因为没有其他方面的负担，他们通常拥有较多的可自由支配收入。其收入的大部分用于支付房租，购买个人护理用品，以及用于交通、度假等方面。这一群体比较关心时尚，崇尚娱乐和休闲。

（2）新婚期

个体从结婚正式组建家庭到第一个新生儿诞生，一般为1—5年。这一时期是家庭的主要消费期，经济收入增加，生活稳定，家庭已经有了一定的财力。为提高生活质量，往往需要较大的家庭建设支出，如购买一些较高档的家用电器。为了形成共同的生活方式，夫妻双方均需要做出很多调整。一方面，共同决策和分担家庭责任，对新婚夫妇来说是一种全新的体验；另一方面，夫妻双方还会遇到很多以前未曾遇到和从未考虑过的问题，如购买家庭保险产品、进行家庭储蓄等。为建立一个家庭，夫妻双方需要购买很多家用产品，如各种电器、家具、床上用品、厨房设备和用具等。因为缺乏购买这些产品的足够经验，新婚夫妇很可能要征求其他已婚者的意见和建议。这类家庭大部分有双份收入，相对于其他群体来说较为富裕。他们是剧院门票、高档服装、高档家具、餐饮、度假等产品或服务的重要消费者，因此他们对营销者颇有吸引力。

（3）满巢期

从第一个孩子出生，到所有孩子长大成人和离开父母，这一时期被称为满巢期。因为这一阶段持续的时间很长，一般超过20年，所以一些研究人员根据孩子的年龄将它进一步分为满巢期Ⅰ、满巢期Ⅱ、满巢期Ⅲ。

满巢期Ⅰ是指由年幼（6岁以下）的孩子和年轻夫妇组成的家庭。第一个孩子的出生往往会为家庭生活方式和消费方式带来很多变化。处于这一时期的消费者往往需要购买住房和大量的生活必需品，常常感到购买力不足，对新产品感兴趣并且倾向于购买有广告的产品。在西方，夫妻中的一方（通常是女方）会停止工作，在家照看孩子，因此家庭收入会减少。在我国，有祖父母或外祖父母照看孩子的传统和习惯。孩子的出生会带来很多新的需要，从而使家庭负担有所增加。在满巢期Ⅰ，家庭需要购买婴幼儿食品、服装、玩具等很多与孩子有关的产品，同时在度假、用餐和家具布置等方面均要考虑孩子的需要。

满巢期Ⅱ是指最小的孩子在6岁以上的家庭。在这一时期，最小的孩子已超过6岁，多在学校读书，孩子不需要大人在家里照看，家庭经济状况有所好转，已经形成比较稳定的购买习惯，极少受到广告的影响，倾向于购买大规格包装的产品。在我国，这一时期基本上是以孩子为中心。家庭不仅要为孩子准备衣、食、住、行等方面的各种物品，而且要带孩子参加各种社会活动，以提升孩子各方面的能力。

满巢期Ⅲ是指已经上了年纪的夫妇和仍需要抚养的未成年子女组成的家庭。处于这一阶段的消费者，有的孩子已经工作，家庭财务压力相对减轻了，家庭经济状况明显得到改善，消费习惯稳定，可能会购买一些大型的耐用消费品，还有可能会花很多钱用于接受医疗服务、在外用餐等。

（4）空巢期

空巢期可以分为空巢前期和空巢后期。

空巢前期是指子女已经成年并且独立生活，但是父母还在工作的家庭。这一时期，孩子不再依赖父母，也不与父母同住。孩子不在自己的身边，对一些父母来说会导致落寞感，而对另外一些父母来说这可能是一种“新生”和“解脱”。很多父母可以做他们以前想做但由于孩子的牵累而无法做的一些事情，如继续接受教育、培养新的爱好、夫妻一同外出旅游等。处于这一阶段的消费者经济状况最好，可能购买娱乐品和奢侈品，对新产品不感兴趣，也很少受到广告的影响。

空巢后期是指子女独立生活、父母退休的家庭。处于这一时期的消费者收入大幅度减少，消费更趋谨慎，倾向于购买有益健康的产品。由于很多人是在身体很好的情况下退休的，并且退休后可自由支配的时间比较充裕，所以不少老年消费者开始追求新的爱好和兴趣，如参加老年人俱乐部、去老年大学继续学习等。这一时期，家庭支出更多地侧重于健康类产品或服务。

（5）鳏寡期

处于鳏寡期的家庭指的是夫妻中的一方去世后所形成的家庭。在这一时期，如果在世的一方身体尚好，有工作或有足够的储蓄，并有朋友和亲戚的支持和关照，家庭生活的调整就比较容易。由于收入来源减少，在世的一方过上了一种更加节俭的生活，消费量减少，家庭消费多集中于生活必需品和医疗用品的消费。

（四）家庭购买决策类型

家庭购买决策是指由两个或两个以上家庭成员直接或间接做出购买决策的过程。家庭购买决策过程，属于一种集体决策过程，在很多方面与个人独立做出决策存在一定的差异。如在很多购买活动中，成年人与儿童考虑的购买目的、产品特点以及对产品信息的处理方式是不同的，因此他们共同做出的购买决策可能与他们各自单独做出的购买决策大相径庭。

家庭购买决策与组织购买决策虽然都属于集体决策，但它们之间存在很大的不同。家庭购买决策不像组织购买决策那样具有较为客观的标准（如利润最大化等）和明确、整体的目标。另外，大多数家庭购买活动会直接影响家庭中的每个成员，而组织购买决策对那些没有参与购买活动的组织成员影响较小。

家庭对于不同产品的购买，其购买决策是以什么方式做出的，哪些成员在购买决策中具有较强的影响力，是家庭购买决策研究中的重要问题。戴维斯（H. Davis）等人在比利时做的一项研究归纳了家庭购买决策的四种方式。

一是妻子主导型，即家庭在购买决策活动中，最终决策权掌握在妻子手中。

二是丈夫主导型，即家庭在购买决策活动中，最终决策权掌握在丈夫手中。

三是自主型，即每个家庭成员在购买决策活动中，都有权相对独立地做出有关自己的决策。这种类型一般是所购产品只与某个成员有关，并且相对整个家庭来讲产品不太重要。

四是联合型，即丈夫和妻子协商做出购买决策。

戴维斯研究发现，对于不同的产品，家庭成员在购买决策中发挥的作用也有所不同。对于食品、日用品、儿童用品、装饰用品等，女性在购买决策中的影响和作用较大；对于五金工具、家用电器、家具用具等，男性在购买决策中的影响和作用较大；对于价格高昂、全家受益的大件耐用消费品，以及文娱、旅游方面的支出，往往是夫妻双方协商做出购买决策。在家庭中，孩子可以在家庭购买特定类型产品的决策上产生某些影响，如孩子对购买点心、糖果、玩具、文体用品等产品就有较大的影响。在我国的很多城市家庭中，妻子与丈夫都有经济收入。妻子有工作，一般还承担了更多的家务，家庭经济大权多由她们控制，家庭的大部分日用品及耐用消费品的购买决策大多是由她们做出的。

三、线下消费环境与消费者心理及行为

线下消费环境是指构成线下消费情境的物质因素，如消费场所的地理位置及外观、装饰布局与陈列、色彩、气味、声音、灯光、温度与湿度等。它们都会对消费者的情绪、行为产生重要影响。

调查表明，消费者70%以上的线下购买决定都是在消费环境中做出的，并且冲动性消费占了很大比例。消费环境对人们的感觉器官有着较强的刺激作用，优雅、舒适、和谐的氛围能吸引人们进店并将店铺信息推荐给其他人，能令人长时间兴致勃勃。相反，如果消费环境恶劣，则很难吸引消费者进店，消费者即使进店了，也会很快离开。

（一）地理位置及外观

消费场所的地理位置不仅可以影响消费者消费的便利程度，而且可以表现商家的市场定位和形象。例如，坐落在繁华市区与坐落在偏僻小巷的商家在消费者心目中的印象自然不同，处在繁华市区的商家会使消费者认为其服务档次不低。消费场所的外观是消费场所的门面。在激烈的市场竞争环境中，外观设计对经营的重要作用日益突出。好的外观设计能够激发消费者对消费场所的兴趣，从而使其产生购物或浏览的欲望。

（二）装饰布局与陈列

消费场所的装饰质量、布局风格等也会直接影响消费者的印象，从而影响消费者的行为。环境舒适整洁，营业现场秩序井然，会使消费者产生积极的消费情绪，反之则会让消费者产生消极的消费情绪。

如果消费者进入超市，发现超市的产品排放混乱，消费者的消费热情和购物体验会受影响，甚至会放弃对产品的购买。生动的产品陈列会刺激消费者购买。例如，气味芳香的

产品，可以摆放在最能刺激消费者嗅觉的位置；式样新颖的产品，可以摆放在与消费者视线等高的货架上；用途多样的产品，可以摆放在消费者易于触摸和观察的位置……另外，畅销产品和高利润产品应放置在消费者最先看到的地方，在收银台附近可以摆放糖果、电池等产品，利用消费者等待交款的时间提高其冲动购买的概率。有的超市在进行产品布局时，会采用U形陈列方式。这一陈列方式就是通过对空间的合理利用来提高浏览量的设计形式，目的是提高消费可能性。同时，U形陈列方式能够向消费者展示更多的产品，在无形中刺激消费者的消费心理，从而提高消费量。另外，在对货架进行布局时，如果超市将货架调整为入门纵向式格局，就可以使消费者进入超市后看到更多产品，从而提高其选购产品的可能性。

（三）色彩

色彩会影响消费者的感觉、注意力、记忆、情绪和联想等。研究表明，色彩能引起消费者的情感共鸣，在消费者确定是否对相关产品有兴趣的7秒里，色彩的作用达到了67%。

不同的色彩会为消费场所带来不同的气氛，恰当地运用和组合色彩，会对营造特定的氛围起到积极的作用。色彩运用得好，产品就会像艺术品一样，带给人们美感，还能刺激消费。显而易见的是，一家色彩缤纷的商店比一家缺少色彩的商店更易受到消费者的欢迎。

在商店的内外装饰中，颜色的搭配大有学问。例如，黄金首饰店铺以大红色为主色，营造出喜庆气氛，并且十分引人注目；高档器皿店可以用淡绿色花岗石装饰地板，配以淡咖啡色的陈列用具，有清新高雅的效果，令人心旷神怡。

（四）气味

气味会影响消费者的消费欲望，清新芬芳的气味会吸引消费者欣然前往，增强消费者对某些产品的购买意愿，提升消费者的购买体验。

新鲜而芳香的店堂空气使消费者感到产品的新鲜程度较高。为此，一些零售商店，如咖啡店、面包店、餐馆、花店和香水店，都喜欢用香味来吸引消费者接受其服务。强烈刺鼻的异味会使消费者在生理上难以忍受，同时在心理上产生反感，对刺激消费欲望无疑是起消极作用的。

（五）声音

声音的作用往往是营造消费气氛，对消费者行为也有重要影响。例如，麦当劳和肯德基门店内时刻播放着音乐，一方面使用餐的消费者在用餐过程中更加享受，另一方面营造热闹的店内氛围，起到吸引路人进店消费的作用。

声音的音量、节奏、内容与风格等元素都会对消费者心理及行为产生影响。

1. 音量

音量适中的音乐能使消费者心情舒畅，提升消费欲望；如果音量过大，则可能影响消费者的交谈，使之感到厌烦。噪声强度若超过60分贝，就会严重影响人与人之间的交谈；噪声强度若超过80分贝，会使人产生痛苦的感觉。因此，商家应严格控制噪声，尽可能排除噪声，以创造相对安静的消费环境。

2. 节奏

音乐的节奏也会影响消费者的情绪。节奏明快活泼的流行歌曲与轻柔舒缓的轻音乐能对消费者的情绪产生截然不同的影响。例如，在一家售卖高级葡萄酒的商店，比起播放当下最流行的音乐，播放节奏舒缓的古典音乐显然更能刺激消费者品尝、购买葡萄酒。再如，在高档西餐厅，慢节奏的音乐使消费者更为放松，会延长消费者用餐的时间，从而增加消费额。

3. 内容与风格

声音的内容、音乐的风格也会影响消费者心理及行为，并且这种影响因人、因场合而异。

例如，如果一家商店的主要消费对象是青年人，就可以播放流行音乐、摇滚音乐；若主要消费对象是中老年人，就可以播放怀旧歌曲。

此外，音乐的风格要适合特定场所的消费气氛。若销售的产品地方特色、民族特色明显，可以播放一些民族音乐；若消费场所的现代气息比较浓郁，可以播放一些现代轻音乐；若消费场所的艺术色彩比较浓厚，可以播放一些古典音乐；在奢侈品消费场所，也可以播放高雅的古典音乐。不同的餐厅也要选择不同风格的音乐，如快餐厅可能适合播放节奏感较强的流行音乐，而格调高雅的西餐厅则更适合播放旋律优美而舒缓的古典音乐。

（六）灯光

灯光的明暗度对消费者也很重要，适当的照明会令消费者感到愉快，反之则会让消费者感到不快。

一般来说，强烈的灯光使消费者感知到热情、豪爽，柔和的灯光会使消费者感受到温情。

餐饮企业不仅要考虑盘子、汤匙、酒杯等容器的形状、颜色、触感对消费者味觉的影响，而且要考虑灯光与消费者味觉的相互作用。

例如，高级西餐厅需要营造柔和的气氛，所以灯的瓦数为60—80瓦，咖啡店的灯瓦数为40—60瓦，日本料理店为了使生鱼片显得更新鲜，灯的瓦数为130—160瓦。肯德基使用的灯是节能灯，发出的光是暖白色的，灯光柔和，再配以色彩缤纷的装饰、美味的食物，能为消费者创造温馨的感觉。

“现代营销学之父”科特勒曾对美国知名的连锁汽车旅馆“联号”进行调查研究。“联号”对所有汽车旅馆采用标准化的大堂装修，唯一不同的是一些汽车旅馆的大堂采用较昏暗的灯光，另一些则采用较明亮的灯光。调查结果表明，旅客明显偏爱后者。原来，经过长时间开车旅行后，旅馆昏暗的灯光让旅客感到沮丧，不愿停留。相反，如果旅馆的灯光明亮，则会让旅客感到振奋、愉快，愿意在此留宿。

（七）温度与湿度

室内的温度、湿度会影响消费者对服务的感受、在消费场所逗留的时间，以及购买欲望。例如，超市冬天的温度使消费者感到温暖，夏天的温度又使消费者感到凉爽，消费者自然愿意在超市选购产品。

一般来说，在22—25℃的情况下，人们心情舒畅。当环境温度超过34℃时，人们不仅大汗淋漓，而且心情烦躁，易做出过激行为。而气温过低的时候，人们会萎靡不振，感到沉闷，情绪低落。

四、线上消费环境与消费者心理及行为

随着互联网的普及，消费者的线上消费明显增加。线上消费环境与线下消费情境有很大的差异性。在线上购物中，消费者心理及行为主要受以下因素的影响。

（一）网页设计和用户界面

良好的网页设计和用户界面可以直接影响消费者的情绪体验。简洁、直观和美观的界面能够让消费者感到愉悦和舒适，从而增加其购物的积极情绪。相反，混乱、复杂和操作不便的界面会引起消费者的困惑和不满，甚至导致他们放弃购物。

1. 店名设计

线上店铺的命名和线下实体店同样重要。名称设计要简洁明了，与产品相关，有一定的文化底蕴，符合新颖有趣原则等。

2. 店招设计

店招是店铺招牌的简称，它是线上店铺的门面，会让消费者对线上店铺的产品产生深刻的印象，其构思和创意极为重要。

（1）店名样式的设计

店名需要在最显眼的店招位置中呈现。店名样式的设计要考虑线上店铺产品的主要风格与特色，还要与店名搭配。

（2）背景图片的选择

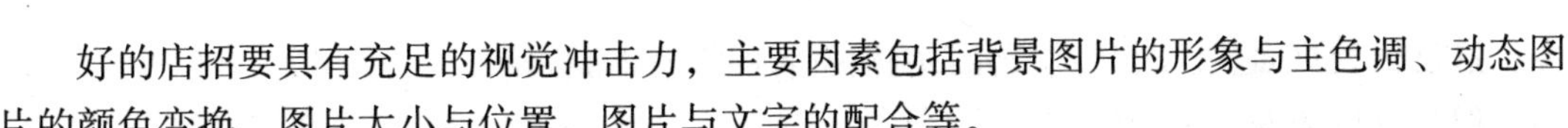

好的店招要具有充足的视觉冲击力，主要因素包括背景图片的形象与主色调、动态图片的颜色变换、图片大小与位置、图片与文字的配合等。

（3）店招文字的设计

店招上除了有线上店铺名字外，通常还会有其他文字内容，包括店家宣言、优惠信息等。在设计这些文字时，要保证文字准确无误，且不能太长，语言应当简洁。

3. 产品分类导航栏的设计

产品分类导航栏不仅可以方便店铺对产品进行批量管理，而且可以为消费者购物提供引导，帮助消费者节省购物时间和精力，使其感受到店铺的体贴与周到。

一般情况下，产品分类导航栏位于网店首页的左侧，但如果空间有限或者由于具体内容的需要，有的店铺会把产品分类导航栏隐藏在店招下的下拉菜单中。这样的设计能使产品分类导航栏位于更显眼的位置，还可以帮助消费者节省查找产品的时间。

4. 色彩设计

色彩设计要符合线上店铺主题，体现其品牌文化和正面形象，加深消费者记忆。线上店铺装修要想获得突出的视觉效果，色彩的选择与搭配就要符合以下原则：①界面外观统一；②色彩搭配有主次之分；③颜色最好控制在3种以内；④可以选用不同色彩呈现重点促销信息。

5. 字体的创意设计

为了增加线上店铺界面的美感，商家可以对字体进行创意设计，使其具有艺术性，也使字体的表现形式变得更加丰富，以彰显线上店铺的个性。

6. 文案排版设计

线上店铺界面主要由文字和图片构成，可以运用一些技巧来编排设计，有效地协调文字和图片之间的关系，从而提升界面的表现力。图文排版设计可分为垂直分割、水平分割、产品包围文案等几种方式。

7. 产品详情页设计

一个优质的产品详情页能够赢得消费者的信赖，激发消费者的消费欲望，促使其下单，是提高转化率的重要入口。要设计出优质的产品详情页，应该把握如下原则。

（1）信息图像化

和文字相比，图片能够承载更多的信息，并且更直观，所以设计产品详情页的第一原则是将信息图像化，尽量减少文字的使用，切忌出现大段文字描述。文字只起辅助说明的作用，要利用有限的文字呈现重要的信息。

（2）高效表达

产品详情页内容表达要清晰，有条理，简单直接。设计时，还要考虑页面打开的速度，这是因为页面载入时间过长会影响消费者的消费体验。

（3）以情动人

产品详情页的作用是引导消费者购买，因此商家必须清楚地知晓消费者最关心的内容。对于不同的产品，消费者需求、关注的地方不同；对于同一产品，不同消费者的关注点也各不相同。因此，在设计产品详情页时，除了要罗列产品的基本功能外，还要讲解产品的独有特色，关注消费者的情感需求。

（4）合乎逻辑

产品详情页的各个部分应当遵循一定的逻辑，层层推进，形成一个整体，否则会让人感觉杂乱无章。最简单的方法是，找到目标消费者的痛点与兴趣，在产品详情页文案里做足文章，逐个击破，层层递进。

（5）统一设计风格

产品详情页的设计风格应当与店铺的整体定位保持统一，使其看上去没有违和感。例如，家用电器的产品详情页应当追求简洁、实用，因为这才是消费者关注的重点；食品的产品详情页应当强调成分、突出情感、重视体验。

（二）产品评论和评分

消费者在线上消费过程中，可以通过查看其他消费者的评价和评分来获取产品信息。正面的评价和高评分会让消费者产生信任感和愉悦感，从而提升购买欲望。而消极的评价和低评分则会导致消费者的不满和犹豫。商家可以从以下方面来做出努力。

1. 提供优质的产品和服务

（1）严格把关产品质量

商家只有从源头上把控产品质量，保证消费者收到的产品完好无损，与产品详情页的宣传一致，才能获得好评，降低退货率。好评度高，商家的评分才会高。

（2）加强客户服务

客户服务是一个店铺能否长期经营下去的关键，商家可以在不同平台发布广告，并依据消费者的反馈及时进行调整。

如果订单量大，商家需要尽量安排更多的客户服务人员，及时关注客户服务人员处理问题是否合理、及时，确保为消费者提供高质量的客户服务。

此外，物流的速度、便捷性也很重要。商家可以通过签约快递公司、提高包装质量、及时处理退换货等方式优化物流方案，提升消费者的体验，这样可以提高消费者对店铺的信任程度。

2. 主动与消费者互动并鼓励消费者留下评价

积极与消费者互动是商家提高店铺评分的重要因素之一。商家可以积极回复消费者的评论和留言，解答消费者的疑问，并根据消费者的反馈不断改进产品和服务。这样不仅可以提高消费者的满意度和忠诚度，而且能提高店铺的评分。

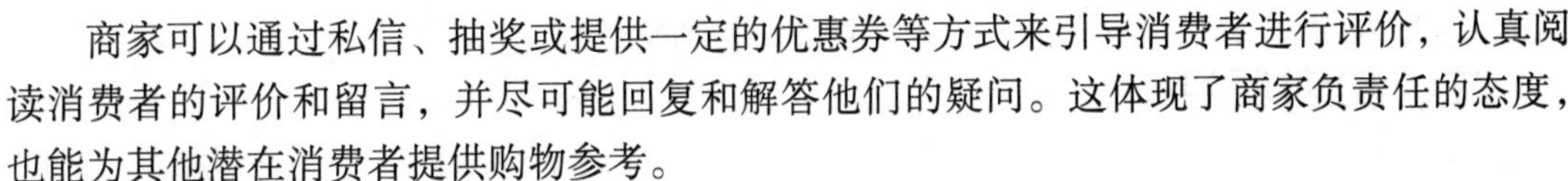

商家可以通过私信、抽奖或提供一定的优惠券等方式来引导消费者进行评价，认真阅读消费者的评价和留言，并尽可能回复和解答他们的疑问。这体现了商家负责任的态度，也能为其他潜在消费者提供购物参考。

3. 积极参与平台活动，关注并遵守平台规则

电商平台经常会举办各种促销活动，商家可以通过参与平台活动增加品牌曝光度，吸引消费者进店消费。同时，商家需要遵守平台的规则和政策，不发布违规内容，积极维护平台的良好环境，这对提高店铺评分有积极影响。

自学自测

一、判断题

1. 文化不像先天的生理特征一样，文化是可以通过学习而获得的，学习方式主要有两种：一是继承，二是移入。
2. 亚文化的形成与主文化没有关联，是独特的、自然形成的。
3. 家庭的教育功能只针对少年儿童。如果家庭成员成年了，家庭的教育功能就不存在了。
4. 线上购物环境与线下购物环境在时间和空间上对人们情绪体验的影响是一样的。

二、简答题

1. 文化的特点有哪些？
2. 中国有哪些独特的文化？谈谈这些文化对消费行为的影响。
3. 什么是家庭的生命周期，分为哪几个阶段？
4. 消费者主要受线上购物环境中的哪些因素影响？请简要说明。

课中实训

实训准备

一、实训目标

本次实训聚焦外部环境与消费者心理及行为，通过梳理文化与消费者行为之间的关系，引导学生学习创设产品方案的技巧。学生以小组为单位完成实训。

二、实训项目

根据实训资料《盲盒文化热潮折射出的Z世代的消费心理和文化逻辑》，分析亚文化的特征，并形成产品方案。

三、实训步骤

（1）结合课前准备的内容，整合外部环境与消费者心理及行为的相关知识。

（2）实训可采用“线上+线下”的综合学习方式，学生以小组为单位协同合作，运用网络调研和头脑风暴法，共同完成实训任务。

（3）将实训成果整理到表格中，或者将实训成果以思维导图的形式展现。

四、实训资料

盲盒文化热潮折射出的Z世代的消费心理和文化逻辑

《阿甘正传》中有这样一句话：“生活就像一盒巧克力，你永远不知道下一块是什么味道。”这种充满不确定性的收益机制直接描述了盲盒的运行本质。所谓盲盒，是指消费者不能提前得知具体产品款式的玩具盒子，具有随机属性。作为一种潮流玩具，盲盒精准切入年轻消费者市场，众多如考古盲盒、文具盲盒、美妆盲盒、零食盲盒等的“盲盒+”商业模式迅速兴起。由于未知的刺激，或者对隐藏款的期待，很多消费者都将买盲盒、拆盲盒作为乐趣。

潮流文化娱乐品牌泡泡玛特（POP MART）成立于2010年，是大众熟知的盲盒行业的领导者。根据泡泡玛特提供的数据，在购买盲盒的消费者中，Z世代占比最大。其实，盲盒的消费场景与特点能折射出Z世代的消费心态与文化逻辑。

一、Z世代亚文化的特殊性

Z世代基本是在相对富裕、科技发达的时代成长起来的，Z世代的亚文化与其他群体的亚文化相比，有着自身的特点，主要表现在以下方面。

第一，部落化特点明显。他们的自我表达方式以互联网、新媒体为主，寻求身份认同。来自不同地域，拥有不同职业、不同身份的Z世代可能拥有共同的利益考量，会利用互联网和新媒体来分享、交流并传播社区文化。

第二，关注精神消费。Z世代的购买力很强大，他们逐步成为一个庞大的消费群体。他们将消费视为反映精神世界和塑造个人形象的一种主要途径。他们在消费的过程中，既表现出对自由的向往，又表现出对自我理想的追逐。

第三，强调悦己主义。对于Z世代来说，他们的工作和生活方式都表现出比较灵活的特征。受大众媒体的影响，Z世代注重消费体验，偏爱兴趣社群，强调满足个人需求。

二、盲盒文化反映的消费者心态：悦己主义、猎奇主义

1.悦己主义：重视视觉美感

悦己主义是Z世代消费时拥有的主要心态。从经济角度来分析，购买盲盒，消费者就可以用比较经济的价格来达到悦己的目的。对于喜欢美好事物的年轻人而言，盲盒的外观既漂亮又可爱，能创造新鲜、刺激的“开盒”经历，满足消费者的悦己需求。

从消费者的角度来看，Z世代更注重消费创造的情绪价值。换句话来说，他们关注产品的功能性，也关注令人愉快的购买和使用体验。Z世代在购买产品和服务的过程中，会痴迷于那些精致新颖的产品和服务，愿意为产品和服务中蕴藏的价值付费。

2.追求新鲜：从盲盒中获得新鲜

人类对于未知总是充满了期待。在《追忆似水年华》一书中，普鲁斯特（Marcel Proust）曾经写下过这样一句话：“只有那些我们还没有去过的地方，才能吸引我们，让我们去探索。”我们也可以说，只有那些我们还没有打开的盲盒，才能吸引我们。盲盒的不确定性使它充满了神秘感。打开盒子就像一种仪式，让年轻的消费者充满了好奇和期待。

泡泡玛特每次发布系列盲盒时，都会推出很多款式，其中会有隐藏款。消费者买到隐藏款盲盒的几率非常低。在很多Z世代看来，隐藏款盲盒具有巨大的收藏价值和投资价值。这在某种意义上也能满足和刺激他们的购买欲和收藏欲，他们会不断地收集最喜欢的一款或几款盲盒。

三、盲盒折射出的Z世代的文化逻辑：重视社会归属和情绪构建

任何一种有组织的经济活动都带有一定的社会性，而个人消费不可避免地会受到社会结构中许多因素的影响。理解盲盒折射出的Z世代的文化逻辑，离不开对社会环境的分析。

从社会变革的视角来看，Z世代在就业机会、生活际遇、发展空间、社会圈子等方面的选择越来越丰富，这也使他们更加关注个人的精神生活和情感需求。

在Z世代中，很多人认为他们需要和自己的朋友拥有共同语言。喜欢盲盒的Z世代形成了一个小圈子，在这个圈子里，他们分享自己买盲盒、拆盲盒的经历和快乐，通过这些获得归属感。

从消费心理学的角度来看，在新的消费环境中，在潮流游戏中寻求情感上的慰藉是Z世代的迫切需求。Z世代通过消费来折射自己的精神世界，树立自我形象，发表自己的个性宣言。盲盒可以为他们提供全新的体验，也可以反映他们的生活状态和情绪预期。

四、结语：作为Z世代亚文化景观的盲盒文化

在Z世代中兴起的盲盒消费，是一种融合了消费文化、悦己主义、自我表达、情感需求的新兴亚文化形态。在这种消费环境下，出现了悦己消费、情感消费等行为。盲盒消费以及它所折射出的亚文化，则是Z世代特有的语言系统与表现形式，他们在审美、社会、情感、身份等层面上，以此为媒介，实现对社会、对情感、对身份的理解和认同。

资料来源：《装在盒子里的“Z世代”》(https://www.huxiu.com/article/500025.html)，有改动。

实训一　文化与消费者行为

任务　根据实训资料了解Z世代的亚文化特征

任务描述：

请你根据实训资料，分析并概括Z世代这一消费群体的亚文化特征。

实训二　创设产品方案

任务　从文化角度创设一份针对Z世代的产品方案

任务描述：

请你根据实训资料，自行查阅网络上的相关资料，结合Z世代的亚文化特征来创设一份受其欢迎的产品方案，产品可以是实物，也可以是虚拟物。

实训项目评价

学生技能自评表

序号	技能自评	达成	未达成
1	掌握文化、亚文化的概念		
2	熟悉文化、亚文化的特点		

续表

序号	技能自评	达成	未达成
3	了解文化、亚文化如何影响消费者心理及行为		
4	掌握分析亚文化特征的方法		
5	结合亚文化对消费者心理及行为的影响力创设产品方案		

学生素质自评表

序号	素质自评	具体指标	达成	未达成
1	自我学习能力	能够借助网络资源进行自主学习		
2	协作精神	能够与团队成员合作和讨论，共同完成实训任务		
3	创新意识	具备创新思维，别出心裁		

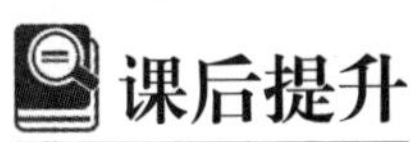

课后提升

国货火起来背后的秘密

○●○●

项目七　产品策略与消费者心理及行为

学习目标

1. 知识目标

（1）了解产品名称的心理功能和产品命名策略；

（2）熟悉产品品牌、包装设计的心理需求和相应的营销策略；

（3）掌握影响新产品购买行为的心理要素。

2. 能力目标

（1）能够根据消费者的心理需求正确策划产品名称、品牌和包装；

（2）能够根据消费者的心理需求正确设计新产品。

3. 素养目标

（1）培养质量意识，具备精益求精的工匠精神；

（2）理解并践行“由中国制造向中国创造转变，由中国速度向中国质量转变，由中国产品向中国品牌转变”的产品创新发展理念。

项目重点和难点

本项目的重点在于熟悉产品品牌、包装设计的心理要求及相应的心理策略；本项目的难点是培养学生根据消费者的心理需求正确策划产品名称、品牌和包装的能力。

内容架构

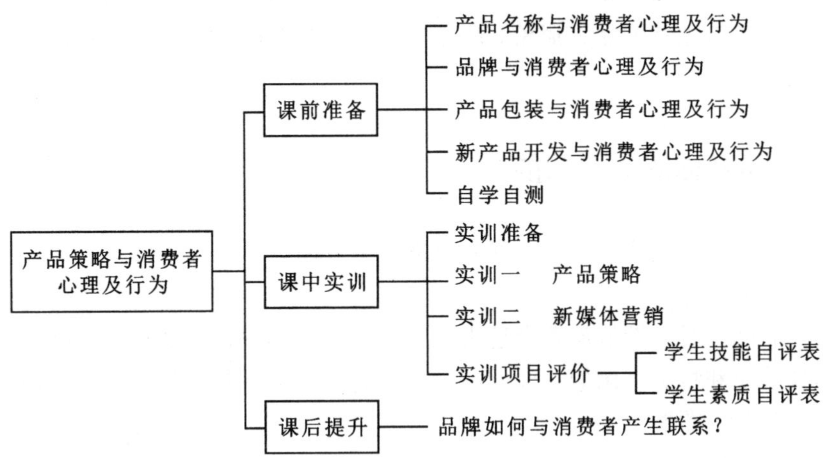

导入情境

2024年政府工作报告指出，要大力推进现代化产业体系建设，促进中小企业专精特新发展，加强标准引领和质量支撑，打造更多有国际影响力的“中国制造”品牌。

其实，产品能否被消费者接受，起重要作用的是产品的名称、品牌、包装等因素。产品能否对消费者产生足够的吸引力，关键在于品牌能否深入了解消费者的心理特征，使消费者从心理上接受、认可品牌和产品。

产品名称及商标设计等因素对消费者行为产生着重要影响。产品名称是产品的有机组成部分，一个优秀的产品名称可以迅速吸引消费者的注意力，缩短产品推广的时间，促进产品的销售。同时，一种产品的畅销，很大程度上依靠该产品商标在消费者心中所呈现的积极的品牌形象。产品的商标往往会被视作产品的第二生命。正确认识商标的作用，考虑产品特色，将丰富的信息浓缩于商标中，最大限度发挥商标的号召力和影响力，是企业需要重点考虑的问题。

课前准备

一、产品名称与消费者心理及行为

（一）产品名称的含义

产品名称就是企业为产品取的名字，是运用语言文字对产品的主要特性进行概括的称号。产品名称既是消费者借以识别产品的一个标志，也是引起消费者情感、联想等心理活动的一种特殊的刺激物。

产品名称是品牌形象的重要组成部分。命名的选择应该与产品的特点、定位以及目标市场相契合，以塑造独特的品牌形象。一个与品牌形象相符的产品名称可以增强消费者对品牌的认同感和忠诚度。

（二）产品名称的心理功能

产品名称基本的心理功能主要体现在以下四个方面。

（1）认知产品功能

一件新产品问世时，即使消费者还没有看到产品实体，也能通过一个高度概括性的名称初步了解其功能和特点。例如，即使一位消费者没有见过扫地机器人，但该产品名称能向消费者传达其基本功能。

（2）增强记忆功能

根据记忆保持规律，人们的形象记忆能力一般优于抽象记忆能力。商家通过在产品名称中将音、形、意有机结合，可以方便消费者记忆产品名称。

（3）诱发情感功能

产品名称如带有某种情绪色彩和特殊意义，就能诱发消费者的情感，满足消费者的某种心理需要。例如，知名电器品牌美的在品牌名称中通过将美与生活联系起来，体现品牌以人为本的态度和对美好生活的憧憬。

（4）启发联想功能

内容丰富、寓意深远的产品名称可以引发人们对美好事物的回忆和想象。例如，甜品“杨枝甘露”名称来源于观音菩萨手中的净瓶。传说中，观音菩萨右手持杨枝，左手托净瓶，而瓶中的露水便叫杨枝甘露。这个产品名称使人们将传说与甜品联系起来，激发消费者积极的联想。

知识链接 7-1 巧克力熔岩蛋糕、腹肌面包等，是如何通过产品名字快速“出圈”的？

（三）确定产品名称的原则与主要方法

1. 确定产品名称的原则

确定产品名称的原则是一套指导规范，确保产品名称能够有效地传达产品的核心价值和特点，同时符合市场、文化和法律要求。在确定产品名称时，商家需要注意以下原则。

（1）简洁明了

产品名称应该简短，易于理解和记忆。避免使用冗长或复杂的词汇。一个好的产品名称应该能够迅速传达产品的核心信息。

（2）具有独特性

产品名称应该具有独特性，以便在市场上与其他产品区分开来。这有助于增强产品的辨识度，便于消费者记忆。

（3）名称与产品具有相关性

产品名称应该与产品的功能、特点或行业相关。它应该能够反映产品的核心价值，使消费者能够轻松理解产品的用途或优势。

（4）易于读写

产品名称应该易于读写，避免使用生僻字或难以理解的词汇。这有助于确保消费者在传播或分享时不会遇到困难。

（5）符合品牌形象

产品名称应该与品牌形象和定位相契合。它应该能够反映品牌的价值观、理念或目标市场消费者的消费心理。

（6）避免负面含义

在选择名称时，商家要确保产品在所有目标市场中都没有负面含义或歧义。这需要商家进行充分的市场调研和跨文化分析。

（7）具有可搜索性

商家需要考虑产品名称在搜索引擎中的表现。选择一个易于搜索的产品名称，有助于提高产品的曝光率和可见度。

（8）具有可扩展性

随着产品线的扩展或市场的变化，产品名称应该具有一定的可扩展性。商家需要确保产品名称在未来仍然适用，不会限制产品的发展。

（9）考虑文化敏感性

考虑到不同国家和地区的文化差异，商家需要确保产品名称在不同市场中都能被接受和认可。

（10）符合法律规定

商家需要确保名称在法律上是合规的，没有侵犯他人的商标或版权。此外，商家还要进行充分的法律审查，以避免未来可能发生的法律纠纷。

2. 确定产品名称的主要方法

（1）描述性命名

这种命名方法直接描述产品的主要成分、特征、用途或好处。例如，产品命名中的“防晒霜”直接描述了产品的功能，“红烧牛肉面”突出了产品的成分等。这种方法的优点是简单明了，但可能缺乏独特性和创意。

（2）隐喻或象征性命名

这种命名方法指的是使用隐喻或象征来表达产品的特征或价值。例如，电子产品品牌“苹果”这个命名既独特又富有创意，同时传达了产品简洁、易用的特点。

（3）创新词汇命名

这指的是创造全新的词汇来为产品命名，这种方法可以突出产品的独特性。例如，

“谷歌”就是一个自创的词汇，现在已成为搜索引擎的代名词。

（4）以人名或地名命名

这指的是使用人名、地名或其他专有名词来命名产品。这种方法可以增强产品的亲切感。例如，“福特”汽车就是以创始人亨利·福特的名字命名的。

（5）以缩写或首字母缩略词命名

这指的是使用产品全称的缩写或首字母缩略词来命名。这种方法可以使名称更简洁、易记，例如，“IBM”就是“International Business Machines”的缩写。

（6）以情感表达命名

这指的是通过名称传达某种情感或感觉，以激发消费者的共鸣，例如，“可口可乐”这个名字传达了快乐、愉悦、美味的感觉。

（7）结合多种方法命名

我们可以结合上述多种方法来确定产品名称。例如，一个化妆品品牌可能同时使用描述性命名（如“保湿霜”）和创新词汇命名（如“润透肌”）。

二、品牌与消费者心理及行为

（一）品牌与商标的含义

品牌是用来识别某个或某群商家的产品或服务，并使之与竞争对手的产品或服务相区别的名称、术语、标记、符号或设计，或是它们的组合运用。

品牌是一个集合概念，包括品牌名称和品牌标志两部分。其中，品牌名称是指品牌中可以用语言文字表述的部分，它是品牌进行传播的基础，是品牌最基本也是最核心的构成要素，例如麦当劳的“McDonald’s”。品牌标志是指品牌中的图案、符号、标记、设计等可以识别但不能用语言文字表述的部分，例如麦当劳的“金拱门”。

商标就是产品的标记，是对一个品牌或品牌的一部分的专用权，其他人未经许可不得使用。品牌所包含的品牌名称及品牌标志经注册后形成注册商标，享有专有权利。商标是品牌的一部分。

（二）商标的心理功能

产品的畅销在很大程度上依靠其商标在消费者心中建立的品牌形象，可以说商标是产品的第二生命。由此可见，正确认识商标及其作用，合理地设计商标，是提升产品竞争力的重要一环。

1. 标识产品或服务

商标的最基本功能就是标识产品或服务的来源，帮助消费者区分不同的生产者或经营者。这使得消费者能够根据自己的喜好和需求，选择并购买到心仪的产品或服务。

2. 塑造和传播品牌形象

商标是品牌形象的核心组成部分，代表着商家的信誉和形象。一个独特、易于识别的商标有助于提升消费者对品牌的认知度和忠诚度。例如，部分消费者会坚持数年如一日地使用某一品牌的产品，当消费者面对货架上琳琅满目的产品时，醒目的商标是他们做出判断的重要依据。

3. 寻求法律保护

注册后的商标享有法律上的独占权，可以防止他人非法使用或模仿，保护商家的合法权益。这为商家的发展和创新提供了法律保障，降低了因侵权行为带来的损失和风险。

4. 体现商业价值

商标作为商家的重要资产，具有一定的价值。通过商标的转让、许可等商业活动，商家可以实现商标的价值最大化，为未来的发展提供资金支持。

5. 促进销售和市场推广

商标作为产品或服务的标识，可以帮助消费者快速识别并选择购买。一个知名度高、口碑良好的商标可以吸引更多消费者的关注，激发他们的购买意愿，从而促进销售和市场推广。

6. 管控产品质量

商标与产品一同代表着商家的形象和声誉。商标的美誉度和知名度意味着该品牌在行业中的影响力，商家要维护自身品牌的影响力，就必须尽力提高自身产品的质量，不可随意以次充好、降低质量标准。因此，商标能起到帮助商家管控产品质量、保护消费者权益的作用。

（三）商标设计的心理策略

1. 生动形象，简单易记

一般情况下，商家会选用简洁明了、易读易记的字符，以及有视觉冲击力、易于识别的图案来设计商标，这样的商标能够在短暂的视觉传播过程中，比较准确地传递产品的相关信息，给消费者留下清晰的印象。例如，阿里巴巴的商标由一个简单的字母“a”和汉字“阿里巴巴”组成，这个商标设计简洁而醒目，与阿里巴巴品牌的电商和互联网属性紧密相连。同时，“a”字母也代表了阿里巴巴的全球化、多元化、个性化的战略方向。

2. 造型独特，文字简洁

为了提升消费者对商标的喜爱度，并塑造品牌的美好形象，我们需要精心设计富有艺术感染力、造型优雅、构图和谐的商标图案。这样的商标能迅速吸引消费者的目光，令他们过目不忘，反复品味，满足他们的审美追求。例如，运动品牌361度的商标独特而醒目，传达了361度品牌专注于运动、健康和年轻时尚的市场定位。

3. 与时代潮流相结合

商标的设计如果能够融入时代元素，反映社会的潮流趋势，将更能吸引消费者的目光。特别是当商标设计能够结合特定的时代特点，充满时代气息，甚至蕴含一定的社会政治意义时，它将更能激发消费者的购买热情，赢得消费者的喜爱和认可。例如，星巴克的商标采用了美人鱼图案，既体现了品牌的优雅和品味，又传达了其对环保的承诺。

4. 与产品特质相协调

商标不仅是产品信息的提炼和精确表达，而且是产品的象征和代名词，具有提示和强化的作用。因此，商标需要精准地体现其所代表的产品的性质和特点，突出产品的独特性和价值，以便消费者能够快速地识别和记忆，从而建立起品牌的认知度和忠诚度。例如，五粮液的商标设计采用了其产品的主要原料——粮食的图案。这个商标设计传达了五粮液品牌对产品原料的严格把控和精湛酿造工艺的传承。

5. 与民风民俗、法律法规相适应

在当今全球化的社会中，产品需要进入更广阔的国际市场。因此，对于不同国家和地区的法律法规、风俗习惯和文化差异，我们不可忽视。例如，瑞典国旗的配色以蓝色为主，蓝色在瑞典是比较神圣的颜色，所以，如果企业想在瑞典注册商标，是不能采用蓝色作为基础色的；意大利人忌用菊花作为商标图案，这是因为意大利人把菊花当作葬礼专用的花，他们把菊花与死亡联系在一起。在商标设计中，我们需要特别小心图文元素可能引发的歧义及违规行为，以确保商标在目标市场能得到正确的解读并被消费者接受，从而帮助品牌更好地参与全球市场竞争。

三、产品包装与消费者心理及行为

俗话说，“人靠衣装，佛靠金装”，产品再好，也可能因其包装不合适而卖不出好价钱。

（一）产品包装的含义

产品包装是指在产品运输、储存、销售等流通过程中，为了保护产品、方便储存和促进销售，按一定技术方法而采用容器、材料和辅助物等为产品所附的装饰的总称。这种包装不仅有利于保证产品的安全和质量，而且能很好地保护产品的仓储者、运输者、销售者和消费者的合法权益。

此外，产品包装也是产品策略的重要内容，具有识别、便利、美化、增值和促销等功能。它是产品不可分割的一部分，只有当产品包装完成后，生产过程才算结束。

（二）产品包装的作用

产品包装是一项技术性和艺术性很强的工作，产品的包装要达到显示产品的特色和风格，与产品价值和质量水平相匹配，包装形状、结构、大小应为运输、携带、保管和使用提供方便等目的。成语“买椟还珠”中就有这样一个细节：商人为了让珠宝更好卖，特地请木匠制作了精美的盒子来装珠宝，最终买家只买了盒子而没有买珠宝。这个成语原本是教育人要取舍得当，不能像那个买家一样只注重事物的外表，而忽略事物的本质。从另一个角度看，这个成语说明了精美的包装对于提升产品吸引力的重要性。

1. 保护产品

包装的首要功能是保护产品免受物理损害，如震动、碰撞、尘土、水分等。适当的包装可以确保产品在运输、储存和销售过程中保持完好。

2. 提高产品吸引力

合适而精美的包装可以增强产品的视觉吸引力，激发消费者的购买欲望。良好的包装设计还可以帮助产品在货架上脱颖而出，在竞争中取胜。

3. 传达产品信息

包装上的文字、图形和标签可以向消费者传达产品的关键信息，如品牌、成分、使用方法、生产日期和保质期等。这有助于消费者了解产品并做出购买决策。

4. 促进销售和品牌识别

独特的包装设计可以帮助消费者识别和记住品牌，从而增强品牌的知名度和忠诚度。此外，包装还可以作为促销工具，通过特别设计或附加赠品等方式吸引消费者购买。

5. 提升产品价值

高品质的包装可以提升产品的整体价值感，使消费者愿意支付更高的价格。同时，良好的包装也可以增加产品的附加值，提高消费者的满意度。

6. 提高环保性和可持续性

在现代社会中，越来越多的企业开始关注包装的环保性和可持续性。通过使用环保材料、减少包装废弃物和推动循环利用等方式，企业可以降低包装对环境的影响，并提升品牌形象。

（三）产品包装的心理功能

包装是整个产品的有机组成部分，事实上，包装的确能影响消费者对产品的选择。产品包装的心理功能主要表现在以下几个方面。

1. 便利功能

便利功能指的是产品的包装要方便消费者携带和使用。设计包装时，要根据产品的性质、形状和用途等设计包装的结构、形状、材料、规格及开启方式等，以便消费者选购、携带、运输、保管和使用。

2. 展示功能

展示功能是指产品包装要便于消费者了解产品的属性，通过包装上的文字或图案向消费者传递有关信息，如产品的性质、质量、用途、成分、生产厂家、保质期、使用方法及注意事项等。

3. 美化功能

美化功能指的是产品包装通过造型、色彩搭配等，给消费者以美的享受。包装常常和装潢结合在一起，被称为包装装潢。

4. 促销功能

独特、精美的产品包装可以激发消费者的兴趣和购买欲望。产品包装具有强调产品特色的宣传作用，它有助于表明产品与竞争品之间的差异，起着宣传产品的作用。

（四）产品包装设计的心理要求

1. 便携性

企业在设计产品的包装时，需要从消费者的角度出发，考虑产品在携带、开启、使用和存储阶段的便捷性。因此，为了满足以上需求，在产品包装设计阶段，企业需要根据产品的不同特性，采用不同的包装方式。

例如，能量棒采用单个独立包装的设计，每个能量棒都有自己的小包装，这种设计方便消费者随身携带，无论是在户外运动、工作间隙还是旅行中，消费者都可以轻松地拿出一个能量棒来补充能量；方便面、速食汤等食品，它们的包装设计往往考虑到便携

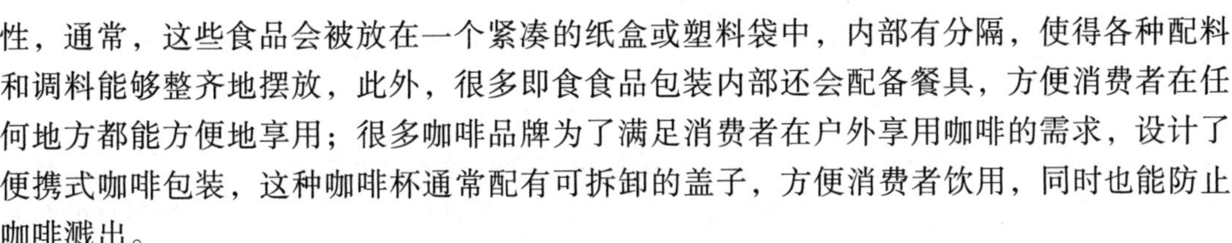

性，通常，这些食品会被放在一个紧凑的纸盒或塑料袋中，内部有分隔，使得各种配料和调料能够整齐地摆放，此外，很多即食食品包装内部还会配备餐具，方便消费者在任何地方都能方便地享用；很多咖啡品牌为了满足消费者在户外享用咖啡的需求，设计了便携式咖啡包装，这种咖啡杯通常配有可拆卸的盖子，方便消费者饮用，同时也能防止咖啡溅出。

2. 安全性

产品包装的安全性是确保产品质量和消费者安全的重要因素。消费者在购买和使用产品时会关注包装的安全性，选择符合标准和法律规定的产品。因此，包装设计应考虑保护产品免受损坏、污染或泄露，同时确保消费者在使用过程中的安全。

例如，一些化妆品瓶盖采用特殊设计，如旋转锁定机制或儿童安全盖，以防止瓶盖意外打开导致的化妆品泄漏。这种设计既可以防止化妆品在存储和使用过程中的泄漏和浪费，同时也确保了消费者的安全。再如，许多美发产品如定型喷雾，包装上都有警示标识。

3. 艺术性

通常，新颖独特、别出心裁的产品包装更能吸引消费者的目光。企业通过不断创新和推陈出新，使包装设计满足消费者追求新鲜和个性的心理需求。同时，结合装饰艺术的表现手法，企业还可以使包装的造型更加美观大方，图文更加生动明快，色调更加清新怡人。这样的包装设计不仅能够激发消费者的兴趣，而且能提升产品的品牌形象和市场竞争力。

例如，可口可乐混合系列的包装设计上，采用了过去与未来结合的设计手法，既体现了新产品的无畏新生，又容易激起消费者的怀旧情绪。其瓶子设计独特，带有球形颈部的直边瓶子非常醒目，这种复古风格的瓶子设计体现了艺术性和历史感。

4. 针对性

产品的包装设计需要紧密贴合目标消费者的喜好，以激发他们内心的美好情感。由于每个人的个性心理和社会经历各不相同，人们对于同一产品包装可能会有不同的理解与感受。这就要求包装设计师在创作过程中保持高度敏感，全面考虑目标市场的各种因素。包装设计师需要深入了解不同消费者的爱好与忌讳，以便在包装设计中准确地传递出符合他们需求的信息。通过有针对性的设计，产品包装可以更有效地吸引目标消费者，增强产品的市场竞争力。

例如，乐高玩具的包装设计常常以产品的主题为基础，比如星球大战、哈利·波特等。包装上的图案和色彩会直接引发消费者的联想，让他们想起与玩具相关的故事和场景。同时，这种设计也针对乐高玩具的主要受众——儿童及其家长，通过他们熟悉的角色和故事来吸引他们购买。

（五）统一性

产品包装设计应确保形式与内容、包装形象与产品形象之间的和谐统一。高档产品一般采用与其价值相符的包装材料和结构，以满足消费者对品质的追求；而日常用品的包装则可以相对简约，突出实用性和便利性。对于常作为礼品的产品，包装不仅要体现物品的价值，而且应融入送礼者的美好祝福。过度装饰会显得华而不实，可能掩盖产品本身的特点；而包装过大或过小，又可能让消费者感到被误导或不被尊重。

例如，旺旺将仙贝、雪饼、牛奶糖等经典系列产品的包装设计进行了统一规划，以红色和黄色为主色调设计新的包装，这个设计既符合品牌的传统形象，又显得活力满满。同时，在重要的节日，如春节、中秋节等，旺旺会推出相应的限定版包装。这些包装通常会融入节日元素和色彩，如春节的红色、鞭炮、对联，中秋节的月亮、兔子、月饼等。这种设计不仅增强了产品的节日氛围，而且使得消费者更加愿意购买和将它们作为礼品。

四、新产品开发与消费者心理及行为

（一）新产品的含义

所谓新产品，是指生产、制造企业开发研制的具有新功能、新特点的产品。

新产品的概念是从整体产品的角度理解的，在整体产品中，只要对任一产品层次进行创新和变革，即可视为新产品。按新产品的改进程度，通常可以将新产品分为以下几类。

1. 全新产品

全新产品是采用新原理、新材料和新科技制造出来的前所未有的产品，它是企业在竞争中取胜的有力武器，但开发全新产品往往很难实现。例如，支付宝出现后，改变了消费者传统的支付习惯，进而掀起了移动支付浪潮。

2. 换代新产品

换代新产品是指在原有产品的基础上采用新材料、新工艺而制造出来的具有新用途、满足新需求的产品，例如不同时期出现的直板手机、翻盖手机、折叠屏手机等。

3. 改进新产品

改进新产品是指在材料、构造、性能和包装等某一个方面或几个方面，对市场现有产品进行改进，以提高质量或实现产品多样化目标的产品。例如，随着技术的进步，手机逐步有了AI功能、无线充电功能等。

（二）影响新产品购买行为的心理因素

影响新产品购买行为的心理因素有很多，主要表现为以下几点。

1. 消费者对新产品的需要

新产品能否满足消费者的需要，是其是否做出购买行为的决定性因素。不同消费者有不同的需要内容和程度，对新产品的购买行为也不同。企业应善于发现消费者的潜在需要，从而有效地引导和创造需要。

2. 消费者对新产品的感知程度

消费者对新产品的感知程度直接决定其接受新产品信息的准确度和敏锐度，并导致购买行为的差异。

3. 消费者的个性特征

消费者的兴趣、爱好、气质、性格、价值观等个性心理特征差别很大，这直接影响了消费者对新产品的接受程度和速度。由于心理需求、个性特点及所处环境等的差异，不同消费者对新产品接受的快慢程度会有所不同，美国学者E. M. 罗杰斯（Everett M. Rogers）根据这一差异，把新产品购买者划分为以下五种类型：革新者、早期购买者、早期大众、晚期大众、守旧者。

4. 消费者对新产品的态度

消费者在感知新产品的基础上，通过对新旧产品的比较、分析，形成对新产品的不同态度。

（三）新产品设计需要把握的消费者心理

为使新产品快速打开市场，企业需要在新产品设计中注意把握基本的消费者心理。

1. 新产品设计指导思想要适应消费者需求的变化

随着人们消费水平的提高和产业结构的调整，消费者需求的变化趋势要求产品功能多样化、自动化，也要求产品外观富有艺术性，材质环保安全，还要求产品有更深刻的文化内涵，具备一定的社会象征功能和审美功能。

如今，消费者的需求已经超越了基本的满足自我生存需要的需求，并转变为一种价值认同和审美意义上的探索。提升新产品的设计美感是满足消费者审美需求的重要手段。在产品设计中，要注重整体和细节的协调，将美学原则和人机交互原则相结合，创造出既美观又具有实用性的产品。同时，要注重材质的选择和加工工艺的优化，以提升产品的质感和品质感。

2. 新产品设计要符合人体工程学原理

人体工程学涉及人体结构、人机关系、环境心理等多方面的内容，是新产品设计的重要理论依据。不同的新产品有不同的结构特点、功能及使用方式，这就需要产品设计师以用户需求为导向，对新产品进行深入的调研和分析，综合运用人体工程学相关理论，充分考虑人的身体结构、使用习惯及环境心理等众多因素，并针对不同的新产品提出不同的设计方案，使产品、人机、环境处于相对和谐统一的状态。

自学自测

一、判断题

1. 品牌是一种法律概念，主要用于商标专用权的保护。
2. 产品外观设计好坏对消费者心理没有影响。
3. 产品包装可以提升产品的价值，促进产品销售。

二、简答题

1. 确定产品名称的主要方法有哪些？
2. 什么是品牌？品牌具有哪些基本作用？
3. 常见的商标设计的心理策略有哪些？
4. 产品包装设计的心理要求有哪些？

课中实训

实训准备

一、实训目标

本次实训聚焦产品策略与消费者心理及行为，介绍中华老字号“瑞蚨祥”起源和发展的故事，引导学生体会中华老字号的文化内涵，提升民族文化认同感。学生以小组为单位完成实训。

二、实训项目

当前，在市场上，众多服饰品牌竞争激烈，消费者也越来越注重服饰的品质。针对这一趋势，北京瑞蚨祥绸布店有限责任公司（简称瑞蚨祥）推出了两款新产品，收获了众多消费者的认可和喜爱，但由于品牌知名度不足且产品推广不充分，销售额还有提升空间。在实训中，学生需要以品牌推广和产品促销为目的，制订适宜的产品策略。产品策略应包含品牌文化、产品卖点分析、包装设计、品牌宣传、客户服务等内容。

三、实训步骤

（1）结合课前准备的内容，整合产品策略的相关知识。

（2）实训可采用“线上＋线下”的综合学习方式，学生以小组为单位协同合作，运用网络调研和头脑风暴法，共同完成实训任务。

（3）将实训成果整理到表格中，或者将实训成果以思维导图的形式展现。

四、实训资料

瑞蚨祥品牌的两款童装

瑞蚨祥品牌诞生于1862年，距今已有100多年的历史。瑞蚨祥所售产品涉足服装、家纺用品等多个领域，在不断完善服务和提升品质的同时坚持与时俱进，已成为颇受消费者欢迎的高端定制服装领导品牌。自成立以来，瑞蚨祥始终坚持“至诚至上、货真价实、言不二价、童叟无欺”经营宗旨，获得“中华老字号”“北京市著名商标”等多项殊荣。此外，瑞蚨祥还将非物质文化遗产（简称非遗）展示、非遗体验与现代商业相结合，传承中国传统文化的品质和韵味，在传统工艺技法和传统文化内涵的基础上进行创新和重塑，让传统艺术熠熠生辉。

瑞蚨祥在研制和推广中国传统服饰方面付出了很多心血，尤其在加工适宜展示女性风韵的旗袍方面做出了巨大贡献，取得了令人瞩目的成绩，瑞蚨祥生产的旗袍深受女性消费者喜爱。瑞蚨祥的商标（见图7-1）中有两只一大一小形似蝉的动物，这就是传说中的“蚨”。《淮南子》中有“青蚨还钱”的传说：在南方，有一种名叫青蚨的昆虫，人将这种昆虫捉来以后，用母虫的血涂遍81枚钱币，再用子虫的血涂满另外81枚钱币，涂完之后，人就可以把涂了母血的81枚钱币拿去购物，将涂了子血的钱币放在家中，过一段时间，人就会惊奇地发现，那些涂了母血的钱币会很神秘地回到自己手中，如果先花掉的是涂了子血的钱币，它们也会以同样的方式回来。品牌名称中的“瑞”和“祥”有繁荣兴盛、吉祥如意的寓

图7-1　瑞蚨祥的商标

意。该商标将神话传说与人们的美好期待巧妙融合，体现了瑞蚨祥人对传统商业文化的高度肯定。

瑞蚨祥曾推出两款融合春节元素的童装，具体信息如下。

第一款童装名称为瑞蚨祥女童纯手工盘扣绣花棉旗袍（见图7-2），目标消费者为6—14岁的女童。旗袍为圆角小立领，穿起来舒适，做工精细，既有现代时代气息，又不失传统美感。

第二款童装名称为瑞蚨祥冬季加绒中式古装礼服（见图7-3），目标消费者为6—14岁的女童。旗袍颜色鲜亮，刺绣花朵图案精致美观，毛边元素显得厚实保暖。

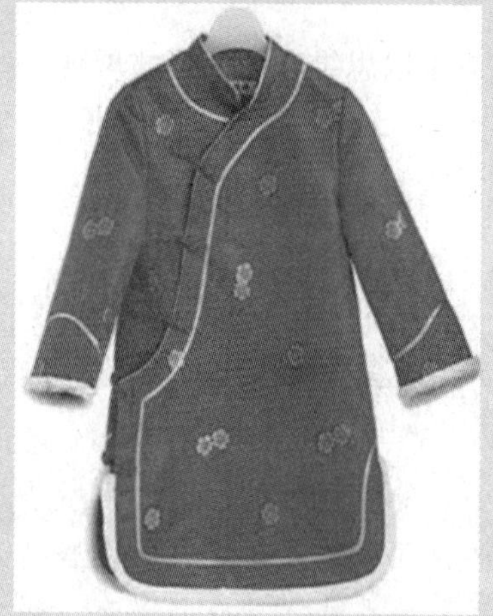

图7-2　瑞蚨祥女童纯手工盘扣绣花棉旗袍

图7-3　瑞蚨祥冬季加绒中式古装礼服

资料来源：《瑞蚨祥（中华老字号）》（https://baike.baidu.com/item/%E7%91%9E%E8%9A%A8%E7%A5%A5/560308），有改动。

实训一　产品策略

任务　明确品牌调性与产品定位

任务描述：

请你根据实训资料及自己在网络上收集的资料，分析瑞蚨祥的品牌调性与产品定位。

实训二　新媒体营销

任务1　制作新媒体营销文案

任务描述：

新媒体营销逐渐成为现代营销模式中重要的部分。新媒体营销基于信息技术和网络技术实现信息传播，可以多方位快速传播品牌和产品信息，并与消费者建立联系，提升品牌的关注度。为了快速、广泛地宣传企业的新产品，瑞蚨祥需要面向目标受众，围绕新产品制作图文并茂的新媒体宣传文案，提高品牌的认知度和忠诚度，促进产品的销售和市场占有率的提升。请你结合实训资料，制作新媒体营销文案，将表7-1填写完整。

表7-1　新媒体营销文案

标题	
正文	

任务2　延伸思考

任务描述：

当前，很多国货品牌正在崛起。根据所学知识，你认为老字号品牌要在激烈的市场竞争中取得突破，可以从哪些方面做出努力？

实训项目评价

学生技能自评表

序号	技能自评	达成	未达成
1	了解产品名称的心理功能和命名策略		
2	熟悉商标的心理功能和商标设计的心理策略		
3	掌握影响新产品购买行为的心理因素		
4	了解一种新媒体宣传工具		

学生素质自评表

序号	素质自评	具体指标	达成	未达成
1	信息收集能力	能够借助网络资源进行自主学习		
2	心理探究能力	能够结合现实环境探究一般的消费者心理		
3	创新发展能力	能够结合所学知识找到创新性的解决问题的方式		
4	企业责任	具备打造“中国制造”品牌和产品的意识与责任感		

课后提升

品牌如何与消费者产生联系？

项目八　产品价格与消费者心理及行为

学习目标

1. 知识目标

(1) 掌握产品价格和价格构成的相关知识；
(2) 掌握消费者价格心理的特征；
(3) 掌握产品定价的心理策略；
(4) 掌握产品调价的心理策略。

2. 能力目标

(1) 能够理解产品价格和价格构成的内涵；
(2) 能够理解消费者的价格心理；
(3) 能够收集用户数据，分析产品定价的心理策略；
(4) 能够应用产品调价的心理策略。

3. 素养目标

(1) 养成自我学习的习惯和能力；
(2) 团队协助、团队互助，和团队成员一起完成实训任务；
(3) 具备数据思维和发现问题的能力。

项目重点和难点

在市场营销活动中，企业要确定既能为广大消费者接受，又能使企业自身取得较好收益的价格，除了掌握价格构成的理论外，企业还必须研究消费者价格心理的基本特征和变化趋势。本项目的重点在于理解数字营销环境下的产品价格和价格构成，消费者价格心理，产品定价的心理策略，以及产品调价的心理策略；本项目的难点是产品定价的心理策略和产品调价的心理策略。

内容架构

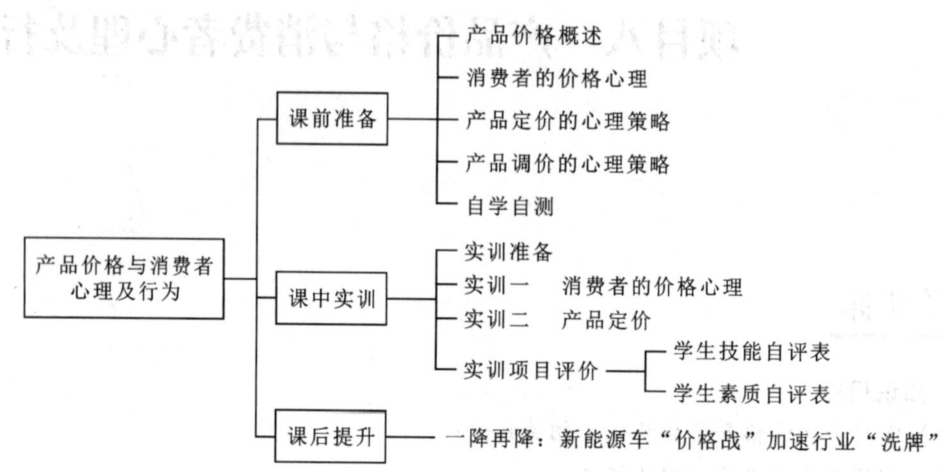

导入情境

2024年5月17日，国务院新闻办公室举行新闻发布会，相关负责人就2024年4月的国民经济运行情况进行了介绍。以下为相关内容的摘录。

一、工业生产加快，装备制造业和高技术制造业较快增长

2024年4月，全国规模以上工业增加值同比增长6.7%，比上月加快2.2个百分点；环比增长0.97%。分三大门类看，采矿业增加值同比增长2.0%，制造业增长7.5%，电力、热力、燃气及水生产和供应业增长5.8%。装备制造业增加值增长9.9%，比上月加快3.9个百分点；高技术制造业增加值增长11.3%，比上月加快3.7个百分点。分经济类型看，国有控股企业增加值增长5.4%；股份制企业增长6.9%，外商及港澳台投资企业增长6.2%；私营企业增长6.3%。分产品看，3D打印设备、新能源汽车、集成电路产品产量同比分别增长55.0%、39.2%、31.9%。2024年1—4月，全国规模以上工业增加值同比增长6.3%，比1—3月加快0.2个百分点。4月，制造业采购经理指数为50.4%，企业生产经营活动预期指数为55.2%。1—3月，全国规模以上工业企业实现利润总额15055亿元，同比增长4.3%。

二、服务业持续恢复，现代服务业发展较好

2024年4月，全国服务业生产指数同比增长3.5%。分行业看，信息传输、软件和信息技术服务业，租赁和商务服务业，金融业，交通运输、仓储和邮政业生

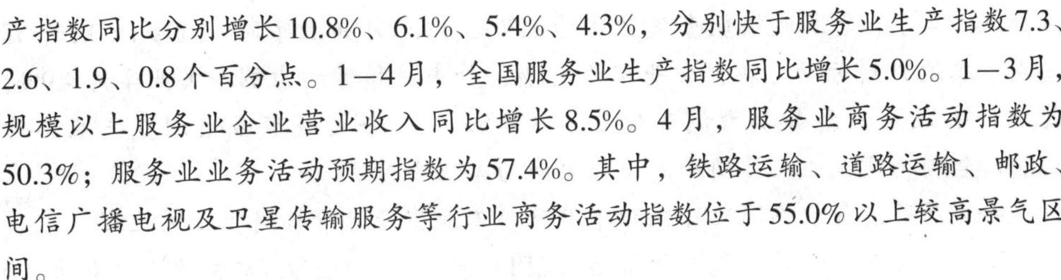
产指数同比分别增长10.8%、6.1%、5.4%、4.3%，分别快于服务业生产指数7.3、2.6、1.9、0.8个百分点。1—4月，全国服务业生产指数同比增长5.0%。1—3月，规模以上服务业企业营业收入同比增长8.5%。4月，服务业商务活动指数为50.3%；服务业业务活动预期指数为57.4%。其中，铁路运输、道路运输、邮政、电信广播电视及卫星传输服务等行业商务活动指数位于55.0%以上较高景气区间。

三、市场销售保持增长，服务消费增势良好

2024年4月，社会消费品零售总额35699亿元，同比增长2.3%；环比增长0.03%。按经营单位所在地分，城镇消费品零售额31026亿元，同比增长2.1%；乡村消费品零售额4673亿元，增长3.5%。按消费类型分，商品零售31784亿元，增长2.0%；餐饮收入3915亿元，增长4.4%。基本生活类和部分升级类商品销售增长较快，限额以上单位通信器材类，体育、娱乐用品类，粮油、食品类，饮料类商品零售额分别增长13.3%、12.7%、8.5%和6.4%。2024年1—4月，社会消费品零售总额156026亿元，同比增长4.1%。全国网上零售额44110亿元，同比增长11.5%。其中，实物商品网上零售额37356亿元，增长11.1%，占社会消费品零售总额的比重为23.9%。1—4月，服务零售额同比增长8.4%。

四、固定资产投资规模扩大，高技术产业投资增长较快

2024年1—4月，全国固定资产投资（不含农户）143401亿元，同比增长4.2%；扣除房地产开发投资，全国固定资产投资增长8.9%。分领域看，基础设施投资同比增长6.0%，制造业投资增长9.7%，房地产开发投资下降9.8%。全国新建商品房销售面积29252万平方米，同比下降20.2%；新建商品房销售额28067亿元，下降28.3%。分产业看，第一产业投资同比增长1.9%，第二产业投资增长13.0%，第三产业投资增长0.3%。民间投资增长0.3%；扣除房地产开发投资，民间投资增长7.2%。高技术产业投资同比增长11.1%，其中高技术制造业和高技术服务业投资分别增长9.7%、14.5%。高技术制造业中，航空、航天器及设备制造业，计算机及办公设备制造业投资分别增长49.6%、10.2%；高技术服务业中，电子商务服务业、信息服务业投资分别增长27.6%、19.9%。4月，固定资产投资（不含农户）环比下降0.03%。

五、货物进出口较快增长，贸易结构继续优化

2024年4月，货物进出口总额36389亿元，同比增长8.0%。其中，出口20762亿元，增长5.1%；进口15627亿元，增长12.2%。进出口相抵，贸易顺差5135亿元。1—4月，货物进出口总额138053亿元，增长5.7%。其中，出口78113亿元，增长4.9%；进口59940亿元，增长6.8%。1—4月，一般贸易进出口增长5.3%，占进出口总额的比重为65.1%。民营企业进出口增长10.7%，占进出口总额的比重为54.6%，比上年同期提高2.5个百分点。机电产品出口增长6.9%，占出口总额的比重为59.2%。

六、就业形势总体稳定，城镇调查失业率下降

2024年1—4月，全国城镇调查失业率平均值为5.2%，比上年同期下降0.2个

百分点。4月，全国城镇调查失业率为5.0%，比上月和上年同月均下降0.2个百分点。本地户籍劳动力调查失业率为5.1%；外来户籍劳动力调查失业率为4.9%，其中外来农业户籍劳动力调查失业率为4.5%。31个大城市城镇调查失业率为5.0%。全国企业就业人员周平均工作时间为48.5小时。

七、居民消费价格同比涨幅稳中有升，工业生产者价格同比降幅收窄

2024年4月，全国居民消费价格（CPI）同比上涨0.3%，涨幅比上月扩大0.2个百分点；环比上涨0.1%，上月为下降1.0%。分类别看，食品烟酒价格同比下降1.4%，衣着价格上涨1.6%，居住价格上涨0.2%，生活用品及服务价格上涨1.4%，交通通信价格上涨0.1%，教育文化娱乐价格上涨1.8%，医疗保健价格上涨1.6%，其他用品及服务价格上涨3.8%。在食品烟酒价格中，鲜果价格下降9.7%，粮食价格上涨0.5%，鲜菜价格上涨1.3%，猪肉价格上涨1.4%。扣除食品和能源价格后的核心CPI同比上涨0.7%，涨幅比上月扩大0.1个百分点。1—4月，全国居民消费价格同比上涨0.1%。

4月，全国工业生产者出厂价格同比下降2.5%，降幅比上月收窄0.3个百分点；环比下降0.2%。全国工业生产者购进价格同比下降3.0%，环比下降0.3%。1—4月，全国工业生产者出厂价格和购进价格同比分别下降2.7%和3.3%。

总的来看，2024年4月国民经济运行平稳，虽然部分指标受节假日错月、上年同期基数较高等因素影响增速有所放缓，但工业、出口、就业、物价等主要指标总体改善，新动能保持较快成长，国民经济延续回升向好态势，积极因素累积增多。但也要看到，外部环境复杂性、严峻性、不确定性明显上升，经济持续回升向好仍面临诸多困难挑战。下阶段，要坚持以习近平新时代中国特色社会主义思想为指导，全面贯彻落实中央政治局会议精神，坚持稳中求进工作总基调，完整、准确、全面贯彻新发展理念，加快构建新发展格局，着力推动高质量发展，靠前发力有效落实已经确定的宏观政策，巩固和增强经济回升向好态势，持续推动经济实现质的有效提升和量的合理增长。

资料来源：《国务院新闻办发布会介绍2024年4月份国民经济运行情况》（https：//www.gov.cn/zhengce/202405/content_6951725.htm），有改动。

课前准备

一、产品价格概述

（一）产品价格的定义

产品价格是产品价值的货币表现。它是一个与产品经济紧密联系的经济概念。产品是使用价值和价值的统一体。产品的价值是凝结在产品中的一般人类劳动。这种劳动是以量的形式表现出来的。产品的价值量由生产这种产品所耗费的社会必要劳动时间决定。产品

的价值不能自我表现，一个产品的价值必须由另一个产品来表现，并且只能在同另外一个产品相交换时才能实现。

产品价格是产品价值的货币表现形态，它体现了产品和货币的交换关系，是产品和货币交换比例的指数。在商品经济条件下，产品的价值是由生产这种产品所耗费的社会必要劳动时间决定的，但社会必要劳动时间又无法直接表示产品价值，而只能间接地和相对地表现在某种产品同另一种产品交换的比例上。

产品价格受多种因素影响，包括价值、供求关系、市场竞争等。价值是价格的基础，价格反映价值，但价格也会围绕价值上下波动，这取决于供求关系的变化。当供大于求时，价格可能下跌；当供不应求时，价格可能上涨。此外，市场竞争也会对价格产生影响，企业为了争夺市场份额可能会采取降价策略。

（二）产品价格的构成

1. 生产成本

产品价格构成中的生产成本，是价值构成中的物化劳动价值和劳动者为自己劳动所创造的价值的货币形态。在产品价格构成诸要素中，生产成本是最基本、最主要的因素。它的大小，在很大程度上反映了产品价值量的大小，并同产品价格水平的高低成正比。因此，精确地核算生产成本，可以为正确地制订价格政策提供科学依据。

生产成本是确定产品价格的最低经济界限，无论产品价格怎样背离其价值，都不应使价格低于产品的生产成本。生产成本的实现，是生产单位进行再生产最起码的条件。在规定各种产品的价格时，必须保证企业在正常生产、合理经营的条件下，至少能够收回它的生产成本。如果价格低于成本，必然使生产单位已消耗的社会劳动得不到补偿，从而导致简单再生产无法维持。即使价格等于生产成本，也只能补偿成本消耗，维持简单再生产，却不能保证扩大再生产。只有精确地核定工农业生产成本，才有可能在不低于生产成本这一经济界限的基础上，合理地确定价格。

2. 流通费用

在商业领域，根据是否参与产品价值的形成，可以将流通费用分为生产性流通费用和纯粹流通费用。生产性流通费用的多少，会直接影响产品价格的涨落，以及人们生活水平的高低。纯粹流通费用只能从劳动者为社会劳动所创造的价值中得到补偿，因而它的变化不应引起产品价格的变化。在产品价格确定的条件下，纯粹流通费用的节约会相对地增加盈利。因此，纯粹流通费用的多少，会直接影响企业利润和国家积累。

正确地核算产品的流通费用，是合理确定产品价格的必要条件。核算产品流通费用要遵循下列原则。

第一，产品价格中内含的流通费用，应按产品的品种或类别分别核算，不能不分品种、类别，用企业经营的所有产品的混合平均费用计算。

第二，价格中的流通费用要按产品流转环节分别核算。

第三，产品价格中，流通费用的各个项目，凡是规定了计费办法和定额标准的，要按规定的计费办法和定额标准来计算。

3. 税金和利润

产品价格构成中的税金和利润，可以具体分解为生产税金、生产利润、商业税金和商业利润。其中，生产税金和生产利润，是生产部门劳动者为社会所创造的价值中部分价值的货币形态；商业税金和商业利润，是从生产部门劳动者为社会创造的价值中让渡给商业部门的部分价值和商业部门劳动者追加劳动为社会所创造的价值部分的货币形态。简言之，税金和利润是劳动者在生产流通中为社会所创造的价值的货币表现，是产品价格超过生产成本和流通费用的余额。

产品价格中的税金是国家积累资金的一种重要形式。税率的大小，是按照不同产品，根据兼顾国家、集体、个人三者利益的原则，结合国家经济发展的需要，由国家通过法律加以具体规定的。任何企业对于应交税金，无论经营是否盈利，都必须足额上交。任何单位或个人偷税、漏税的活动都是违法的，要根据情节轻重，受到法律的制裁。同时，税金是调节企业的利润水平和价格水平的重要手段。例如，对于关系国计民生或需要重点发展的产品，可确定较低的税金。

价格中的利润是国家积累资金的另一种形式，其中也有一部分留作企业基金，它分为生产利润和产品利润。工业品价格中的生产利润被称为工业利润，农产品价格中的生产利润被称为农业纯收益。

二、消费者的价格心理

消费者价格心理是指消费者对产品价格的心理反应，这是影响消费者购买行为的重要因素。

（一）消费者价格心理的特征

1. 习惯性

反复的购买活动会使消费者对某种产品的价格形成大致的了解，这种价格也叫习惯价格。消费者判断频繁购买的产品价格高低时，往往以习惯价格为标准。在习惯价格以内的价格，消费者一般会认为它是合理的、正常的；价格超过上限，消费者会认为其太贵；价格低于下限，消费者会对质量产生怀疑。

2. 敏感性

消费者对产品价格的心理反应的强弱程度与该产品价格变动的幅度通常按同方向变

化，但违反这种心理变化的情况也经常发生。有些产品即使价格调整幅度很大，消费者也不会产生强烈的心理反应。造成这种差异的原因是消费者对各种产品价格变动的敏感性不同。一般来说，消费者对需要经常购买的日用品价格变动很敏感，对购买次数少的高档消费品价格变动则比较迟钝。

3. 感受性

消费者对产品价格高低的判断不完全以绝对价格为标准，还受其他因素的影响，这些因素主要有产品轻重、体积大小、商标、包装、色彩；产品的使用价值和社会价值；产品陈列方式、服务方式、销售场所的气氛等。由于刺激因素造成的错觉，有的产品绝对价格相对高一些，消费者会觉得便宜；有的产品绝对价格相对低一些，消费者会觉得很贵。

4. 倾向性

消费者对产品价格的选择倾向或为高价，或为低价。前者多为经济条件较好，怀有求名动机及炫耀心理的消费者；后者多属经济条件一般，怀有求实惠动机的消费者。

（二）产品价格与消费者心理及行为的关系

1. 价格是消费者衡量产品价值和品质的直接标准

在消费者对产品品质、性能知之甚少的情况下，他们主要通过价格判断产品品质和性能。许多人认为价格高表示产品质量好，价格低表示产品品质差，这种心理认知与成本定价方法以及价格构成理论一致。所以，便宜的价格不一定能促进消费者购买，相反，便宜的价格可能会使他们产生对产品品质、性能的怀疑。适中的价格，可以使消费者对产品品质、性能有“放心感”。

2. 价格是消费者社会地位和经济收入的象征

消费者在购买产品时，会将自己的社会地位、经济收入和个性心理与产品价格联系起来。他们可能会选择购买符合自己身份和地位的产品，以展示自己的成功和财富水平。同时，价格也会影响消费者对产品的心理预期和信任感。高价产品往往被认为更有保障，能够提供更好的使用体验和服务，从而增强消费者的购买信心和忠诚度。

3. 价格直接影响消费者的需要量

当价格上涨时，消费者的购买需求可能会下降，因为他们可能会认为价格过高而不愿意购买；当价格下降时，消费者的购买需求可能会增加，因为他们认为价格更加合理或划算。但消费者有时候也存在“追涨等跌”心理，当产品价格普遍提高时，消费者会由于担心未来价格会持续攀升而增加即期需求；当产品价格不断降低时，消费者可能会因为担心未来价格继续下降而减少即期需求。这种价格调节机制有助于平衡市场供求关系，保持市场的稳定和健康发展。

三、产品定价的心理策略

（一）产品定价

产品定价是市场营销学中最重要的组成部分之一，主要研究产品和服务的价格制定和变更的策略，以求得最佳的营销效果和收益。产品定价的心理策略是企业在确定产品价格时，运用心理学的原理和方法，以深入了解和把握消费者的购买心理为基础，从而制定更能吸引和满足消费者需求的价格策略。产品定价的心理策略核心在于通过理解和影响消费者的心理感知，使他们对产品价格产生积极的认知，进而促进购买行为的发生。

对于企业而言，在定价时，一般有如下几个步骤：确定定价目标、确定需求、估计成本、选择定价方法、选定最后价格。

1. 确定定价目标

企业的定价目标是以满足市场需要和实现企业盈利为基础的，它是实现企业经营总目标的保证和手段，同时也是企业确定定价策略和定价方法的依据。

2. 确定需求

价格会影响市场需求。在正常情况下，市场需求会向与价格相反的方向变动。价格上升，需求减少；价格降低，需求增加，所以需求曲线是向下倾斜的。就威望高的品牌和产品来说，需求曲线有时呈正斜率。例如，香水提价后，其销售量却有可能增加。当然，如果提得太高，需求就会减少。企业在定价时必须依据需求的价格弹性，即了解市场需求对价格变动的反应。价格变动对需求影响小，这种情况被称为需求无弹性；价格变动对需求影响大，则叫作需求有弹性。

3. 估计成本

需求在很大程度上为企业确定了一个最高价格限度，而成本则决定着价格的底数。价格应包括所有生产、分销和推销该产品的成本，还包括对企业的努力和承担风险的一个公允的报酬。

4. 选择定价方法

定价方法是企业在特定的定价目标指导下，依据对成本、需求及竞争等状况的研究，运用价格决策理论，对产品价格进行计算的具体方法。定价方法主要包括成本导向定价法、竞争导向定价法和顾客导向定价法三种类型。

5. 选定最后价格

企业最后选定的价格必须考虑以下因素。

第一，最后价格必须符合企业的定价政策。企业的定价政策是指，明确企业需要的定价形象、对价格折扣的态度以及对竞争者的价格的指导思想。

第二，最后价格必须考虑是否符合政府有关部门的政策规定。

第三，最后价格还要考虑消费者的心理。例如，企业可以利用消费者心理，采取声望定价，把实际价值不大的产品价格定得很高（如把实际值10元的香水定为100元），或者采用奇数定价（把一台电视机的价格定为1299元），以促进销售。

第四，确定最后价格时，还须考虑企业内部有关人员（如推销人员、广告人员等）对定价的意见，考虑经销商、供应商等对所定价格的意见，考虑竞争对手对所定价格的反应。

（二）定价策略

价格策略就是根据购买者各自不同的支付能力和效用情况，结合产品进行定价，从而实现最大利润的定价办法。价格策略这个观念源于十九世纪末大规模零售业的发展。在历史上，多数情况下，价格是消费者做出选择的主要决定因素；不过，近些年，在消费者的购买决策中，非价格因素已经相对地变得更重要了。但是，价格仍是决定企业市场份额和盈利率的最重要因素之一。在市场营销组合中，价格是唯一能产生收入的因素，其他因素表现为成本。

（三）定价方法

1. 成本导向定价法

以产品单位成本为基本依据，再加上预期利润来确定价格的成本导向定价法，是中外企业最常用、最基本的定价方法。成本导向定价法又可以衍生出总成本加成定价法、目标收益定价法、边际成本定价法、盈亏平衡定价法等几种具体的定价方法。

（1）总成本加成定价法

在这种定价方法下，把所有为生产某种产品而发生的耗费都计入成本的范围，计算单位产品的变动成本，合理分摊相应的固定成本，再按一定的目标利润率来确定价格。

（2）目标收益定价法

目标收益定价法又称投资收益率定价法，是根据企业的投资总额、预期销量和投资回收期等因素来确定价格。

（3）边际成本定价法

边际成本是指每增加或减少单位产品所引起的总成本变化量。由于边际成本与变动成本比较接近，而变动成本的计算更容易一些，所以在定价实务中，多用变动成本替代边际成本，并将边际成本定价法称为变动成本定价法。

（4）盈亏平衡定价法

在销量既定的条件下，企业产品的价格必须达到一定的水平，才能使企业盈亏平衡、收支相抵。既定的销量就是盈亏平衡点，这种确定价格的方法就被称为盈亏平衡定价法。科学地预测销量和已知固定成本、变动成本是盈亏平衡定价法的前提。

2. 竞争导向定价法

在竞争十分激烈的市场上，企业通过研究竞争对手的生产条件、服务状况、价格水平等因素，依据自身的竞争实力，参考成本和供求状况来确定产品价格。这种定价方法就是我们通常所说的竞争导向定价法。竞争导向定价法可以做下面的细分。

（1）随行就市定价法

在垄断竞争和完全竞争的市场结构条件下，任何一家企业都无法凭借自己的实力而在市场上取得绝对的优势，为了避免竞争，特别是价格竞争带来的损失，大多数企业都采用随行就市定价法，即让本企业某产品价格保持在市场平均价格水平上，利用这样的价格来获得平均报酬。此外，采用随行就市定价法，企业就不需要全面了解消费者对不同价格的反应，也不会引起太大的价格波动。

（2）产品差别定价法

产品差别定价法是指企业通过不同的营销努力，使同种同质的产品在消费者心目中树立起不同的产品形象，进而根据自身特点，选取低于或高于竞争者的价格作为本企业产品的价格。因此，产品差别定价法是一种进攻性的定价方法。

（3）密封投标定价法

在国内外，许多大宗产品、原材料、成套设备、建筑工程项目的买卖和承包，以及小型企业的出售等，往往采用发包人招标、承包人投标的方式来选择承包者，确定最终承包价格。一般来说，招标方只有一个，处于相对垄断地位，而投标方有多个，处于相互竞争地位。标的物的价格由参与投标的各企业在相互独立的条件下来确定。在买方招标的所有投标者中，报价最低的投标者通常中标，它的报价就是承包价格。这样一种竞争性的定价方法就是密封投标定价法。

3. 顾客导向定价法

现代市场营销观念要求企业的一切生产经营活动必须以消费者需求为中心，这一点需要在产品、价格、分销和促销等方面予以充分体现。根据市场需求状况和消费者对产品的感觉差异来确定价格的方法叫作顾客导向定价法，又称市场导向定价法、需求导向定价法。顾客导向定价法主要包括理解价值定价法、需求差异定价法和逆向定价法。

（1）理解价值定价法

所谓“理解价值”，是指消费者对某种产品价值的主观评判。理解价值定价法是指企业以消费者对产品价值的理解度为定价依据，运用各种营销策略和手段，影响消费者对产品价值的认知，培育对企业有利的价值观念，再根据产品在消费者心目中的价值来确定价格。

（2）需求差异定价法

所谓需求差异定价法，是指产品价格的确定以需求为依据，首先强调适应消费者需求的不同特性，而将成本补偿放在次要地位。这种定价方法，为同一产品在同一市场上制定两个或两个以上的价格，使不同产品价格之间的差额大于其成本之间的差额。其好处是可以使企业定价最大限度地符合市场需求，促进产品销售，有利于企业获取经济效益。

（3）逆向定价法

这种定价方法主要不是考虑产品成本，而是重点考虑需求状况。依据消费者能够接受的最终销售价格，逆向推算出中间商的批发价和生产企业的出厂价。逆向定价法的特点是：价格能反映市场需求情况，有利于加强企业与中间商的良好关系，保证中间商的正常利润，使产品迅速向市场渗透，并可以根据市场供求情况及时调整，定价比较灵活。

（四）定价的心理策略

对产品进行定价时，企业考虑的是成本、需求、竞争等因素。企业确定产品价格必须以消费者为对象，研究消费者的价格心理，从而确定令企业满意、让消费者接受的最佳价格，最终达成促进销售和提高市场占有率的目的。

一些常见的产品定价心理策略包括尾数与整数定价策略、价值与招徕定价策略、对比与差别定价策略、习惯与梯子定价策略等。然而，需要注意的是，产品定价的心理策略并非一成不变，而应随着市场环境、消费者需求以及企业竞争策略的变化而灵活调整。同时，企业在运用这些策略时，也需要遵守法律法规和道德规范，确保定价的公正性和合理性。

1. 尾数与整数定价策略

（1）尾数定价策略

尾数定价，又称非整数定价，是一种在产品定价时倾向于选择非整数、带有尾数的价格策略。这种策略巧妙地运用心理学原理，让消费者在潜意识中感受到产品价格的亲民和实惠，从而产生强烈的购买冲动。尾数定价策略的魅力在于其隐含的暗示效应，它无声地告诉消费者，这个价格是经过商家精心计算和权衡的，因此具有较高的可信度。

实际上，大量的市场调查显示，价格尾数的微小差异往往会对消费者的购买决策产生意想不到的影响。比如，消费者可能会觉得标价为198元的产品比200元的产品便宜得多，尽管两者仅相差2元。同样地，202元的产品可能会让消费者觉得价格过高。

尾数定价策略之所以受到广泛欢迎，主要有以下原因。

第一，尾数定价能够为消费者营造出产品价格偏低的错觉。当某种产品定价为49.9元时，消费者往往会认为这只是40元左右，因此感觉它更为经济。相反，如果同样的产品定价为50元，消费者可能会觉得这是50元左右的产品，并感觉价格偏高。

第二，尾数定价能满足消费者的特定心理需求。在不同的文化背景下，消费者对某些数字可能有着特殊的偏好或忌讳。例如，在东方文化中，“8”被视为寓意吉祥的数字，代表财富，“6”则象征着和谐与顺利，而“9”则代表长长久久。因此，商家在定价时巧妙地运用这些数字，可以迎合消费者的心理预期，提高产品的吸引力。同样地，在西方文化中，数字“7”往往被视为幸运的象征，而“5”和“3”则可能被视为不吉利的数字。因此，商家在使用尾数定价策略时，需要充分考虑目标市场消费者的文化背景和消费习惯。

（2）整数定价策略

整数定价策略，也被称为“方便定价法”或“一口价定价法”，是一种基于价格不变的定价策略。在这种策略下，产品的价格被设定为整数，不论其需求或成本如何变化。整数定价策略在多个行业中都很流行，特别是餐饮和服装。企业采用这种策略的目的是获得便利，方便消费者进行价款找零，同时也有助于增强消费者对产品的记忆，强化产品形象。

高档手袋、珠宝、手表等奢侈品往往采用整数定价策略，以强调其高端、尊贵的形象。价格如10000元、20000元等，更能彰显产品的稀缺性和价值。汽车是另一个常见的使用整数定价策略的行业。汽车价格通常以万元为单位，这样有利于消费者记忆和比较。

2. 价值与招徕定价策略

（1）价值定价策略

价值定价策略也被称为声望定价策略，是一种基于消费者对品牌或产品的信任与声望而为产品定价的策略。在这种策略下，产品价格往往高于市场平均水平，以反映产品的高品质、独特性或品牌的高端形象。这种策略的核心在于利用消费者对特定品牌或产品的信任感，使他们愿意支付更高的价格以获取这些产品所带来的价值。

在实施价值定价策略时，企业通常需要具备以下几个条件：首先，品牌或产品必须拥有独特的卖点或优势，能够吸引消费者的关注和信任；其次，企业需要具备高品质的生产和服务能力，以确保产品能够满足消费者的期望；最后，企业需要通过有效的市场推广和品牌建设活动，提升品牌知名度和美誉度，从而增强消费者对产品的信任度，强化消费者的购买意愿。

奢侈品通常以其高品质、独特设计、限量生产等因素吸引消费者，因此采用价值定价策略是非常合适的。奢侈品品牌通过设定高价来彰显其尊贵、稀缺和独特的品牌形象，满足消费者对奢侈品的社会认同和心理满足感。在某些专业服务领域，如法律咨询等，服务提供商凭借其专业知识和经验，可以为消费者提供高质量的服务。这些服务提供商通常会采用价值定价策略，根据其服务的质量和独特性来设定价格。

（2）招徕定价策略

与价值定价策略相反的是招徕定价策略，是一种有意将少数产品或服务的价格定得低于市场平均水平，甚至低于成本的定价方法，以吸引大量消费者前来购买，从而带动其他产品或服务的销售。这种策略通常用于吸引消费者的注意力，让他们对产品或品牌产生兴趣，并希望他们通过购买其他产品来弥补特价产品低价带来的损失。

在超市等零售场所，招徕定价策略常被用于吸引消费者进店。例如，商家可能会将一些日用品或食品以低于成本的价格销售，希望通过这些特价产品吸引消费者进店购买其他产品。在餐饮业中，招徕定价策略常用于套餐销售。例如，餐厅可能会推出价格较低的套餐，吸引对价格敏感的消费者。这些消费者可能会因为套餐的实惠价格而选择该餐厅，进而增加餐厅的客流量和整体销售额。在在线购物平台，招徕定价策略常用于吸引用户点击和购买。商家可能会将某些产品的价格定得极低，甚至低于成本，以吸引用户点击和浏览。一旦用户进入店铺或网站，他们可能会浏览并购买其他产品，从而增加销售额。电影院也常采用招徕定价策略，如“买一赠一”或“特价观影”等活动。这些活动可以吸引更多的观众前来观影，即使他们只需要购买一张电影票。电影院可以通过销售爆米花、饮料等附加产品来弥补特价电影票造成的损失。

实施招徕定价策略时，企业需重点关注以下三个方面。

一是关注产品的选择。这些产品要能吸引消费者的注意力，企业还要确保它们的价值不会过高，以免大量低价销售给企业带来过大的损失。这样既能保证企业的利润，又能有效吸引消费者。

二是保证库存。如果供应不足，消费者无法购买到特价产品，他们可能会感到被欺骗，这会损害企业的形象和声誉。因此，企业需要提前预测需求，确保库存充足。

三是将特价转化为购买力。当消费者因为特价产品而进店时，商家应该采取措施分散他们的注意力，例如将特价产品放置在店铺深处或在现场增加其他产品的广告，引导消费者浏览更多产品，增加销售额。

总而言之，实施招徕定价策略时，商家需要谨慎挑选特价产品，确保库存充足，有效引导消费者的注意力。只有在这些方面做到位，商家才能实现吸引消费者并增加销售额的目标。

3. 对比与差别定价策略

（1）对比定价策略

对比定价策略，是指商家将某种产品与一个价格更高的同类产品或竞争品牌产品放置在一起，并为前者设定一个适中而低廉的价格。这种策略基于孤立效应，即产品在与其他更昂贵的产品相邻时，会显得更具吸引力。

在运用对比定价策略时，商家需要注意以下几点。

一是合理设定标准价格和实际价格。标准价格应该高于实际价格，但也不能过高，以免让消费者觉得实际价格也不合理。同时，实际价格应该具有竞争力，能够吸引消费者购买。

二是突出价格差异。商家可以通过明显的标识或文字说明来突出标准价格和实际价格之间的差异，让消费者更容易感受到优惠。

三是注意与市场需求相匹配。商家在运用对比定价策略时，需要考虑市场需求和竞争状况，确保定价策略与市场环境相匹配。

例如，某知名汽车品牌推出了一款新型豪华汽车，并决定采用对比定价策略来推广这款产品。在这款新车的定价策略中，该品牌设置了一个标准价格，这是一个相对较高的价格，但并非不合理。然后，他们通过一系列的促销活动和特别优惠，为这款新车设定了一个相对较低的实际价格。这些优惠可能包括折扣、免费升级、延长保修期等。在广告宣传中，该品牌突出了标准价格与实际价格之间的巨大差异，让消费者感受到购买这款新车所能获得的超值优惠。此外，他们还在广告中强调了这款新车的豪华配置、卓越性能以及品牌的高品质保证，以进一步吸引消费者的关注。通过这种对比定价策略，该品牌成功地吸引了大量潜在消费者的关注，并促使他们采取行动购买这款新车。这款新车在市场上的销量迅速攀升，成为一款备受欢迎的豪华汽车。

（2）差别定价策略

差别定价策略，又称弹性定价策略，是一种依据消费者支付意愿而制定不同价格的定价法，其目的在于建立基本需求，缓和需求之间的波动，并刺激消费。这种方法是指企业用两种或多种价格销售一款产品或一项服务，尽管价格差异并不是以成本差异为基础得出的。

差别定价必须满足以下三个条件：第一，企业对价格必须有一定的控制能力；第二，产品有两个或者两个以上被分割的市场；第三，不同市场的价格弹性不同。

在实际应用中，差别定价策略是一种常见的定价策略。例如，在航空业中，不同航线和目的地的票价往往不同，这主要是因为航线的热门程度和供需关系不同，这是一种基于地理位置的差别定价；软件企业经常提供不同版本的软件，如基础版、高级版、企业版等，每个版本的价格不同，功能和服务也不同，这是基于产品特性和服务的差别定价。

4. 习惯与梯子定价策略

（1）习惯定价策略

习惯定价策略是指根据消费者的习惯价格心理来定价的方法。对于已经形成了习惯价格的产品，即使生产成本降低，企业也不会轻易降价，因为降价可能引发消费者对产品品质的怀疑；相反，即使生产成本增加，企业也不会轻易提价，因为提价可能导致消费者的反感。在这种情况下，企业往往通过薄利多销的方式来弥补因维持习惯价格而可能带来的利润损失。

例如，卷纸、湿巾等产品具有较高的消费频率和稳定性，消费者对价格变动较为敏感。因此，商家在定价时需要谨慎考虑价格，以保持价格的稳定性和竞争力。

习惯定价策略的优点包括易于操作、能稳定市场价格和具有一定的公正性。但同时，这种定价策略也存在一定的局限性，比如可能忽视了市场需求和竞争状况的变化，以及不同消费群体之间的差异。因此，在运用习惯定价策略时，企业需要综合考虑各种因素，确保定价的合理性和有效性。

（2）梯子定价策略

梯子定价策略，又称阶梯定价策略，通过逐步、分阶段地调整产品价格来刺激消费者的购买欲望。例如，某商店在上架产品时仅标注原价、上架日期以及“售罄即止”的提示。其定价策略如下：产品在前10天维持原价销售；第11天至第21天，价格下调20%；第22天至第30天，价格再降50%；如果产品在第31天至第40天仍未售出，商家会将其捐赠给慈善机构。实际上，许多产品在价格下调之前就已经被消费者抢购一空。

这种策略的高明之处在于，尽管产品最终会进行折价销售，但折价幅度和折价时间的

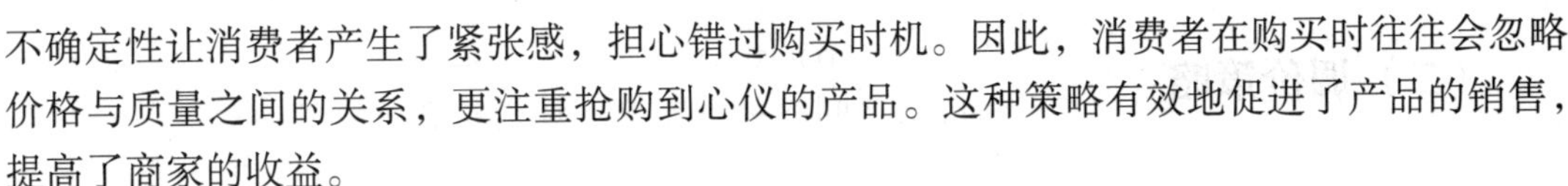

不确定性让消费者产生了紧张感，担心错过购买时机。因此，消费者在购买时往往会忽略价格与质量之间的关系，更注重抢购到心仪的产品。这种策略有效地促进了产品的销售，提高了商家的收益。

四、产品调价的心理策略

在产品调价过程中，消费者的心理策略起着至关重要的作用。利用这些策略的主要目的是激发消费者的购买动机，提高企业的产品销量。

（一）消费者对价格变动的心理反应

1. 锚定效应

锚定效应指的是消费者在对某人、某事做出判断时，易受第一印象或第一信息支配，就像沉入海底的锚一样，把他们的思想固定在某处的心理现象。例如，企业将一款产品定价为100元，打折到80元，消费者会觉得价格很划算。

2. 奢侈品心理

产品价格高，往往会使消费者对产品形成一种奢华、高质量的印象。这种心理利用了消费者对品牌和质量的偏好，让消费者认为高价意味着高品质和独特。

3. 分期付款心理

将产品价格分解为易于承担的月付款额，能使消费者更容易接受。通过强调低首付，企业能使产品的价格显得更加合理。

4. 珍惜性心理

当消费者感知到某个产品的稀缺性，往往更愿意为之付出更高的价格。因此，限时促销、限量发售等手段可以激发消费者的紧迫感和追逐欲。

5. 社会认同心理

企业将产品价格定位在特定目标群体能够接受的范围内，消费者会感受到价值和自我身份的共鸣。这种心理可以增强消费者的归属感和认同感。

（二）调价策略

1. 价格连续性策略

在调价过程中，将价格调整幅度分解为多个较小的增量，消费者可能会感觉调价并不显著。这种策略能够削弱消费者对价格变化的认知，缓和消费者对涨价的抵抗情绪。

2. 达到心理定价

产品的价格为99元或95元，而不是100元，就可以使消费者感觉价格更低廉。这是因为消费者往往会忽视价格的最后一位数字，将其理解为较低的整数。

3. 附加价值策略

在进行产品调价时，同时为升级的产品增加其他的价值，能够让消费者感知新的价值，就容易接受价格上涨。

自学自测

一、判断题

1. 产品定价是市场营销学中最重要的组成部分之一，主要研究产品和服务的价格制定和变更的策略，以求得最佳的营销效果和收益。

2. 产品的价格定得低于市场价，一般都能引起消费者的注意，这适合拥有求廉心理的消费者。

3. 产品价格高，往往会给消费者一种奢华、高质量的印象。这种心理是珍惜性心理。

二、简答题

1. 什么是成本导向定价法？
2. 消费者对价格变动的心理反应有哪些？
3. 产品定价的心理策略有哪些？
4. 如何进行产品调价？

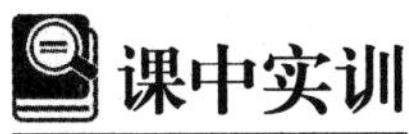

课中实训

实训准备

一、实训目标

本次实训聚焦产品价格与消费者心理及行为，引导学生理解产品价格对消费者网购心理及行为的影响，分析定价策略。学生以小组为单位完成实训。

二、实训项目

根据实训资料《中国消费者网购行为及决策影响因素分析》，分析产品价格对消费者心理和行为的影响；根据《贵州茅台与瑞幸咖啡联名推出“酱香拿铁”》，分析企业的定价策略。

三、实训步骤

（1）结合课前准备的内容，整合产品价格与消费者心理及行为的相关知识点。

（2）实训可采用“线上＋线下”的综合学习方式，学生以小组为单位协同合作，运用网络调研和头脑风暴法，共同完成实训任务。

（3）将实训成果整理到表格中，或者将实训成果以思维导图的形式展现。

四、实训资料

实训资料1

中国消费者网购行为及决策影响因素分析

2023年，在网购频次与月平均花费上呈增加态势的网购用户占比超过50%，但在网购频次与月平均花费上呈减少与没有明显变化的群体合计占比也接近50%（见图8-1和图8-2），由此可见，当前人们的线上消费状况正在呈现分化态势。

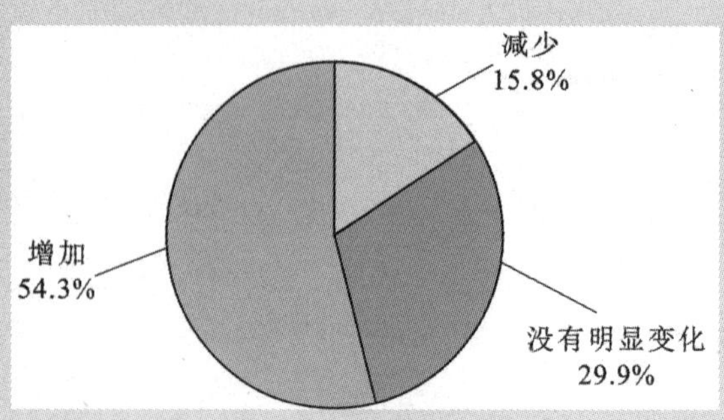

图8-1　2023年网购用户的网购频次变化情况

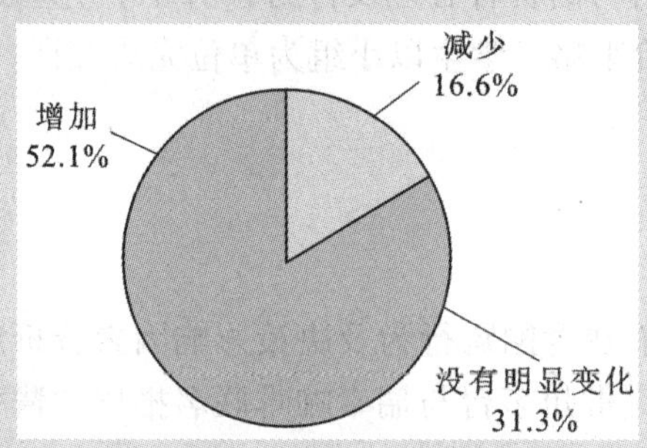

图8-2　2023年网购用户的月平均花费变化情况

数据显示，2023年，在电商平台吸引消费者的因素中，产品价格优惠度与退换货便捷性的重要程度大幅提升。如图8-3所示，选择价格优惠度的消费者占比排名从2020年的第三跃升至2023年的第一，价格优惠度成为2023年网购用户最为关注的因素。同时，网购用户对退换货便捷性的关注度由第七跃升至第三。可见，电商平台在注重打造产品价格比较优势的同时，也应进一步强化对退换货服务便捷性的重视程度。

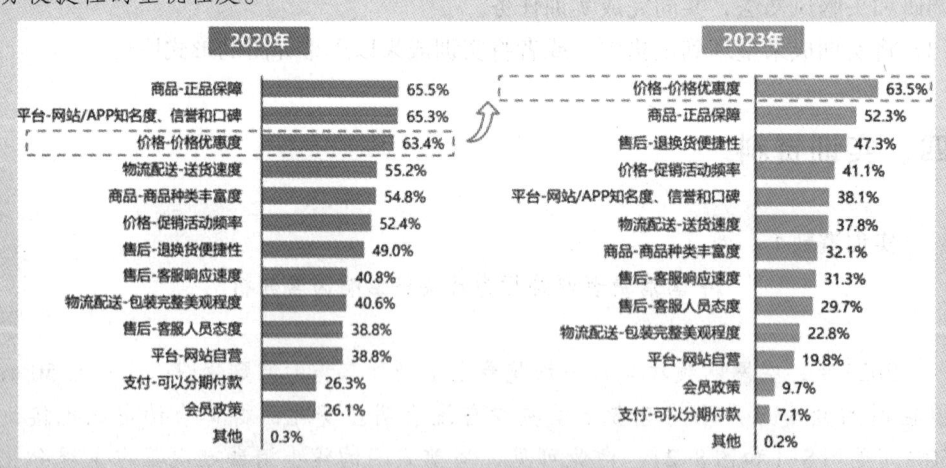

图8-3　2020年及2023年网购消费者选择电商平台主要看重的因素

整体来看，2023年，消费者对淘宝平台产品的种类齐全程度、性价比程度感知更明显；对京东平台产品的正品保障与服务优势感知更明显；对拼多多平台产品的低价吸引力感知更明显；对抖音平台的产品性价比优势感知更明显（见图8-4）。

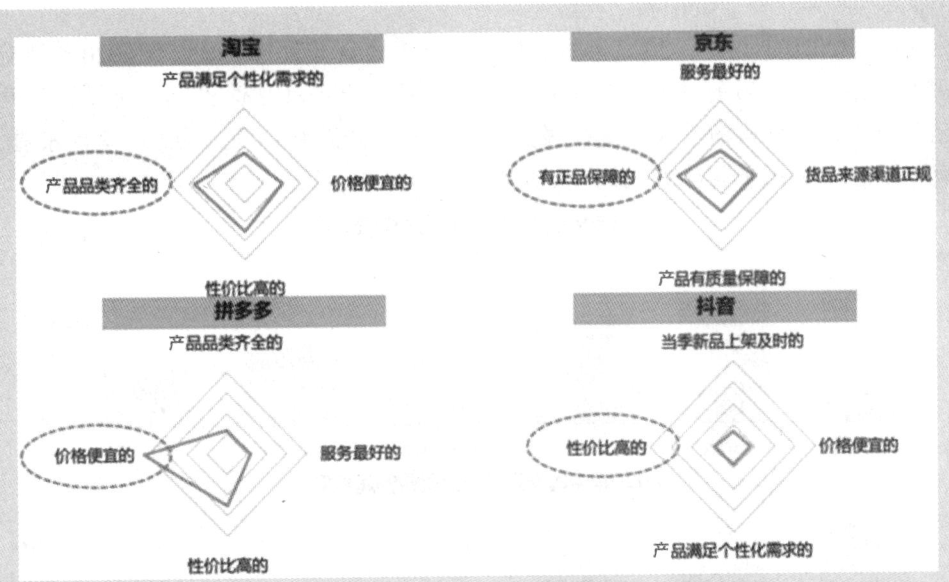

图8-4　2023年网购消费者对主要电商平台产品的评价

2023年，超过86%的网购消费者更加看重产品价格上的比较优势，同时，超过85%网购消费者在线上消费时更加理性，在广告等宣传影响下的冲动消费占比较低（见图8-5和图8-6）。可见，电商平台应根据当前的经济状况与人们消费态度的转变情况，调整经营战略，以跟上电商消费市场大势的变化。

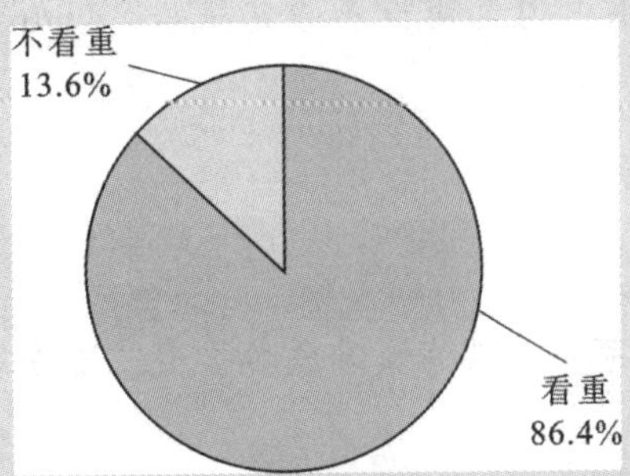

图8-5　2023年网购消费者在网购时对产品价格的看中情况

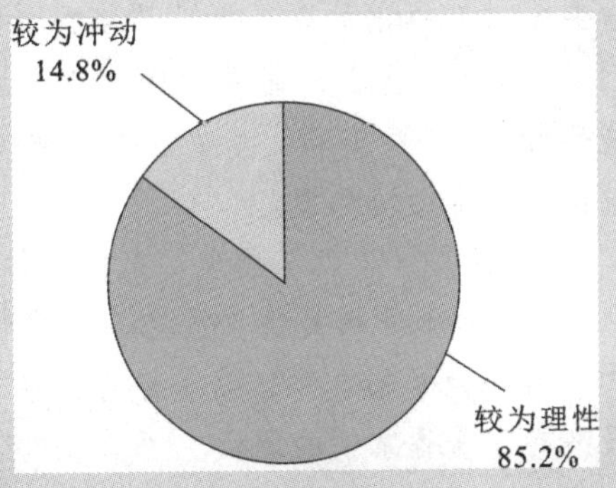

图8-6　2023年网购消费者在网购时的消费态度

2023年，网购用户对电商平台品类丰富程度、物流配送、售后服务等方面满意度高于网购满意度平均水平，但在产品价格方面的满意度低于网购满意度平均水平。与2020年相比，2023年物流配送满意度的提升较为明显。但2020年消费者在产品价格方面的满意度低于网购满意度平均水平（见图8-7）。可见，网购消费者对产品价格的需求一直较强烈，且尚未达到满意水平。从这个角度来看，电商平台应充分意识到进一步加大力度实施可持续的低价战略的紧迫性。

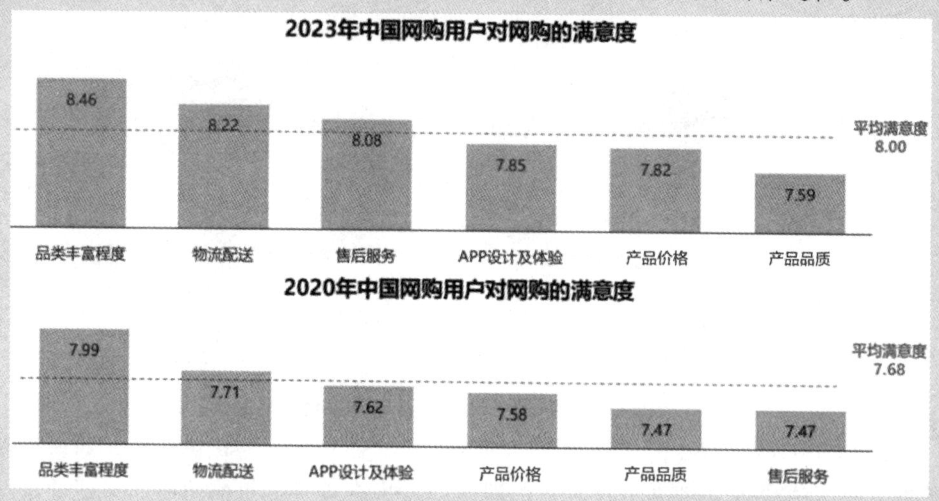

图8-7　2023年和2020年网购消费者对网购的满意度

资料来源：《2023年中国电商市场研究报告》(https://www.36kr.com/p/2628430523874441)，有改动。

实训资料2

贵州茅台与瑞幸咖啡联名推出“酱香拿铁”

2023年9月，贵州茅台酒股份有限公司（简称贵州茅台）与瑞幸咖啡（中国）有限公司（简称瑞幸咖啡）推出的联名咖啡“酱香拿铁”正式开卖，单杯定价38元，券后售价为19元一杯。当天，酱香拿铁销售火爆，“酱香拿铁”“瑞幸回应喝茅台联名咖啡能否开车”“满杯茅台去咖啡液”“瑞幸客服回应酱香拿铁不加咖啡液”等多个相关话题冲上微博热搜。

关于酱香拿铁的口感，瑞幸咖啡官方微博发布的评价是“前段香、中段柔、后段醇”。另据媒体报道，瑞幸咖啡相关负责人在酱香拿铁发布会上称，在过去几个月里，瑞幸咖啡和贵后茅台紧密合作、携手努力，经过多轮严格的产品口味测试和优化调整，才最终有了酱香拿铁的问世。

贵州茅台的一位负责人曾说，这次与瑞幸咖啡合作开发的酱香拿铁，每一杯都添加了飞天茅台酒，历经专业团队上百次的调试，实现了浓郁酱香和咖啡醇香的融合。根据瑞幸咖啡的介绍，酱香拿铁的酒精度为0.2%—0.3%。如果按照这一比例，一杯480毫升的酱香拿铁约含1.8—2.7毫升飞天茅台酒。随后，“一杯酱香拿铁含约2毫升飞天茅台酒”登上微博热搜。

一位食品行业专家分析后指出，瑞幸咖啡卖酱香拿铁，既有显性的利润，也有与贵州茅台之间合作的隐性价值，这对瑞幸咖啡的影响，要看有形价值与无形价值之间的综合效应。通常，一杯咖啡的成本一般为3.5—4元，酱香拿铁的成本可能为8—9元，但实际上飞天茅台酒969元一瓶的出厂价也是给经销商的价格，不能单纯算作成本价。整体来看，在用券的情况下，一杯酱香拿铁售价19元，利润空间还是很大的。

资料来源：《一半清醒一半醉！“酱香拿铁”有多香？每杯里都有茅台？瑞幸能回本吗?》(https://www.thepaper.cn/newsDetail_forward_24480279)，有改动。

实训一　消费者的价格心理

任务1　根据实训资料了解产品价格对消费网购心理和行为的影响

任务描述：

请你根据实训资料1，分析消费者在电商平台网购产品时对产品价格的关注程度。

任务2　设计调研问卷，理解消费者的网络消费行为特征

任务描述：

请你根据实训资料1，并在网络上查阅相关资料，设计一份关于消费者的网络消费行为特征的调研问卷，理解消费者的网络消费行为特征，理解价格对网络消费行为的影响。

实训二　产品定价

任务1　了解产品定价

任务描述：

请你根据实训资料2，了解酱香拿铁的定价方法。

任务2 巩固产品定价

任务描述:

请你观察实际生活中的产品定价，列举产品定价的方法，并做具体描述，将表8-1填写完整。

表8-1 实际生活中的产品定价

产品名称	产品定价方法	具体描述

任务3 思考延伸

任务描述:

结合青年群体的网络消费特征，对我国青年群体的消费价格现状及趋势进行分析。

实训项目评价

学生技能自评表

序号	技能自评	达成	未达成
1	掌握产品价格的定义和价格的构成		
2	掌握消费者的价格心理		
3	了解产品定价的心理策略		
4	掌握产品调价的心理策略		

学生素质自评表

序号	素质自评	具体指标	达成	未达成
1	自我学习能力	能够借助网络资源进行自主学习		

续表

序号	素质自评	具体指标	达成	未达成
2	协作精神	能够与团队成员合作和讨论，共同完成实训任务		
3	创新意识	能够在产品价格、消费者价格心理、产品定价和产品调价等方面提出其他的分析方法		

课后提升

一降再降：新能源车
“价格战”加速行业“洗牌”

○●○●

项目九　商业广告、营销沟通与消费者心理及行为

学习目标

1. 知识目标

（1）了解商业广告的特点和心理功能；

（2）熟悉商业广告的定位、创意、诉求等心理策略；

（3）掌握广告媒体的选择方法和广告心理效果的测评方法；

（4）了解营销沟通的含义、渠道与心理策略；

（5）熟悉消费者进店购买类型及接待方法。

2. 能力目标

（1）能够正确分析商业广告的定位、创意、诉求等心理策略；

（2）能够正确进行广告媒体的选择和运用；

（3）能够正确使用营销沟通的渠道，与消费者顺利进行沟通。

3. 素养目标

（1）遵纪守法，提高遵守纪律的自觉性，养成遵守纪律的习惯；

（2）利用新媒体广告讲好民族品牌故事；

（3）培养经世济民的家国情怀，具备良好的职业素养；

（4）培养以客户为本的职业沟通意识；

（5）具备数据思维和发现问题的能力。

项目重点和难点

在市场经济条件下，商业广告、营销沟通与消费者的心理及行为息息相关。适宜的商业广告、卓有成效的营销沟通对于企业占领市场具有重要的积极意义。本项目的重点是商业广告的定位、创意、诉求等广告心理策略，营销沟通的含义、途径与心理策略；本项目

的难点是正确进行广告媒体的选择和运用，正确使用营销沟通的渠道，以及与消费者顺利进行沟通。

内容架构

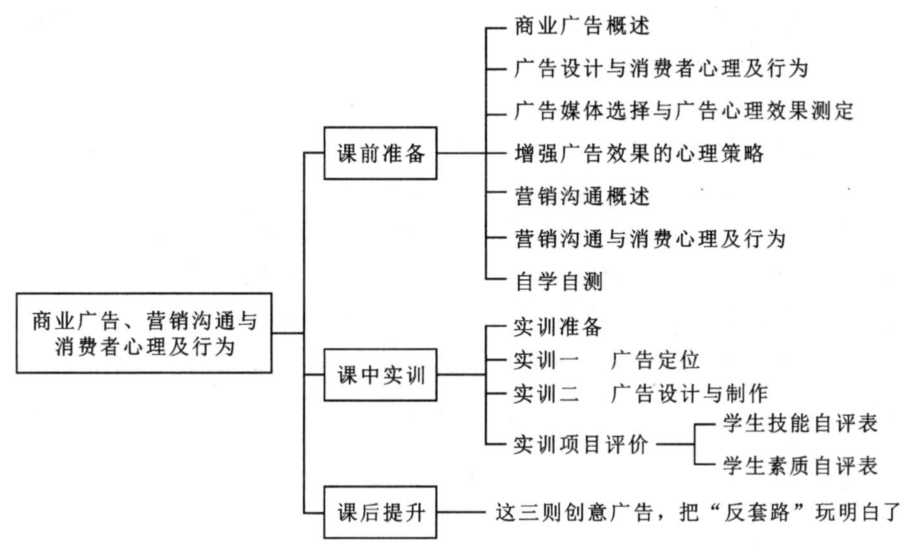

导入情境

在互联网高速发展的今天，现代市场营销早已不是强调“酒香不怕巷子深”的时代了。市场营销的本质就是信息传播过程，其中，商业广告是影响消费者心理与行为的最流行的媒体传播因素，它作为一种最典型的促销手段，作用非常显著。研究商业广告与消费者心理与行为的关系，主要是研究消费者对广告的反应，目的是阐明广告制作如何符合消费者的需要，如何让消费者准确理解广告中所传播的产品信息，进而促使消费者做出购买决策和购买行为。

课前准备

一、商业广告概述

商业广告是影响消费者心理与行为的最流行的媒体传播因素，它作为一种典型的促销手段，作用非常显著。商业广告与消费者心理及行为之间存在着密切的关系。商业广告通过传递信息、塑造品牌形象、引导消费等方式，对消费者的购买决策产生重要影响。通过探讨商业广告与消费者心理及行为之间的关系，我们可以研究消费者如何对商业广告产生心理反应，以及这些反应如何影响消费者的购买决策，探究如何制作符合消费者需求的商业广告，进而提升广告效果，促进产品销售。

1. 商业广告的概念

广告的字面意思就是广而告之。商业广告是指特定的广告主（企业）有计划地以付费的方式通过大众媒体向其潜在消费者传递产品或服务信息，以促进销售的公开宣传方式。通常情况下，我们所说的广告即为商业广告。

广告的本质是传播，广告的灵魂是创意。

商业广告包含以下要素。

一是广告主，即发布广告的主体，一般是企业、团体和个人。

二是广告受众，即广告信息的接收者，包括目标消费者和一般公众。

三是广告信息，即广告的具体内容，如产品信息、服务信息、观念信息等。

四是广告媒介，即信息传递的中介形式，如报纸、电视、互联网等。

五是广告费用，即从事广告活动需支付市场调研费、广告策划费、制作费、发布费、效果测定费等。

2. 商业广告的心理功能

商业广告的心理功能指的是商业广告对消费者心理及行为的作用和影响，具体表现在以下几个方面。

（1）传播功能

通过宣传，商业广告能对消费者起到提醒、说服或通知的作用。对企业来说，商业广告是一种将产品或服务信息传递给潜在消费者的有效手段；对于消费者来说，商业广告是购买产品或服务的指南。

（2）诱导功能

良好的商业广告能唤起消费者美好的联想，激发积极的情感，使消费者对某种产品的否定态度转变为肯定态度，从而激发消费者的购买欲望。

（3）便利功能

通过媒体反复地传递某一产品或服务信息，企业能使消费者用较少的时间收集有关资料，充分比较，进而选择适合自己的产品或服务。

（4）促销功能

广告作为一种重要的促销工具，最基本也是最重要的功能就是促进产品或服务的销售。商业广告通过对产品或服务的宣传，可以刺激消费者产生购买欲望，进而实现盈利目的。

知识链接 9-1
蒙牛发布 2024 年巴黎奥运会主题片《开幕》

3. 商业广告的基本原则

（1）真实性原则

真实性原则是广告的最基本原则，也是广告的生命。广告活动必须真实、客观地宣传产品或者服务，不得弄虚作假，不得欺骗和误导消费者。这一原则要求广告内容要真实准确，不得呈现虚假信息，广告所宣传的产品和服务要真实可靠，广告表现也要真实，广告在产品的信息和传递方式上也必须真实。同时，广告要忠于产品本质，不可夸大产品的实际功能，也不可对广告中涉及的产品进行虚假宣传。真实性原则是广告活动的基本原则之一，也是《广告法》所规定的核心内容之一。

广告是向消费者传递产品或服务信息的重要渠道。内容虚假或误导消费者的广告不仅损害了消费者的权益，而且破坏了广告行业的声誉和形象。因此，广告必须遵守真实性原则，确保广告内容真实可信，为消费者提供准确、客观、有用的信息，促进市场的公平竞争和健康发展。同时，广告主和广告发布者也应当对广告内容的真实性负责，承担相应的法律责任。

（2）合法性原则

合法性原则是广告法的基本原则之一，也是广告活动的基本准则。广告活动必须遵守法律、法规，符合社会道德和伦理标准。广告的内容和形式不得违反法律、法规，也不得违背社会公德和社会风尚。这一原则要求广告活动必须依法进行，广告主不得发布违法广告，不得损害社会公共利益和他人合法权益。任何广告活动都必须在法律规定的范围内进行，确保广告内容合法、真实、准确、清晰，不得侵犯他人的合法权益，不得损害社会公共利益和公共秩序。

（3）艺术性原则

广告是一门艺术。一般情况下，广告的艺术性越强，就越有吸引力、表现力、感染力。一则具有艺术性的广告作品可以更容易地吸引消费者的注意力，激发消费者的购买欲望，提高广告的转化率和效果。同时，艺术性原则也是广告创意和表现的重要体现，有助于提高广告的文化内涵和审美价值，增强广告的社会效益和影响力。

（4）效益性原则

广告要讲求经济效益和社会效益的统一。在制订广告战略和进行广告策划时，企业要以最小的广告投入获得尽可能好的广告效果，同时也要考虑广告活动对社会、环境等方面的影响，实现经济效益和社会效益的双赢。

（5）针对性原则

广告应有明确而具体的目标受众，广告内容、形式、传播渠道等都要根据目标受众的特点和需求进行有针对性的设计和选择，以实现广告的最佳效果。如果广告活动没有明确的目标受众，或者广告内容和形式与目标受众的特点和需求不匹配，那么广告的效果就会大打折扣，甚至可能产生负面影响。

（6）思想性原则

广告既是一种经济现象，也是一种社会宣传活动。广告内容与形式要健康，符合社会主义精神文明建设和弘扬中华优秀传统文化的要求，不得含有损害国家尊严或利益、泄露国家秘密、妨碍社会安定、损害社会公共利益、危害人身或财产安全、泄露个人隐私、违背社会良好风尚的内容。

（7）科学性原则

广告的制作、使用、管理环节都应与现代化科学技术手段相结合，从宏观、微观上进行定量、定性的科学研究。例如，在广告创意和设计中，要遵循视觉、听觉和心理规律，确保广告作品符合人的感知和认知特点；在广告效果评估中，要采用科学的数据分析方法和评估指标，对广告效果进行客观、准确的评估，为广告决策提供科学依据。

二、广告设计与消费者心理及行为

商业广告要想获得消费者认可，就必须认真研究其定位、创意、诉求与消费者心理及行为的关系，并在满足消费者需求的基础上进行设计。

（一）广告定位的心理策略

广告定位是在营销环节中使消费者通过广告认识到本广告产品与其他产品的不同。它的目的，就是在广告宣传中传播企业和产品的特色，为企业和产品树立独特的市场形象，从而满足目标消费者的某种需要，以促进企业产品的销售。

成功的广告定位策略能帮助企业在激烈的竞争中处于不败之地，能够使企业拥有其竞争者不具备的优势，使企业赢得稳定的消费者，树立产品在消费者心目中的与众不同的位置。因此，在广告策划中，企业应准确把握广告定位。在实际操作中，常用的有以下广告定位策略。

1. 市场定位策略

市场定位策略即把产品宣传的对象定为最有利的目标市场。通过整合市场，企业可以找到市场空隙，找出符合产品特性的基本消费者类型，确定目标消费者。企业可以根据消费者的地域特点、文化背景、经济状况、心理特点等，进行市场的细致划分，策划和创作相应的广告，这样才能有效地影响目标消费者。

例如，全球知名的日用消费品品牌宝洁，宣传其致力于为全球消费者的日常清洁、健康和卫生需求提供高品质、性能卓越且有价值的产品。宝洁的成功离不开市场细分理念。以洗发水为例，宝洁有飘柔、潘婷、海飞丝三个子品牌，每个子品牌各具特色，占领了不同的细分市场。飘柔强调洗发水能让头发变得柔顺；潘婷重点宣传洗发水的修复功能，能使头发更健康；海飞丝突出其去屑功能。三个子品牌个性鲜明，消费群体需求划分非常明确，消费者可以从自己的实际需求出发，选择合适的产品。由此可见，广告定位的正确与否直接影响到产品的市场效应和未来发展。成功的市场定位策略对整个品牌有着非同寻常的意义。

2. 产品定位策略

产品定位策略即最大限度地挖掘产品自身的特点，把最能代表产品的特性、性格、品质、内涵等的内容作为广告宣传的立足点。可以从以下方面入手，如产品的特色定位、文化定位、质量定位、价格定位、服务定位等，通过突出自身优势，为品牌树立独特鲜明的

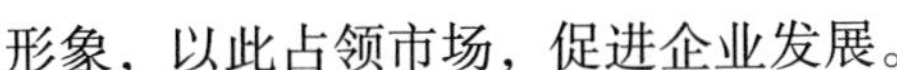

形象，以此占领市场，促进企业发展。

例如，在奶制品行业竞争激烈的环境下，各大品牌的广告在产品定位上可谓做足了功夫。知名乳品企业蒙牛旗下的品牌特仑苏通过广告语“不是所有牛奶都叫特仑苏”强化了自己的定位，并提炼出“更好”这一品牌理念。该品牌理念充分挖掘消费者追求健康、新鲜、优质奶的心态，从而抢先占领了高端奶制品市场，获得了良好的市场效益。

3. 观念定位策略

观念定位策略指在广告策划过程中，通过分析消费者的心理，赋予产品一种全新的观念。这种观念既要突出产品特性，又要迎合消费者的心理，突出自身优势，从而打败竞争对手。

例如，很多爱喝咖啡的人曾经钟爱的品牌是星巴克。2019年，“你喝的是咖啡，还是咖啡馆？你不需要为空间付费！”这条瑞幸咖啡梯媒广告火热“出圈”，其背后逻辑不仅仅是瑞幸咖啡关联星巴克的精准打法，更在于一字一句都打在了星巴克的结构性弱点上。星巴克作为将“第三空间”概念引入咖啡店的鼻祖，创造了独立于家庭与办公室之外的社会空间，得益于此，星巴克长久以来霸占高端咖啡市场。而瑞幸咖啡则关注“第二空间”，没有选择流量明星代言，从改变年轻消费者的观念入手，意在打造更年轻化、更符合现代办公室文化调性的品质产品。瑞幸咖啡的差异化打法极为密集：星巴克用绿色杯子，瑞幸咖啡就用蓝色杯子；星巴克主打线下商务，瑞幸咖啡就主打线上空间；星巴克营造的是个人对个人的商务会谈场景，瑞幸咖啡就关注白领用户的消费场景。瑞幸咖啡的策略取得了不错的成效，很多消费者受其“不为空间付费”观念的影响，成为瑞幸咖啡的忠实消费者。

4. 企业形象定位策略

企业形象定位策略即把定位的重点放在如何彰显企业的形象上。通过在企业形象中注入某种文化、某种感情、某种内涵，企业能够创造独特的品牌形象。真正成功的企业形象，是恰到好处地把握住时代脉搏，契合人类共同的情感与追求。应用企业形象定位策略时，可以尝试从企业文化、企业情感、企业信誉、企业特色等角度做出努力。

例如，2021年2月，小红书推出中国首档情景剧式音乐秀晚会“214独爱之夜”。在各大平台都在抢占春节联欢晚会的市场时，小红书另辟蹊径，选择在情人节联合优酷、江苏卫视推出这场看起来有些另类的晚会。这场晚会通过男女主角的剧情演绎和知名歌手的演唱，串联起“遇、恋、独、爱”4个故事篇章。就内容来说，这场晚会为小红书的用户量身打造。据统计，截至2020年7月，小红书已经拥有1亿月活跃用户，每天笔记曝光80亿次。作为内容社交类移动应用，小红书是一个女性流量平台，也是一个从早期的美妆、时尚内容分享发展到现在的集情感、旅游、娱乐等内容于一体的综合社区。晚会中的毕业仪式、海边散步、餐厅约会、街边演出、搭乘公交等场景与女性用户日常活动和平台使用场景高度契合。这场晚会试图传递的价值观是“不为谁而活，不为爱而爱，我首先是我，双向奔赴才有我们”，引导当代青年树立正确的爱情观、价值观。通过这台晚会，小红书强调了其对女性用户的关注，表达了对生活的理解，树立了时尚、年轻、爱分享的品牌形象。

5. 品牌定位策略

品牌定位策略即把定位的着眼点落在扩大和宣传品牌上。目前的市场竞争已进入了同质化时代，面对很多同类产品，一些消费者无法快速辨别。企业之间的竞争，归根结底就是品牌之间的竞争。谁抢先树立了自己的品牌，谁就赢得了商机。我们可以通过求先定位、求新定位、空隙定位、竞争定位等手段，在第一时间树立起自己的品牌，吸引目标消费者。例如，运动品牌耐克（Nike）曾推出了一则以“Just do it”为主题的广告，通过展示一位运动员在训练中的点滴进步和最终取得成功的经历，将耐克运动鞋与成功联系起来，使消费者形成自己也能够通过努力和坚持实现自己的梦想的因果联想，也为品牌树立了积极正面的形象。

（二）广告创意的心理策略

广告创意就是通过独特的技术手法或巧妙的广告创作脚本，突出体现产品特性和品牌内涵，并以此促进产品销售。

广告定位是广告创意的前提。广告定位先于广告创意产生，广告创意是广告定位的表现。广告定位所要解决的问题是“做什么”，广告创意所要解决的问题是“怎么做”。企业只有确定了广告定位，才能随后确定怎样表现广告内容和广告风格。在广告创意中，可以选择以下心理策略。

一是追求新颖奇特的心理创意。追求新奇刺激、摆脱平淡生活是人们的一种内在动力和共性心理。广告充分利用这种心理，能对公众将产生巨大的吸引力。

二是追求健康安全的心理创意。健康安全几乎是所有消费者的需求，广告利用这一心理，可以有效打动消费者。

三是从众心理创意。从众既包括思想从众，也包括行为从众。从众心理很普遍，很多广告巧妙运用从众心理，都取得了良好的宣传效果。

四是情感心理创意，就是以情动人。亲情、友情、爱情、爱国情都是人们追求的美好情感。在广告中强调情感，企业能在消费者心目中树立良好的品牌形象，从而促进产品销售。

（三）广告诉求

广告诉求是指产品广告宣传中所要强调的内容，俗称“卖点”，反映人们购买某产品的原因。它体现了广告的整体宣传策略，往往是广告成败关键之所在。

好的广告诉求通常能激发消费者的情感或反映消费者的需求。根据广告信息对消费者心理的影响方式，我们可以将广告诉求分为三类：理性诉求、感性诉求、情理结合诉求。

1. 理性诉求

理性诉求需要广告客观、理性、真实、准确地传达企业、产品、服务的功能性信息，为诉求对象提供用于分析和判断的信息，或直接明确提出观点并进行论证，促使消费者经过思考后做出理智的判断。

理性诉求的基本思路是明确传递信息，以信息本身和具有逻辑性的说服强化消费者的认知，引导消费者进行分析和判断。常用的方法有以下几种。

（1）阐述重要的事实

当广告集中传达产品的特性、性能时，阐述重要的事实并做出利益承诺是最常用的手法。阐述时，语言要精练、直白、准确。在广告中，企业经常采用直接陈述、提供数据、列图表、与同类产品类比等方法，为消费者提供信息。

（2）解释说明

在传达产品特性时，广告还可以做一系列演示，来讲解产品的功能和效果，从而帮助消费者加深理解。

（3）观念说服

广告可以从观念入手，就本产品或服务为消费者带来的新观念或企业的品牌理念进行讲解。可以从正面阐述自己的新观念，也可以反驳旧的错误观念。

2. 感性诉求

感性诉求的基本思路是，以人性化的方式接近消费者的内心，拉近产品或服务与消费者的距离，让他们积极分享产品或服务为他们带来的精神享受，使其与品牌之间建立情感联系，对企业、产品或服务产生偏爱。

如果我们发现一款产品或产品使用情境与某些情感有直接联系，我们就可以利用这种情感，使产品成为有效的情感诉求工具。常见的做法有以下几种。

（1）爱与关怀

爱与关怀是人类感情的基础，最能引起人们的共鸣。广告中营造的快乐、幸福、温馨的氛围最容易使消费者受到感染，他们被广告中的爱情、亲情、思乡情、友情打动，对品牌和产品产生积极的认知。

（2）生活情趣

生活中蕴涵着丰富的情趣，它们虽然不是情感，但是可以唤起消费者积极的心理感受，很容易感染诉求对象，因此也是感性诉求的常用手段。

（3）自我观念与期许

以个性化内容和个性化风格，充分展示诉求对象鲜明的自我观念与期许，个人对社会形象的向往和期待，包括个性、价值观念、自信、自豪、自我实现的感觉，是感性诉求的另一重要方式。运动品牌李宁的广告语“一切皆有可能”，化妆品集团欧莱雅的广告语“你值得拥有”均是利用此种诉求手段。

3. 情理结合诉求

知识链接 9-2
雕牌洗衣粉的
广告诉求

情理结合诉求的基本思路是，采用理性诉求传达客观信息，采用感性诉求引发诉求对象的情感共鸣。它可以灵活地运用理性诉求的各种手法，也可以加入感性诉求的种种情感内容。情理结合诉求在广告文案的写作中很常用。在运用这种诉求时，企业需要确保产品或服务的特性、功能、实际利益与情感内容之间存在合理的联系。

三、广告媒体选择与广告心理效果测定

（一）广告媒体的种类及特点

广告媒体通常是指那些能够被用来向消费者传达广告信息的物质形式，是用来传递广告信息与获取广告信息的工具、渠道、载体、中介物或技术手段。广告媒体是传播广告信息的中介物，它在广告主与广告信息之间起媒介和载体的作用，是运载广告信息以达到广告目标的一种物质技术手段。一般来说，我们在讨论广告媒体的概念时，多把它作为一种工具来认识。

随着科学技术的进步，传播媒体也不断发展变化，种类越来越多。按照不同的方法，广告媒体可以分为很多种类。现实生活中比较常见的广告媒体有电视、报纸、杂志、网络（微博、微信、抖音、小红书等）、户外广告（广告牌、车身广告、灯箱广告等）、售点广告、广播等。常见的广告媒体的优缺点如表 9–1 所示。

表 9–1 常见的广告媒体的优缺点

广告媒体	优点	缺点
电视	视听结合，生动形象；覆盖面广，受众广泛；信息传递快速；具有较强的冲击力和感染力	需要投入大量的人力、物力和财力，成本较高；时长通常较短；干扰因素多；无法保存和反复查看
报纸	发行量大，覆盖面广；传播速度快，反应及时；信息量大，说明性强；阅读主动性强；权威性强；制作简单，费用较低	时效性较差；广告信息繁杂，易分散受众注意力；受印刷质量限制；受众群体相对固定和单一
杂志	精准触达目标受众，提高广告效果；广告寿命长；信息量大且深入，有利于建立品牌形象；印刷精美，视觉效果好	发行周期较长，更新速度慢；发行量有限，广告覆盖面受限；广告费用较高；受众群体相对固定

续表

广告媒体	优点	缺点
网络	覆盖面广；互动性强，能提高受众参与度和广告效果；精准定位，能实现个性化投放；形式多样；投放灵活；监测与评估方便	广告受干扰程度较高；依赖技术支持；涉及受众隐私保护问题；法律法规限制
户外广告	视觉冲击力强；覆盖面广；持久性强；形式多样；费用相对较低	受天气和环境影响；广告更新较慢；受众难以精准定位；受相关法规和监管的限制
售点广告	针对性强；吸引力大；对产品销售的促进作用明显；制作成本低	时间限制；空间限制；易被用户忽视
广播	传播速度快；覆盖面广；制作成本低；灵活性高；受众群体广泛	信息不易保存；受众分散；创意表现受限

（二）影响广告媒体选择的因素

在选择广告媒体时，除了考虑媒体的种类和特点之外，还需考虑以下关键因素。

1. 目标市场与受众特征

在进行广告媒体的选择时，要明确广告的目标市场和受众特征。这包括目标市场的地理位置，受众的年龄、性别、职业、收入、受教育水平、消费习惯等方面的特征。通过对目标市场和受众的深入了解，我们可以选择最合适的广告媒体，确保将广告信息准确、有效地传达给目标受众。

2. 媒体传播范围与影响力

不同媒体的传播范围、受众群体和影响力各不相同，因此我们需要根据广告的传播需求和预算，选择能够覆盖目标受众并具有较高影响力的媒体。例如，对于全国性的广告活动，可以选择全国性的电视、报纸或网络媒体；对于地区性的广告活动，则可以选择地方性的媒体。

3. 媒体成本与预算

在进行广告媒体的选择时，还要考虑到媒体的成本和预算。不同媒体的广告费用差异很大，因此我们需要根据企业的广告预算和营销策略，选择合适的广告媒体。在选择媒体时，要充分比较不同媒体的性价比，确保广告投入能够取得最大的回报。

4. 媒体特性与广告内容

不同媒体具有不同的特性，如电视媒体的视听效果较好，报纸媒体的文字传递功能突出，网络媒体的互动性强。因此，在选择媒体时，要充分考虑广告内容的特点和需求，选择能够充分展示广告内容并吸引目标受众的媒体。

5. 媒体组合与协同效应

在广告活动中，企业通常不会只使用一种媒体进行传播，而是会采用多种媒体组合的方式，以获得更好的传播效果。因此，在选择媒体时，要充分考虑不同媒体之间的协同效应，确保各种媒体能够相互配合，共同实现广告目标。

（三）广告心理效应的测定

1. 定义

消费者在接触广告之后会产生一系列心理效应。广告心理效应的测定，是了解广告宣传效果的一项重要措施。它指的是对广告本身的设计，包括广告标题、图片、文字、版面安排等内容的机械性测试，以及对广告的号召力、信息表达的准确性、诉求、文案叙述等的观念性测试。此外，测定的对象除了广告本身，还有广告媒体、时间安排、预算等内容。

2. 主要内容

（1）感知程度的测定

广告只有通过人的感知，才能让消费者了解产品或服务，达到促进消费者购买的目的。在广告活动中，引起消费者注意，激发消费者兴趣，创造消费欲求，是一种重要的心理手段。因此，测试消费者对广告内容的感知程度，是衡量广告心理效应的重要标准。

测定消费者对广告内容的感知程度，一般应在广告发布的同时或在其后不久进行，以避免遗忘的干扰，获得比较准确的测定结果。

（2）记忆效率的测定

所谓记忆效率，是指消费者对广告内容的重点诉求的保持和回忆水平。广告媒体、广告内容、广告技巧、广告时间等因素，以及消费者的年龄、爱好、性格等，都会对广告诉求的记忆效率发挥作用。记忆对刺激潜在的消费者的购买行为极有价值。当他们有需求的时候，往往会无意识地回忆起某些广告中提到的产品和品牌。

测定记忆效率，一般要定期进行，其方法有回忆法、再认法、学习法等。

（3）思维状态的测定

消费者在对广告的内容有了感性认知后，往往会进入对广告内容的思维阶段。消费者对广告内容的思维，主要表现为对广告观念的理解。因此，对消费者的思维状态进行测定，实际上是在调查消费者对广告观念的理解程度。测定消费者的思维状态时，一般采用询问调查法，采用“剥笋式”提问，将问题逐层进行分解，由此了解消费者对广告的理解程度。

（4）态度转变的测定

广告的功效，归根结底，在于影响消费者对企业、品牌、产品的态度倾向，增强消费者的购买信心，并促使消费者做出购买行为。因此，要测定广告的心理效应，测定消费者态度的转变是非常重要的。

态度转变的测定，一般通过对消费者消费动机的调查来实现，即通过了解消费者在受广告刺激后所发生的心理反应，来测定广告对消费者态度转变的影响。

四、增强广告效果的心理策略

为了优化广告效果，企业在策划、设计、制作和播出广告时，必须深入了解并重视消费者的心理活动规律。通过运用恰当的广告心理策略，企业可以增强广告的表现力、吸引力、感染力和诱导力，从而确保广告能够准确传递信息、有效促进销售、树立品牌形象并引导消费者行为。这样的广告不仅能够满足消费者的心理需求，而且能够为企业创造更大的商业价值。

增强广告效果的心理策略主要有引起注意、增强记忆、产生联想、增进情感。

（一）引起注意

注意是人们对于特定事物的聚焦和集中，它标志着广告心理过程的开端。一则广告能否成功引起消费者的注意，直接决定了其能否达到预期的效果。在日常生活中，人们通过各种媒体渠道接触到大量的广告信息。然而，这些广告信息中的大部分都未能引起人们的注意，它们如同过眼云烟，被人们迅速遗忘。有研究数据显示，仅有大约5%的广告能够成功吸引人们的目光并在人们的脑海中留下深刻印象。为了吸引消费者的注意力，我们可以从以下方面做出努力。

1. 提升信息新颖性

新颖的内容往往能够打破常规，突破人们的预期，从而迅速吸引他们的注意力。例如，与众不同的产品特点或创新的广告形式可以激发人们的好奇心，吸引人们的兴趣。

2. 增强信息与消费者需求和兴趣的关联性

人们往往更关注那些能够满足自己需求或激发自己兴趣的信息。因此，广告应该深入了解目标受众的需求和兴趣，确保所提供的信息能够与他们产生共鸣。

3. 改善信息呈现方式

一则吸引人的广告通常具有独特的设计、生动的画面和吸引人的音效，这些元素共同构成了广告的视觉和听觉冲击力，使其更容易吸引人们的注意。例如，在视频广告中使用快速切换的画面、跳跃式的剪辑或者动感十足的音乐，可以让广告更加引人注意。

（二）增强记忆

记忆是我们对过去经历的事物的心理再现，它对于加强人们对广告的认同感具有关键作用。要使广告在受众心中留下深刻的印象，我们需要考虑以下策略。

1. 增加广告的重复出现率

心理学研究显示，人的瞬时记忆时间非常短暂，大约只能维持0.25秒至2秒。但当我们对某些信息给予关注时，它可能转化为短时记忆。虽然短时记忆的时间稍长于瞬时记忆，但最长也不超过1分钟，且容量非常有限。对于消费者而言，他们在注意到某款产品的广告后，并不会立即做出购买决定，这中间可能会有一段相对较长的时间间隔。因此，短时记忆在这种情况下显然是不够的。

为了确保广告信息能够在消费者心中留下深刻的印象，广告宣传需要有意识地采取多次重复的策略，不断地刺激消费者的视觉和听觉。这样的做法有助于增强消费者对广告信息的印象，从而延长信息在他们脑海中的存储时间，最终使短时记忆转化为长时记忆。

2. 提高广告的形象化程度

一般而言，直观、形象和具体的事物比抽象的事物更容易在人们的脑海中留下印象。直观的形象是人们认识事物的起点，它有助于我们快速掌握事物的整体面貌，提高知觉度，进而提升记忆效果。例如，短小精悍、简明扼要、图文并茂、色彩丰富的广告画面往往比只有文字的页面更能给人留下深刻的印象。

（三）产生联想

联想是人的一种因接触某人或某事物而想起其他相关的人或事物的心理过程。在广告中，激发消费者的联想机制是一种有效的策略，能够促使他们更深入地了解产品，增强对产品的认知，产生对产品的兴趣，并获得愉悦的情感体验。这种情感联想不仅加深了消费者对产品的好感，而且刺激了他们的购买欲望。

（四）增进情感

仅仅通过引起消费者的注意、增加广告的播放频率，并不能有效地激发消费者的购买

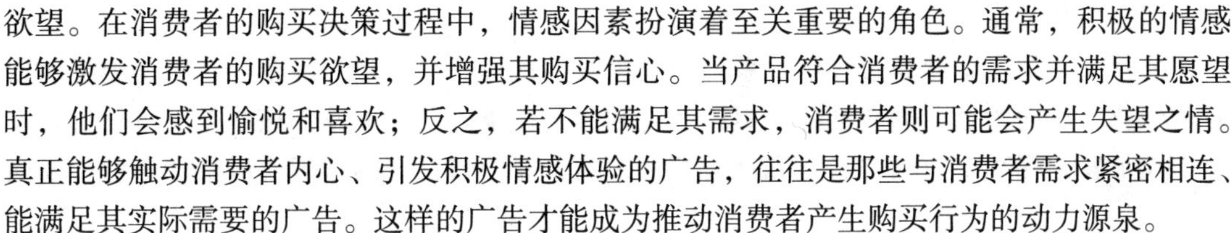

欲望。在消费者的购买决策过程中，情感因素扮演着至关重要的角色。通常，积极的情感能够激发消费者的购买欲望，并增强其购买信心。当产品符合消费者的需求并满足其愿望时，他们会感到愉悦和喜欢；反之，若不能满足其需求，消费者则可能会产生失望之情。真正能够触动消费者内心、引发积极情感体验的广告，往往是那些与消费者需求紧密相连、能满足其实际需要的广告。这样的广告才能成为推动消费者产生购买行为的动力源泉。

五、营销沟通概述

在产品销售过程中，市场营销人员能否掌握一定的销售技巧并与消费者进行良好的沟通决定了市场营销工作能否取得成功。对于市场营销人员而言，营销沟通能力是一种必须具备的职业技能。

（一）营销沟通的定义

营销沟通是指企业或市场营销人员通过一定的媒介，将企业文化、产品信息、品牌理念等传递给消费者的过程。营销沟通的目的在于获得消费者的理解和反馈，进而实现产品买卖。

营销沟通一般包含这些步骤：确认目标消费者；确定希望达成的沟通目标；设计营销沟通方案；选择沟通渠道；制订预算方案；确定营销组合。

（二）营销沟通的主要形式

营销沟通的主要形式，即营销沟通的主要渠道，主要有广告、人员推销、营业推广、公共关系等。将这些形式进行组合使用，就是我们常说的营销组合。

（1）广告

广告是高度大众化的媒体传播方式，具有传播范围广、速度快、重复性好，并因充分运用文字、声音、色彩而极富表现力的特点，适合向分散的、数量众多的消费者传递信息。采用广告这种营销沟通方式时，应注意其投入比与市场效果，并进行严格把控。

（2）人员推销

人员推销是指企业委派人员对产品或服务进行介绍、推广、宣传和销售。人员推销虽是一种比较古老的方式，但操作起来比较灵活，有助于企业和消费者之间建立起长期信任与联系，也能使企业及时获得信息反馈，因此这种方式使用得依然很广泛。

（3）营业推广

营业推广是指企业采用刺激手段来吸引消费者。赠送样品，发放优惠券、产品津贴，开展以旧换新、免费限期试用、有奖销售、产品和品牌知识竞赛等活动都属于营业推广的手段。在实际操作中，究竟使用哪种方式，或者如何将不同方式组合使用，需要企业结合预算做出决策。

（4）公共关系

公共关系是指企业通过开展一系列活动来吸引社会各界公众了解企业，取得他们的信赖和好感，从而为企业创造良好的舆论环境和社会环境。公共关系的核心是交流信息，促进相互了解，提高企业的知名度和社会声誉，为企业争取良好的口碑，以推动企业不断向前发展。

六、营销沟通与消费心理及行为

营销沟通的过程本身就是为消费者提供服务的过程。在营销沟通的过程中，企业为促进产品销售，需要最大限度地满足消费者的需要，并采取相关措施。市场营销人员承担的产品销售工作是在与消费者的双向沟通中完成的，在消费者看来，市场营销人员是企业的代表，是企业形象的化身，市场营销活动的成败很大程度上取决于营销沟通工作是否顺利。

（一）消费者进店购买类型及接待方法

市场营销人员为了处理好与消费者的关系，在营销沟通中，首先要对消费者进入营业场所的意图做出准确判断，进而采取相应的接待措施。消费者进店购买类型主要有如下几种。

1. 有明确的购买计划

这指的是在进店之前，消费者已经有了明确的购买计划和目标。他们通常进店步伐较快，目光集中，会迅速走到要购买的产品附近，或向市场营销人员说明来意，指明自己想了解的某款或某一类产品。面对这类消费者，市场营销人员需要积极主动，用专业知识为消费者做介绍，同时可以结合消费者的反应，给出中肯的推荐。

2. 了解行情

这指的是消费者没有明确的购买目标，抱着希望能买到令自己满意的产品的想法而进店。接待此类消费者时，市场营销人员要把握时机，结合经验判断消费者对产品是否感兴趣，在讲解时不疾不徐，使消费者对产品和品牌留下积极印象。

3. 消遣或参观

这指的是为了满足某种需求而进店消遣时间或参观的消费者。这类消费者进店后通常步履悠闲，专往热闹处看，偶尔也向市场营销人员询问某些产品。对于此类消费者，市场营销人员需要密切注意其动向，当消费者对产品表现出兴趣时，市场营销人员就可以上前做产品讲解。

（二）消费者的拒绝购买态度及其转化

1. 消费者拒绝购买态度形成的原因

消费者拒绝购买态度的形成既受外在的刺激因素影响，也受内在的刺激因素作用。外在的刺激因素包括环境气氛、销售方式、服务态度、产品品质等；内在的刺激因素包括心理特征、需要、动机、情感、消费水平、消费趋向等。

2. 消费者拒绝购买态度的类型及转化

从购买心理角度，可以将消费者的拒绝购买态度分为三类：初步拒绝、肯定拒绝、违心拒绝。当市场营销人员遇到消费者表露拒绝购买态度时，需要结合经验判断消费者属于哪种拒绝类型，运用技巧，促使消费者的拒绝购买态度发生转化。

（1）初步拒绝

这是指消费者的拒绝带有随意性。这一般表现在两个方面。一方面，消费者对某种产品虽然已经有了购买欲望，但是还没有建立对产品稳定的指向性，在心理上仍有疑虑，此时，如果市场营销人员不了解消费者的疑虑，就很难说服消费者做出购买决策。另一方面，消费者对产品的性能、花色、款式、质量、包装、价格等不是很满意，如果此时市场营销人员的服务不能令其满意的话，在买与不买的心理斗争中，消费者很容易做出不买的决定。

对于此类消费者，由于其拒绝态度并不坚决，市场营销人员可以切中要害，直接询问消费者有什么需求，强调产品的核心优势。在必要时，市场营销人员不能表现得太急躁，可以用购物券、满减、小礼品等刺激消费者转变态度，最终做出购买决策。

（2）肯定拒绝

持肯定拒绝态度的消费者一般在经过一系列的心理活动过程后才做出拒绝购买的决策。原因一般有三个：一是消费者对产品的性能、花色、质量、外形、价格等不认同；二是消费者对产品的效用、安全性等方面的认识有较大偏差，对产品有了不信任感；三是消费者对产品根本没有产生购买欲望。

此类消费者在短时间内很难转变拒绝购买态度，因此市场营销人员不应强求，可以引导消费者转移其注意目标，以良好的服务态度削弱消费者拒绝购买态度的强度。消费者即使没有购买，市场营销人员的耐心服务也能使其对产品和品牌留下深刻印象。

（3）违心拒绝

这是指消费者拒绝购买某一产品时，由于某种心理需求，他们只能违心地说明拒绝购买的理由，这些理由通常是不真实的。违心拒绝的原因主要有以下几个。第一，消费者的自尊心使其不愿表露拒绝购买的真实理由，例如产品价格太高。第二，消费者在挑选过程中对商店或市场营销人员产生了反感，但担心引起争执而不愿意明确说出自己的想法。第三，消费者本身购买意愿不强，只是随意看看。第四，消费者对产品尤其是新产品的认知程度低，不愿意使市场营销人员认为自己不了解此产品。第五，消费者与同行人员意见相左，难以做出立即购买的决策。

对于此类消费者，由于违心拒绝的原因复杂多样，有时隐蔽性较强，市场营销人员要促使其态度发生转化是比较有难度的。此时，市场营销人员要尊重消费者的意见，态度不卑不亢，积极主动，不宜将自己的想法强加于人，也不宜当面揭露消费者的短处，更不宜盲目附和消费者的意见。

自学自测

一、判断题

1. 广告定位的实质是树立产品形象。
2. 情感诉求广告在现实生活中使用广泛，适用于所有的产品广告。
3. 广告心理效果的测定主要包括感知程度、记忆效率、思维状态、态度转变的测定。
4. 营销沟通是一种单向的信息传递方式，即市场营销人员把信息传递给消费者。
5. 对于闲逛或看热闹的消费者，市场营销人员没必要浪费时间接待他们。

二、简答题

1. 广告定位的心理策略有哪些？
2. 什么是广告诉求？可以将它分为哪几类？
3. 商业广告的基本原则有哪些？
4. 举例说明消费者拒绝购买态度的类型，以及市场营销人员如何促使消费者的拒绝购买态度发生转化。

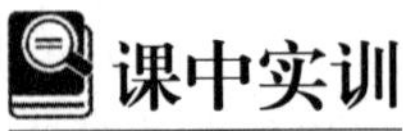

课中实训

实训准备

一、实训目标

本次实训聚焦商业广告、营销沟通与消费者心理及行为，引导学生通过市场调研为企业制订市场营销方案，熟练掌握广告设计与传播技巧，熟悉网络媒体的传播特征。学生以小组为单位完成实训。

二、实训项目

本次实训以红旗汽车品牌为研究对象，通过资料分析和整理，梳理红旗汽车的品牌理念，挖掘品牌亮点，设计适宜的市场营销方案。

三、实训步骤

（1）结合课前准备的内容，整合商业广告、营销沟通与消费者心理及行为的相关知识。

（2）实训可采用“线上＋线下”的综合学习方式，学生以小组为单位协同合作，运用网络调研和头脑风暴法，共同完成实训任务。

（3）将实训成果整理到表格中，或者将实训成果以思维导图的形式展现。

四、实训资料

红旗：高端汽车的代表

红旗是中国第一汽车集团有限公司（简称中国一汽）直接运营的高端汽车品牌。自1958年红旗汽车品牌创立以来，红旗汽车长期被用作中国重大庆典活动的检阅车，是中国民族汽车高端品牌的代表之一。

对于很多中国人而言，红旗不仅是一个著名的汽车品牌，而且承载着情怀和记忆。对于中国一汽而言，红旗汽车代表着一种强烈的责任感和使命感。在二十世纪六七十年代，红旗汽车是中国汽车工业的一面旗帜。改革开放后，红旗汽车开始了市场化进程。

红旗汽车标志的核心元素是一面飘扬的红旗，这既是对红旗品牌名称的直接呈现，也象征着中国革命。红色代表着革命、激情和进取，而旗帜则寓意着领导、方向和胜利。标志中的旗杆和旗帜成45度角飘扬，代表着红旗汽车不断向前、永不止步的精神。红旗汽车标志包括前车标、后车标。前车标是一面红旗，后车标是“红旗”两个汉字。

近年来，红旗推出了一系列经典车型，产生了不错的市场反响。2002年，红旗明仕上市。2013年，红旗H7上市。2014年，国内顶级豪华轿车红旗L5在北京车展亮相，并开始接受个人订单预订。2017年，新红旗H7上市。2018年，红旗高端B级车H5上市。2019年，红旗首款豪华B级越野车红旗HS5上市。2020年，红旗H9上市。2024年，纯电轿车红旗EH7上市。此外，红旗汽车紧随市场趋势，在宣传方面做出了很多“大动作”。2019年，红旗汽车登陆法兰克福国际车展，为消费者阐述智能、科技、环保等全新出行方式。2020年，中国一汽红旗品牌盛典暨H9全球首秀在北京人民大会堂举办。2021年，红旗汽车“盛世长红 旗奕河山”全国环游活动正式启动。2022年，红旗汽车与国家体育总局射击射箭运动管理中心达成战略合作。2023年，红旗新能源汽车全球战略发布会在广州召开，正式发布红旗品牌新能源品牌架构、品牌标识、设计语言、技术平台、产品规划。2024年，红旗全新品牌金葵花正式发布，国雅、国耀、国礼三车亮相。

资料来源：《红旗（中国一汽旗下高端汽车品牌）》(https://baike.baidu.com/item/%E7%BA%A2%E6%97%97/3448494)，有改动。

实训一 广告定位

任务 广告定位的心理策略

任务描述：

阅读实训资料，在网络上查阅几款红旗汽车的广告，收集相关数据，分析这几款车型的广告定位，可以从以下方面展开：几款车型的消费者心智定位（消费者买的是什么）；主要买点（消费者为什么要买）；广告语（1—3条，要求卖点突出、有说服力）；广告语心理作用说明。将表9-2填写完整。

表9-2 几款车型的广告定位

广告定位的内容	具体说明
消费者心智定位	
主要买点	
广告语	
广告语心理作用说明	

实训二　广告设计与制作

任务　宣传海报制作

任务描述：

围绕广告定位的核心理念，设定宣传主题，选择红旗近年推出的一款车型，为其制作宣传海报。

实训项目评价

学生技能自评表

序号	技能自评	达成	未达成
1	掌握商业广告的特点和基本原则		
2	能够运用所学知识制定品牌传播策略		
3	了解新媒体传播渠道的特征		

学生素质自评表

序号	素质自评	具体指标	达成	未达成
1	信息收集能力	能够借助网络资源进行信息收集和汇总		
2	协作精神	能够与团队成员合作和讨论，共同完成实训任务		
3	分析与判断能力	能够运用所学知识使企业与消费者有效沟通		

课后提升

这三则创意广告，

把“反套路”玩明白了

○●○●

项目十　消费者购买决策和购后行为

学习目标

1. 知识目标

（1）掌握消费者购买决策的含义；
（2）了解影响消费者购买决策的因素；
（3）掌握消费者购买决策的过程；
（4）了解消费者产品处置的主要方式；
（5）掌握消费者满意的含义以及影响消费者满意的主要因素；
（6）了解消费者表达不满意情绪的主要方式；
（7）掌握企业处理消费者不满的主要对策。

2. 能力目标

（1）能够准确判断消费者的购买类型，并提出有针对性的营销策略；
（2）能够结合实际，分析消费者购买决策的影响因素；
（3）能够结合实际，分析并处理消费者的抱怨行为。

3. 素养目标

（1）具备正确的价值观、消费观；
（2）诚实守信，具有较强的执行能力和时间节点意识；
（3）具备客户服务意识；
（4）具备数据思维和发现问题的能力。

项目重点和难点

购买决策在消费者的购买行为中占有非常重要的地位。对于消费者来说，正确的购买决策可以使其以较少的时间和费用购买到称心如意的产品，最大限度地满足自身的需要。

对于企业来说，研究和分析消费者的决策过程，可以有的放矢地制订相应的营销策略。而消费者在购买行为完成之后，产品的使用和处置、满意或不满意感觉的形成，以及品牌忠诚等问题尤其需要企业加以注意。本项目的重点在于理解消费者购买决策的过程；本项目的难点是结合实际，分析消费者购买决策的影响因素。

内容架构

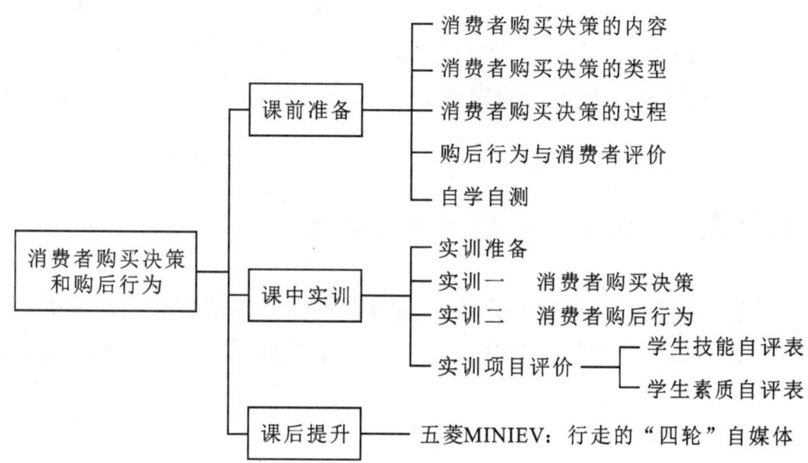

导入情境

在传统市场营销理念的影响下，很多人认为消费者在营销过程中主要作为被动的信息接收者而存在。随着数字化时代的来临，消费者更容易搜索到自己需要的信息，也会更主动地获取信息、做出决策。同时，社交媒体为消费者提供了表达与分享的平台。这些变化促使消费者角色发生转变，他们既是信息的使用者，也是信息的生产者与传播者。“一切以消费者为中心”不再是一句空洞的口号，而是在生产、传播、销售与服务等领域的行动方针之一。因此，理解消费者的需求与决策行为，对数字化时代的市场营销尤其重要。

课前准备

一、消费者购买决策的内容

消费者的购买决策是指消费者发现问题，寻找解决方案，对诸多方案进行评价和选择，并对选择结果进行再评价的过程。对于消费者来说，了解购买决策的内容可以使其消费行为更加理性，最大限度地满足自身需求。当今市场经济活动中，消费者所遇到的决策问题主要表现在以下几个方面。

（一）为什么买（why）——确定购买目的

消费者购买某种产品的目的就是满足自身的某种需求或解决某种问题。消费者为什么购买某特定产品？为什么买A而不买B？市场营销人员要了解的是消费者所追求的产品利益点究竟是什么，如牙膏的利益点包括保持口气清新、防止蛀牙、使牙齿更洁白等。每一种利益点的诉求对象都不太相同，高级轿车（如奔驰）除了提供舒适平稳的驾驶体验，还能为消费者提供心理满足，如成功的象征、自我满足感等。由此可见，购买目的复杂多样，不一而足。

（二）买什么（what）——确定购买对象

确定购买对象是购买决策的核心内容。消费者不仅要确定购买的产品类别，而且要确定即将购买的产品的品牌、型号、款式等。例如，夏季到了，为了防暑降温，消费者不能仅仅从买空调还是买电风扇中做出抉择。如果决定买空调，还必须明确空调是买柜机还是挂机，选择哪个品牌、哪个型号等。

（三）在哪儿买（where）——确定购买地点

消费者决定购买地点时受多种因素的影响，诸如路途的远近、可挑选的产品品种数量、价格以及商家的服务态度等。一般说来，不同商家可能会有不同的吸引力。比如说，某个商家可供选择的货物品种不多，但离家很近；某个商家产品的价格略高，可是服务周到。消费者决定在哪里购买与其买什么关系十分密切。例如，有研究发现，消费者购买衣服时最常见的决定顺序是商家类型、品牌、购物地点；而购买相机的决定顺序是品牌、商家、购物地点。

（四）什么时候买（when）——确定购买时间

消费者购买时间的确定同样受很多因素的影响，如消费者的闲暇时间、消费者的购买力、促销活动等，其中最主要的可能是需求的迫切性。如果消费者急需某种产品，其很快就会进行购买，以便自己能立即使用。这种购买的迫切感可能是由于消费者自身确实需要引起的，但商家也可以通过有针对性的营销活动让消费者产生这种迫切感，尽快做出购买行为。

（五）为谁买或由谁买（who）——确定使用者和购买者

消费者所使用的产品并非都是亲自购买的，同样，消费者购买的产品也并非都由自己使用。在消费过程中，消费者所扮演的角色包括以下五种：提议者，即首先提出或有意购买某一产品或服务的人；影响者，即看法或建议对最终决策有一定影响的人；决策者，即在是否购买、为何购买、何处购买等方面做出最终决定的人；购买者，即实际实施购买行为的人；使用者，即实际消费或使用产品或服务的人。

（六）买多少（how many）——确定购买数量

购买数量取决于消费者的实际需要、支付能力及市场的供求情况等因素。如果某种产品在市场上供不应求，消费者即使目前并不急需或支付能力不强，也可能立即购买；反之，如果市场供给充裕或供过于求，消费者既不会急于购买，也不会购买太多。

（七）多少价格（how much）——确定购买价位

消费者的经济收入在一定程度上决定了消费者的消费档次。对于同样的产品，不同的购买动机也决定了消费者的最终支出会有很大不同。

（八）如何买（how to buy）——以什么方式购买

购买方式的选择会受若干因素的影响，例如消费者的个性、受教育程度、职业、年龄、性别等。比如，同样购买一台手机，有人选择上网购买，有人选择在实体店购买。

二、消费者购买决策的类型

依据不同的标准，我们可以将消费者购买决策分为不同的类型。例如，按照决策的风险性，可以将消费者购买决策分为确定型决策、风险型决策和不确定型决策。目前比较常见的分类标准是消费者的购买介入程度。所谓购买介入，就是指消费者由某一特定购买需要而产生的对决策过程关心或感兴趣的程度。它受个人、产品、情境特征的相互作用的影响。例如，消费者最喜欢某个手机品牌，他可能觉得它胜过其他任何品牌，从而对其形成强烈的偏好，当他购买手机时，不需要太多思考，他总会毫不犹豫地选择这一品牌的手机。

根据消费者购买介入程度由低到高的变化，我们可以将消费者购买决策分为名义型、有限型和扩展型三种，具体如图 10-1 所示。需要指出的是，这三种类型之间并非泾渭分明，而是相互交叉的。

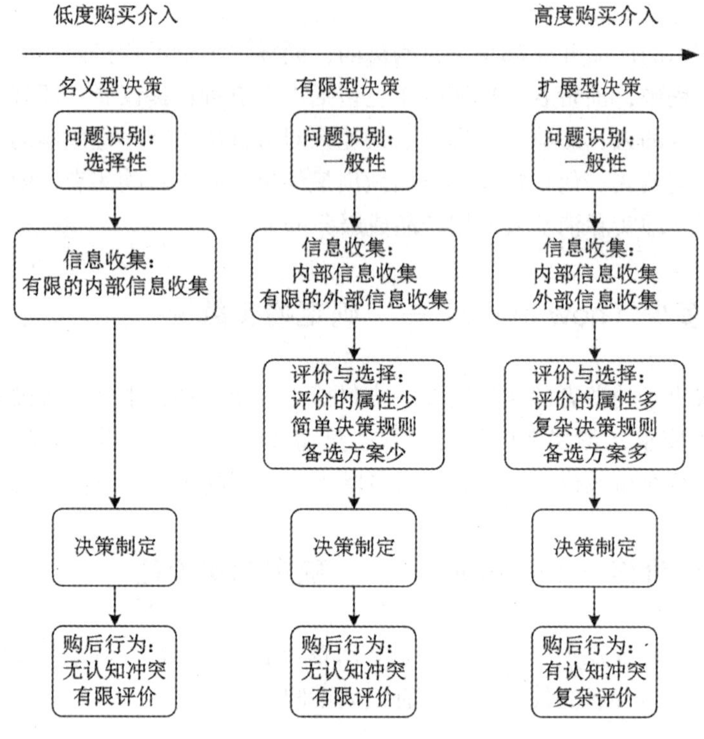

图10-1　消费者购买决策的类型

（一）名义型决策

名义型决策，实际上就其本身而言并未涉及决策。如图10-1所示，一个问题被识别后，经内部信息收集（长期记忆），消费者脑海里马上浮现某个偏爱的品牌，该品牌的产品随之被选择和购买。只有当被选产品未能像预期那样运转或表现，购后评价才会产生。名义型决策往往发生在消费者对购买的介入程度很低的情况之下。比如，某位消费者发现家里的佳洁士牌牙膏快用完了，于是决定下次去超市时再买几支，而根本没想到用别的牌子的牙膏来代替它。

名义型决策通常分为两种：品牌忠诚型决策和习惯型购买决策。品牌忠诚型决策是指消费者认定某一品牌较竞争品牌能更好地满足其需要，对该品牌形成了情感上的依赖，长期反复选择该品牌。由于消费者对该品牌形成了偏好和忠诚，竞争品牌很难赢得其青睐。习惯型购买决策和品牌忠诚型决策在外在形式上表现一致，即消费者长期重复选择某一品牌。然而，与品牌忠诚型决策的情况不同，持习惯型购买决策的消费者重复选择某一品牌是因为他认定不同品牌其实没有实质性差异。如果遇到竞争品牌降价，或者竞争企业采取强有力的促销手段，消费者可能会转换品牌，并且不需要做太多的斟酌和思考。

（二）有限型决策

有限型决策是介于名义型决策和扩展型决策之间的一种决策类型。从最为简单的情形看（购买介入程度最低时），它与名义型决策相似。比如，消费者在超市里注意到了陈列在货架上的某品牌口香糖，顺手拿了两盒。此时，消费者凭借的只是印象中的这个品牌的口香糖味道还不错，或自己已经好久没买过这个品牌的口香糖了，此外，消费者并未收集更多信息。还有一种情况是，消费者可能遵循某一条决策规则，比如选择最便宜的速溶咖啡品牌。当家里的咖啡喝完时，消费者如果置身于超市的咖啡货架前，就会查看一下各种咖啡的价格，挑选一款比较便宜的产品。

有限型决策有时会因情感性需要或环境性需要而产生。这类决策可能只涉及对现有备选品新奇性或新颖程度的评价，而不涉及其他方面，消费者也可能会根据别人实际的或预期的行为对购买进行评价。总的来说，有限型决策涉及对一个有着几种选择方案的问题的认知。信息的收集主要来自内部，外部信息收集比较有限，备选产品不太多，并且消费者会运用简单的选择规则从相对较少的几个层面进行评价。除非产品在使用过程中出现问题或售后服务不令人满意，否则，消费者事后很少对产品的购买与使用进行评价。

（三）扩展型决策

扩展型决策发生在购买介入程度很高的情况下。这种类型的决策涉及广泛的内部、外部信息收集，并伴随对多种备选品的复杂比较和评价。消费者在购买产品之后，很容易对购买决策的正确性产生怀疑，从而引发对购买的全面评价。这种决策类型是消费者购买决策中最复杂的一种，由于产品品牌差异大，消费者对产品缺乏了解，因而需要有学习的过程，在这个过程中，消费者广泛了解产品性能、特点，从而对产品产生某种看法，最后决定购买。例如，消费者想购买一套房子，事前他会经历长时间的信息收集，了解商品房市场的价格、支付方式、流行房型等方面的知识，会经常去销售现场看一看，实地体验一下。

消费者购买产品的决策类型并不是固定不变的，会随着各种条件的变化而不断发生变化。如一位女士第一次买酱油时，不会采取名义型决策，而是采取有限型决策，但当她重复购买几次以后，或熟悉不同品牌的酱油之后，她就会采取名义型决策。又如，最早采用扩展型决策的消费者，也可能在将来的购买中采取有限型决策甚至名义型决策。

三、消费者购买决策的过程

在购买时，消费者要经历决策过程。决策过程包括确认需要、收集信息、评估选择、购买决策和购后行为五个阶段（见图 10-2）。市场营销人员应该了解每一个阶段中的消费者行为，以及哪些因素在起影响作用，这样就可以制订行之有效的营销策略。

图10-2　消费者购买决策过程

实际上，消费者的购买决策并不总是经过这五个阶段，消费者可能会跳过某些阶段，或者在某个阶段发生逆行情况。例如，当消费者购买经常喝的品牌饮料时，他会跳过收集信息和评估选择这两个阶段。图10-2为我们提供了一个很好的参考框架，因为它考虑了当消费者面对一次高度参与或全新的购买行为时所有的可能因素。

（一）确认需要

确认需要就是消费者明确自己有什么需要。消费者的需要一般由两种刺激引起：一是内部刺激，如饥饿感；二是外部刺激，如促销活动等。

市场营销人员需要收集大量的消费者信息来识别引发消费者特定需要的因素。在数字时代，信息传播速度加快，内在和外在的刺激都会使消费者产生需要。在此阶段，企业必须通过市场调研，确定促使消费者确认需要的具体因素，从而巧妙地推销自己的产品，使之与消费者的需要产生联系。因此，市场营销人员应注意不失时机地采取适当措施，唤醒和强化消费者的需要。

（二）收集信息

消费者在认清需要并确认问题后，就会进入信息收集的过程，其目的是获取能够解决问题的产品信息。根据信息的来源，可以将消费者的信息收集分为两种类型：内部信息收集和外部信息收集。

1. 内部信息收集

内部信息收集是消费者将储存在记忆中的有关产品、服务和购买的信息提取出来，以解决当前面临的消费问题的过程。这种信息很大程度上来自消费者以前购买该产品的经验。假设某消费者的计算机出了问题，他可能要考虑购买一台新的计算机。消费者从记忆中提取的信息大致包括以下三种类型。一是关于产品评价标准的信息，如购买计算机时希望它具备哪些基本特征，如中央处理器的性能、内存容量、硬盘大小等。二是关于产品的品牌信息，如市场上有哪些品牌的计算机。三是关于备选品牌具体特征或属性的信息，如备选品牌的性能、价格、维修便捷性等方面的具体信息。

2. 外部信息收集

如果通过内部信息收集未找到合适的解决办法，消费者就会进行外部信息收集，即通过朋友、熟人、专业服务机构获得更多的解决该问题的信息。外部信息收集一方面可以使消费者了解市场上有哪些可供选择的品牌，明确应当从哪些方面对这些品牌进行比较；另一方面，也可以使消费者获得关于产品评价标准及其他相对重要的信息，掌握不同品牌在产品属性上的差异性数据。外部信息主要有三个来源。

（1）个人来源

亲戚和朋友是典型的外部信息来源。在与亲戚和朋友的聊天中，消费者会获得关于产品的信息，并且有很多消费者喜欢接受别人的建议，将其作为购物指南，尽管介绍产品的人的认知或消息来源有时也不十分准确。

（2）公共来源

公共来源的范围较广，可以是政府或其他组织的评奖，也可以是报纸或杂志中关于产品的评论与介绍，还可以是媒体上关于产品的介绍。在社交媒体时代，公共来源的信息途径变得多样、便捷，主要有以下途径。一是通过网络红人或品牌方在社交媒体上发布的信息获取资讯，如微博、微信、抖音、小红书等。二是通过查阅、浏览其他消费者的购后评价来获取信息。

（3）产品来源

外部信息收集中的产品来源包括产品广告、市场营销人员的介绍、商店的陈列或产品包装上的说明等，不过来自这些途径的信息对消费者来讲有时会有先天性的偏差，消费者可以同意或相信，也可以提出问题或根据自己的经验做其他评论。例如，强生公司在推出其新配方的婴儿沐浴液时，产品信息、产品示范、研究报告、杂志广告均以儿科医生和护士为对象，让其以健康护理专家的身份与年轻的妈妈进行直接的沟通。同时，强生公司在各种杂志、报纸上刊登广告、优惠券，还制作了一部探讨父母与孩子纽带关系的影片，在很多教育机构、医院循环播放。

外部信息来源对于消费者信息收集和购买决策具有不同影响：其一，大众媒体信息来源在消费者购买决策过程中起到告知和劝说作用，帮助消费者了解产品及品牌特征；其二，消费者之间通过口头传播的购买信息，往往被认为具有更高的可信度；其三，不同来源的购买信息起到相互补充和相互增强的作用，消费者往往综合考虑多种来源的信息，然后做出购买决策。

在收集信息阶段，企业的主要营销任务如下：一是了解不同信息来源对消费者购买行为的影响程度；二是注意在不同文化背景下收集的信息所具有的差异性；三是有针对性地设计恰当的信息传播策略。

（三）评估选择

在获取足够丰富的信息之后，消费者如何评估竞争品牌的信息并且得出最终的价值判断呢？一般而言，消费者的评估选择行为主要涉及以下几方面的内容。

1. 产品属性

产品属性指的是产品能满足消费者需要的特征，涉及产品的功能、价格、外观设计、质量等。一般情况下，在价格稳定时，消费者对属性多的产品感兴趣。市场营销人员应该分析本企业的产品具备哪些属性，以及不同类型的消费者对产品的哪些属性感兴趣，以便进行市场细分，为有不同需要的消费者提供不同属性的产品。

2. 属性权重

属性权重是指消费者对产品有关属性的关心程度。例如，一名游戏爱好者购买笔记本电脑时，会首先对电脑的显卡要求比较高，其次是内存容量和价格，对外观设计要求则相对较低。为了吸引这类消费者，笔记本生产商会设计带有独立显卡、内存容量高、性价比较高的笔记本电脑。

3. 品牌信念

品牌信念是指消费者对某品牌所持有的看法。消费者的品牌信念通常含有主观因素，受知觉的影响，有时候，消费者的品牌信念与产品的真实属性不一致。例如，消费者对蜂花洗发水的品牌信念是低价格、高质量，如果蜂花企业推出高端产品，消费者的品牌信念就会影响消费者接受新产品。

4. 效用要求

效用要求是消费者对产品的各种属性的效用功能标准的要求。如果产品能满足消费者的效用要求，消费者就愿意购买。例如，消费者购买蔬菜时，对健康安全属性比较关注，无公害的有机蔬菜符合消费者的要求，能吸引很多消费者购买。

（四）购买决策

经过评价选择，消费者会形成对某一品牌产品的购买意向，也就是有了购买某一品牌产品的意愿和打算。但是，有了购买意向，并不表示消费者就一定会做出购买行为。有三个因素会影响消费者最终做出购买决策，这三个因素是他人的态度、意外情况和可认知的风险。

1. 他人的态度

消费者的很多购买决策都不是单独做出的，而是在征求其他人的意见之后，甚至是在其他人的参与下做出的。家人、朋友的态度对于消费者是否会进行购买有着重要影响。他人的态度对于购买决策影响程度的大小取决于两个因素：一是他们对于消费者偏好的品牌持否定或肯定态度的强烈程度；二是他们与消费者关系的亲密程度。一般说来，他人所持的否定态度越强烈，他们与消费者的关系越密切，消费者就越有可能拒绝购买。从另一个角度来讲，如果与消费者关系密切的他人对消费者偏好的品牌持非常肯定的态度，那么消费者购买某一品牌产品的可能性就会很大。

2. 意外情况

消费者自身或其家庭遭遇的某些突发事件或意外情况会使得消费者改变购买意图。例

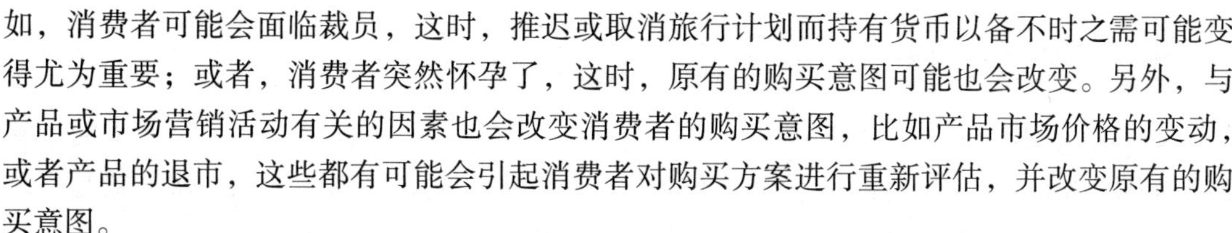
如，消费者可能会面临裁员，这时，推迟或取消旅行计划而持有货币以备不时之需可能变得尤为重要；或者，消费者突然怀孕了，这时，原有的购买意图可能也会改变。另外，与产品或市场营销活动有关的因素也会改变消费者的购买意图，比如产品市场价格的变动，或者产品的退市，这些都有可能会引起消费者对购买方案进行重新评估，并改变原有的购买意图。

3. 可认知的风险

消费者在决定购买某一产品时，通常会面临一些矛盾和问题，即他们所购买的某一产品在为他们带来满足和愉快感觉的同时，也会为他们带来一些他们不愿意、不希望接受的损失或潜在的危害，比如甜品好吃，但吃多了可能会导致肥胖，这就是消费者可认知的风险。当消费者对可认知的风险的认知达到一定程度时，消费者就有可能改变原有的购买意图。

在这一阶段，市场营销人员一方面要向消费者提供更多、更具体的有关产品的信息，便于消费者把握和了解；另一方面，应通过服务形成方便消费者的条件，加深其对产品的良好印象。同时，市场营销人员应尽可能地了解使消费者犹豫和导致风险的因素，设法排除障碍，降低风险，促使消费者做出最终的购买决策。

（五）购后行为

消费者根据自身购买、使用并处置产品过程中获得效用的程度，来决定下一步采取的行动，这就是购后行为。购后行为主要包括购后产品使用和处置，以及使用后的消费者满意和消费者忠诚等心理及行为表现。

消费者在使用产品和处置产品的过程中，以购前的期望与实际使用效用之间的差距来确定自己对产品的满意度。消费者的满意度通常分为三种：满意、基本满意、不满意。购买产品后的满意度决定了消费者的购后行为、消费者对该品牌的忠诚度以及是否会重复购买该产品，还会影响其他消费者（如口碑宣传、社交平台分享等），形成连锁效应，产生引导更多消费者购买或放弃购买该产品的效果。

因此，市场营销人员除了应积极主动地完善产品功能、提高产品质量外，还要加强售后服务，促使购买者确信其购买决策的正确性，提高其忠诚度。事实上，那些有保留地宣传其产品优点的企业，反而会使消费者产生高于期望的满意度，并因此树立起良好的产品形象和企业形象。

四、购后行为与消费者评价

（一）产品使用与处置

产品使用是指消费者直接使用产品和享受服务的行为和体验。消费者产品使用的行为特征，可以从四个方面来分析，即产品的使用频率、使用数量、使用目的和使用方式。

1. 产品的使用频率

产品的使用频率是指消费者多长时间使用一次产品。以方便面为例，企业需要了解以下问题：消费者多长时间吃一次方便面？是每天吃，还是隔三岔五吃一次，或是偶尔才吃一次？不同种类产品的使用存在着差异。有些产品通常是处于连续使用当中的，例如家用电冰箱和饮水机等；大多数产品是间断使用的，例如汽车、电视机等。一般来说，企业应该让消费者尽可能频繁地使用其产品或享受其服务，这样才有可能创造更大的销售量。比如，某品牌牙膏在广告中宣称，在每日三餐之后和临睡之前都使用该品牌牙膏刷牙，会使牙齿更加坚固。这实际上就是在通过提高消费者的使用频率来提高牙膏的销量。

2. 产品的使用数量

产品的使用数量是指消费者每次使用的产品数量的多少。例如，有多少消费者是一次只吃一袋方便面？有多少消费者是一次要吃两袋或两袋以上？不同的消费者在同一种产品的使用量上往往存在很大差异。例如，有些人是麦当劳的常客，而有些人则一年半载才去一次麦当劳，有些人甚至从来不去。

消费者的产品使用数量会受到多种因素的影响。例如，产品的使用数量受产品现有可用量的影响。当家中某种产品的储备减少时，消费者的使用量也随之减少；相反，当某种产品的储备增加时，该产品的使用量也会增加。

增加消费者对本企业产品的使用数量是企业市场营销工作的一项主要任务。要实现这一目的，企业既可以加大促销力度，也可以提升自身产品的质量或更换产品的包装。例如，将洗发水的容量从200毫升改为1000毫升，会在一定程度上增加人们对产品的使用量。当然，随着人们收入水平的提高和消费理念的成熟，某些产品的使用不可避免地会出现下降趋势，如一些营养价值低、口味差的食品。在这种情况下，企业应该及时根据市场消费趋势的变化进行新产品的开发。

3. 产品的使用目的

产品的使用目的是指消费者是为了获得什么样的具体功能而使用产品。例如，消费者是将速冻食品作为正餐食用还是作为夜宵，或者仅仅是为了换一下口味？消费者从产品中一般可以获得两种功能：工具性功能和象征性功能。工具性功能实际上就是产品本身的物理功能。例如，衣服可以为人们遮体保暖，冰箱可以为人们冷藏食品和饮料。象征性功能是一种延伸功能，它指的是产品为人们带来的体验。例如，材质优良、款式时尚的服装能够为人们带来审美上的满足感，也能够显示一个人的身份或地位；双开门的大容量冰箱能够使居室显得更加高档。

了解消费者在使用产品时，是以获得工具性功能为主要目的，还是以获得象征性功能为主要目的，有助于企业进行产品的开发和改进。例如，耐克通过对篮球运动员的观察发现，在比赛前穿上运动鞋并系好鞋带的过程具有很强的象征意义，在一定程度上，这和投

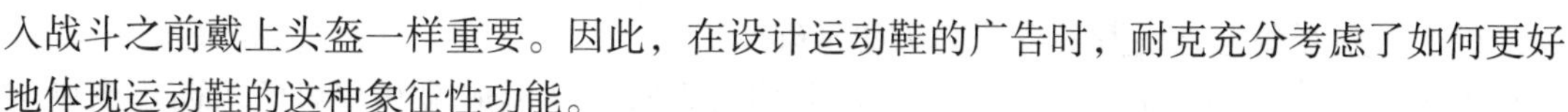

入战斗之前戴上头盔一样重要。因此，在设计运动鞋的广告时，耐克充分考虑了如何更好地体现运动鞋的这种象征性功能。

4. 产品的使用方式

产品的使用方式是指消费者如何使用某种产品。不同的消费者可能会购买同一产品，但却以不同的方式去使用产品。例如，同样是吃粽子，有些地方的消费者喜欢吃咸粽子，另一些地方的消费者则喜欢蘸着白糖吃的清水粽子。了解这些情况，有助于粽子生产经营企业在不同地区进行差异化的广告宣传。

（二）产品与包装的处置

在产品使用的过程中，不可避免地会发生产品与包装的处置问题。其中，包装的处置一般发生在产品使用之前或之后，而产品的处置通常发生在消费者不再使用某一产品的时候。

包装的作用主要在于保护产品，便于运输、携带、储存和使用，美化产品并促进销售。大部分包装在消费者开始使用产品之后就失去了其原有的功效，除了少部分可能转为其他用途（如玻璃瓶可用于盛水）之外，大部分包装都被当作垃圾扔掉或被回收利用。用尽可能少的资源制作包装物，一方面有利于企业降低成本，另一方面也有利于减少资源消耗，促进社会的可持续发展。在有些细分市场，包装的成本高低以及能否回收和再利用，已经成为消费者决定是否购买某款产品的重要因素。

一般来说，产品的价值越大，消费者越有可能通过获取一定收入的方式来处置产品，例如，用过的电冰箱和电视机等产品通常会被再次出售；产品的价值越低，消费者就越有可能采取随意丢弃的方式进行处置。

（三）消费者满意

1. 消费者满意的定义

消费者满意是消费者对所购产品或服务期望的功效与实际功效进行比较后所形成的一种感受。消费者在购买某种产品或服务之前，会对这种产品或服务的表现或效果形成一定的期望，在使用过程中或使用完毕之后，消费者还会对产品的表现或效果形成感知。这一感知水平可能明显高于期望水平，也可能明显低于期望水平或与期望水平持平。消费者是否满意，就取决于最初的期望水平和实际感知水平之间的比较。如果消费者实际感知的产品功效水平低于期望水平，消费者很可能会感到不满；如果消费者实际感知的水平高于期望水平，消费者一般会产生满意的感觉。

2. 消费者满意的重要性

在买方市场，让消费者感到满意是企业生存与发展的基础。这具体表现在以下几个方面。

（1）消费者满意是消费者重复购买的基础

一般来说，消费者满意会导致他们重复购买和对品牌形成偏好与忠诚，而不满则会导致抱怨、投诉、转换品牌和不利的信息传播。例如，一项针对消费者购买汽车行为的研究结果表明，当消费者对自己购买的品牌汽车感到满意时，下一次购买汽车时会倾向于再次选择该品牌。不过，也有研究发现，消费者满意和留住消费者之间的关系有时候是不确定的。总体而言，企业不应该满足于使消费者满意，而应努力做到让消费者完全满意。

（2）消费者满意有助于形成良好的口碑

消费者通常会与他人讨论自己的消费经历，彼此交换自身的消费体验。满意的消费者不仅会积极重复购买，而且会在交流过程中积极向他人推荐自己感到满意的产品。这种交流比商业性信息传播更可信，也更容易为他人所接受。正如一些市场营销人员常说的那样："满意的消费者就是我们的广告。"近年来，互联网传播速度快、成本低、无边界等优势表现得越来越明显，网络口碑传播在塑造品牌形象方面的作用越来越受到企业的重视，利用网络渠道对品牌、产品或服务进行口碑营销的成功案例也越来越多。

（3）消费者满意是提高企业获利能力的重要途径

越来越多的企业认识到消费者满意和维系现有消费者对于提高获利能力极其重要。有研究表明，获取1位新顾客的成本是留住1位老顾客成本的5倍；企业如果将顾客流失率降低5%，其利润就能增加25%—85%。而要有效地留住顾客，最有效的办法就是提高消费者满意的程度。

3. 影响消费者满意的因素

消费者满意源于消费者对所购产品或服务的期望功效与实际功效之间的对比，同时，还受他们对交易公平性的认知和归因的影响。我们可以将影响消费者满意的因素划分为以下四类。

（1）消费者的期望

有关消费者的期望对于消费者满意的影响，最重要的理论是期望失验模型。根据这一模型，消费者会基于以前使用产品的经验、与其他人的交流以及企业所进行的产品信息传播而形成对于产品功效的信念和期望。如果产品的实际功效低于消费者的期望，就会导致负面失验，这会增加消费者感到不满意的可能性；如果产品的实际功效超过消费者的期望，就会产生正面失验，这会增加消费者感到满意的可能性；如果产品的实际功效正好等于消费者的预期，就会产生期望验证。研究表明，在期望验证的情况下，消费者可能不会有意识地去考虑他们对产品的满意程度。因此，期望验证通常不会引发强烈的满足感。消费者只有在实际功效远远超过期望时才会体验到强烈的满足感。

（2）消费者的实际认知

消费者的实际认知，指的是消费者在使用产品的过程中对产品实际品质的主观评价。研究发现，无论消费者的期望高低、产品的实际性能如何，都会影响消费者满意。即使消费者对某一产品的品质期望很低，在实际使用过程中，当消费者切身体验到该产品的低品质为他带来的诸多不便时，他仍会感到不满意。例如，消费者在夜市上以很低的价格买了

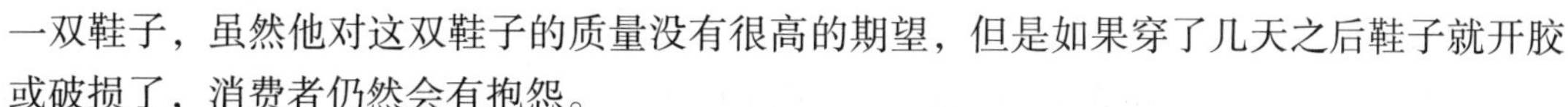

一双鞋子，虽然他对这双鞋子的质量没有很高的期望，但是如果穿了几天之后鞋子就开胶或破损了，消费者仍然会有抱怨。

（3）消费者对公平性的认知

消费者对产品是否感到满意，不仅取决于他对产品期望功效与实际功效的比较，而且取决于他对公平性的感知。所谓公平，指的是某个人所感知到的投入与产出之比与别人的投入与产出之比处于一种平衡状态。

对于消费者来说，当他感觉自己的投入与产出的比例，与企业的投入与产出的比例相等时，他就会认为交易是公平的，进而产生满意的感觉。如果他感觉自己的投入与产出的比例低于企业的投入与产出的比例，他就会认为交易是不公平的，进而产生不满意的感觉。在此，消费者的投入包括时间、金钱和精力，而他的产出是他获得的包括产品和服务的性能、售后服务，以及他从交易中获得的感受。企业的投入包括提供产品与服务的成本、进行营销的成本等，其产出主要是利润。

（4）消费者的归因

消费者的归因，是指消费者对于产品功效不佳原因的了解或推测。如果某一产品功效不佳，消费者就会试图确定原因。如果消费者将原因归结为产品或服务本身，他就可能会感到不满意。例如，由于产品本身设计不合理而导致产品在使用过程中经常出现故障，这时消费者就会感到很不满意。相反，如果消费者将原因归结为偶然因素或自身的行为，就不太可能感到不满意。例如，如果消费者由于没有仔细阅读说明书而发生错误操作，导致产品功能无法体现，这时消费者就不会对生产经营该产品的企业感到不满意。

（四）消费者不满意

一些研究表明，消费者每4次购买行为中，就有1次是不满意的。一般来说，当消费者产生不满意的情绪之后，有多种可能的表达方式。这些方式或是会造成消费者流失，直接减少企业的销售额；或是会形成对企业不利的态度，影响企业的形象。因此，市场营销人员必须设法将消费者的不满意降至最低水平。同时，一旦发现消费者有不满情绪，企业应马上采取有效的补救办法。

1. 消费者表达不满意情绪的方式

（1）不采取行动

消费者有了不满意情绪后，可能会有自认倒霉、破财免灾的想法，因此不采取任何行动。消费者之所以不采取行动，可能是因为不满意的程度很低，也可能是因为令他们感到不满意的产品或服务对于消费者来说不是那么重要，消费者认为没有必要花费时间和精力去采取行动。例如，对于低成本、经常购买的产品，只有不到15%的消费者会在不满意的时候采取行动；但是对于汽车这样的耐用品，在不满意的时候，消费者采取行动的比例则超过50%。需要指出的是，消费者即使不采取行动，也会对企业的产品或服务留下负面印象。

（2）采取行动

消费者有了不满意情绪后，可能会采取以下四种行动。

一是进行负面的信息传播。消费者有可能会与家人或朋友谈及在购买某产品或接受某服务时不满意的经历，并劝说他们不要购买该产品或接受该服务。

二是不再购买该品牌的产品。当消费者感到不满意时，他们很有可能会对品牌形成不好的印象，从此不再购买该品牌的产品。

三是向经销商或制造商表达抱怨。有的消费者直接向产品的经销商或制造商表达不满和抱怨，要求他们解决问题或者给予补偿，有时候消费者还会选择退货。

四是向公正的第三方投诉。这包括向新闻媒体陈述自己在购买和使用产品过程中的不愉快经历，向消费者权益保护组织进行投诉，或是直接向法院提起诉讼。在我国，消费者协会是受理消费者投诉的主要机构，它在保护消费者合法权益方面起着越来越重要的作用。

在消费者感到不满时，他们并不一定只采取一种表达方式，而是很有可能会将多种方式结合使用。例如，消费者在向经销商或制造商提出抱怨的同时，也会决定从此不再购买该品牌的产品，还会把自己不愉快的经历告诉亲朋好友。当经销商或制造商没有给出令消费者满意的解决办法时，消费者还有可能转而向第三方投诉。

2. 影响消费者采取抱怨行为的因素

如前所述，消费者并不是在所有的情况下都会做出抱怨行为。一般情况下，消费者是否会做出抱怨行为，受下列三个因素影响。

（1）消费者自身的因素

消费者自身有哪些因素会影响其做出抱怨行为呢？研究发现，年龄、收入和受教育水平与抱怨行为之间存在中等程度的相关性。做出抱怨行为的消费者往往较为年轻，具有较高的收入，受教育水平也较高。另外，消费者以前的抱怨经验与是否做出抱怨行为之间也有着密切的关系，有过抱怨经历的消费者更清楚如何表达他们的不满，也更有可能做出抱怨行为。在性格方面，越固执、越自信的消费者，在某种程度上越容易产生抱怨，而比较注重个性和独立的消费者往往比其他人更容易采取抱怨行为。此外，若消费者本身的攻击性很强，在感到不满意的时候，他们会更倾向于抱怨而不是自认倒霉。

（2）不满意事件本身的因素

知识链接 10-1
购后认知失调

并不是所有的不满意事件都会引发消费者抱怨，如果不满意事件涉及的产品或服务相对来说不是很重要，那么消费者就很有可能不采取抱怨行为。例如，如果消费者按照事先约定的时间到冲洗店取照片，却被告知照片还没冲洗出来，要再等一会儿，这时，很多人虽然会感到不满，却不会做出抱怨行为。另外，如果导致消费者不满意的事件只是偶尔发生而不是反复不断地出现，消费者做出抱怨行为的可能性也会比较低。例如，冲洗店如果只是偶尔一次没有按时冲洗出照片，消费者可能会采取原谅的态度，但是如果每次去取照片都遇到这种情况，消费者往往会感到极为不满，进而做出抱怨行为。